APPROACHES
TO
SEMIOTICS

edited by

THOMAS A. SEBEOK

Research Center for the Language Sciences
Indiana University

58

LITTÉRATURE ET SPECTACLE

par

TADEUSZ KOWZAN

1975

MOUTON

LA HAYE • PARIS

PWN-ÉDITIONS SCIENTIFIQUES
DE POLOGNE

WARSZAWA

Édition revue et augmentée du livre paru aux Éditions Scientifiques de Pologne en 1970, sous le titre *Littérature et spectacle dans leurs rapports esthétiques, thématiques et sémiologiques.*

ISBN 90 279 3021 X

Imprimé en Pologne
(D.R.P.)

TABLE DES MATIÈRES

AVIS AU LECTEUR

LA PRÉSENTE publication est une version revue et quelque peu augmentée du livre paru aux Éditions Scientifiques de Pologne, en avril 1970, sous le titre *Littérature et spectacle dans leurs rapports esthétiques, thématiques et sémiologiques.* Les nombreux comptes rendus, publiés dans des revues françaises, polonaises, allemandes, anglaises, américaines, italienne et canadienne, nous ont permis de corriger quelques erreurs et de préciser certains passages. Nous en sommes redevable aux auteurs de ces articles et leur exprimons notre vive gratitude.

En relisant notre texte, nous étions tenté de le développer et de le compléter presque à chaque page, ce qui aurait doublé leur nombre. Nous y avons finalement renoncé de peur que les additions n'obscurcissent l'idée directrice de cette étude. D'ailleurs, notre documentation concernant la troisième partie du livre, « Dans l'univers des signes », est devenue particulièrement abondante, et une sémiologie de l'art théâtral en sortira peut-être un jour.

Dans la présente édition on s'est donc borné aux modifications et aux compléments les plus indispensables. Quelques nouveaux livres et articles ont été pris en considération, ainsi que quelques manifestations artistiques de ces dernières années. La bibliographie a été augmentée d'une vingtaine de titres.

Lyon, février 1973   *T.K.*

En 1971, le livre *Littérature et spectacle dans leurs rapports esthétiques, thématiques et sémiologiques* a été couronné par l'Académie Polonaise des Sciences.

AVANT-PROPOS

Le Dessein de la présente étude est de mettre face à face deux domaines de l'activité créatrice de l'homme, la littérature et le spectacle. Il est évident qu'une telle confrontation doit être limitée à quelques aspects particuliers. Nous en avons choisi ceux qui semblent faire ressortir les liens et les corrélations entre ces deux domaines tout en marquant leurs caractères distinctifs. Les pages qui suivent se proposent de jeter un peu de lumière sur trois espèces de rapports : esthétiques, thématiques et sémiologiques.

L'idée de confronter les différents arts, notamment la littérature et le spectacle, est loin d'être nouvelle. Sans qu'on remonte aux antécédents plus éloignés, Charles Batteux n'a-t-il pas, dans *Les Beaux-arts réduits à un même principe*, essayé d'intégrer la littérature, la danse (qu'il appelle aussi l'art du geste), la musique, la peinture, l'architecture et la sculpture dans le phénomène du spectacle théâtral ? Mais les deux siècles qui se sont écoulés depuis le docte abbé ont apporté du nouveau. Si l'on entreprend, dans le dernier tiers du XXe siècle, une étude comparative de même ordre, on ne saurait méconnaître — tout en profitant des réalisations des disciplines traditionnelles comme l'histoire littéraire ou l'esthétique — l'évolution de la linguistique ou l'existence d'une science des signes.

La nécessité de prendre en considération l'état actuel des sciences humaines n'est pas la seule à avoir déterminé le caractère de nos réflexions. Il y a un autre motif, plus essentiel peut-être, celui de vouloir associer plusieurs disciplines autour d'un sujet de recherche particulier. On a eu recours, pour mettre en relief les rapports entre la littérature et le spectacle, à plusieurs branches de la connaissance : théorie et philosophie de l'art, science littéraire, sociologie, littérature comparée, sémiologie et plusieurs disciplines limitrophes. Il va sans dire qu'il nous a été impossible d'en tirer tout ce qui pouvait servir le sujet de notre étude et qu'on est resté trop souvent aux confins de ces disciplines. Elles sont suffisamment nombreuses pour que les spécialistes de chacune d'elles trouvent dans notre travail des lacunes sérieuses. Ce qui surtout peut paraître insolite et audacieux, c'est d'avoir eu recours en même temps aux méthodes aussi traditionnelles que l'étude de thèmes littéraires et aussi novices que la sémiologie. Nous nous sommes décidé à courir ce risque, convaincu que leur confrontation constante, la nécessité de les adapter les unes aux autres, est le meilleur moyen d'éviter les dangers auxquels elles sont exposées : tendance à la sclérose d'une part et aux spéculations trop abstraites de l'autre.

Parfaitement conscient du fait que « mal étreint qui trop embrasse », nous avons voulu donner la priorité à l'intégration, sur le plan diachronique aussi bien que synchronique. C'est pourquoi on évoque, au cours de cette étude, des exemples littéraires de toutes les époques et des formes de l'art du spectacle d'une grande diversité. Le but intégrateur de notre recherche, but qui nous paraît primordial pour les sciences humaines dans leur état actuel et pour leur avenir, excusera peut-être l'audace de l'auteur d'avoir touché aux matières aussi diverses. Et si cette tentative incite à d'autres confrontations — plus riches, plus larges et plus approfondies — de ces deux grands domaines si proches et si différents, elle n'aura peut-être pas été inutile.

Paris, septembre 1968   *T. K.*

Les fragments de cette étude ont été publiés dans *Diogène*, n° 61, janvier-mars 1968 (« Le signe au théâtre. Introduction à la sémiologie de l'art du spectacle »), dans la *Revue des Sciences Humaines*, n° 132, octobre-décembre 1968 (« Quelques réflexions sur le caractère et la diversité de l'art du spectacle »), dans *Kwartalnik Neofilologiczny*, XVI, n° 1/1969 (« Littérature dramatique — littérature dérivée ? ») et dans *Les Études Philosophiques*, n° 1, janvier-mars 1970 (« L'art du spectacle dans un système général des arts »).

PREMIÈRE PARTIE

DANS UN SYSTÈME GÉNÉRAL DES ARTS

L'UNIVERS de l'activité artistique de l'homme et des produits de cette activité, univers qui s'étend à chaque endroit du globe où l'homme a laissé les traces de sa présence, et qui s'étale sur plusieurs millénaires en s'enrichissant continuellement par des créations nouvelles et grâce aux recherches historiques et ethnographiques, cet univers demande un classement. Des efforts en vue de classer les arts ont été entrepris depuis les débuts de la philosophie. Même si l'on veut se limiter à l'aire de civilisation européenne, le nombre de classifications et de théories élaborées, esquissées ou seulement suggérées depuis vingt-quatre siècles est assez important pour remplir les volumes de l'histoire de l'esthétique. Cette discipline, comme le dit son nom, s'occupe de systématiser les idées concernant l'art dans l'ordre et le contexte historiques. Une autre méthode est possible, notamment de classer les systèmes des arts d'après les critères qui avaient servi de base à leur classification. Ces critères, appliqués explicitement ou implicitement, d'une netteté plus ou moins évidente, changeant d'une époque à l'autre et d'un auteur à l'autre, sont suffisamment nombreux et hétérogènes pour que la tâche de systématisation reste difficile. L'Antiquité gréco-romaine avait connu, elle seule, au moins six critères de la classification des arts : 1º le but de l'art (utilité–plaisir) ; 2º le rapport de l'art avec la réalité (création–imitation) ; 3º le caractère de l'effort de l'artiste (intellectuel–physique) ;

4° le caractère de la réalisation (théorique–pratique) ; 5° le moyen
sensoriel (arts de la parole–arts muets); 6° l'outil employé [1].

A ces critères, dont certains nous paraissent aujourd'hui désuets
(l'acception moderne de l'art étant moins large que celle de τέχνη
ou de l'*ars* et en même temps plus diversifiée), on en peut ajouter
d'autres, comme le matériau employé, la technique, le processus
même de création, le moyen de transmission, le mode de perception
d'une œuvre d'art. Il existe des critères psychologiques, physiologiques et sociologiques, des critères relatifs à la perception
esthétique et à l'objet esthétique. On peut dire sommairement
que la plupart des critères concernent ou bien le créateur, ou bien
l'essence de l'œuvre d'art, ou bien son existence à l'une de ses
phases, depuis la gestation jusqu'à la perception par le consommateur. Il y a évidemment des critères mixtes. Par exemple, le classement des arts selon la présence d'un intermédiaire (exécutant)
repose sur un critère qui concerne le mode de transmission, et qui
est en même temps un critère sociologique (parce que le mode de
transmission pourrait être examiné également du point de vue
du matériau ou de la psychologie). On peut combiner plusieurs
critères à la fois. Même quand on choisit un critère ou des critères
nets et bien définis, les possibilités d'interprétation sont si
grandes qu'il y a pratiquement autant de classifications que de
tentatives individuelles de classement.

Pour illustrer la diversité des méthodes, citons trois exemples
empruntés aux esthéticiens français de notre siècle.

Dans son *Système des beaux-arts*, élaboré vers 1920, Alain
les divise en arts de société (arts collectifs) et arts solitaires. Il
range, dans la première catégorie, la musique, la danse, le costume,
la poésie et l'éloquence. Il considère comme arts solitaires le dessin,
la sculpture, l'art du potier, l'art du meuble, « un certain genre
d'architecture », le livre et la prose [2]. L'emploi des termes « arts

---

[1] Cf. Władysław Tatarkiewicz, *History of Aesthetics*. Vol. I, *Ancient Aesthetics*, The Hague–Paris, Mouton — Warszawa, PWN, 1970, pp. 307-313.
[2] *Système des beaux-arts*, Paris, Gallimard, 1963 (Coll. Idées), pp. 42-43.
Il faut dire que les domaines de l'activité humaine considérés par Alain comme

de société » et « arts solitaires » pourrait suggérer un critère plus ou moins sociologique. En réalité, on est loin de cela. Les raisons de classer, par exemple, le costume parmi les arts collectifs et le meuble parmi les arts solitaires doivent paraître assez confuses, aussi bien que les raisons de placer la poésie et la prose dans les catégories opposées (parce que la poésie « doit être entendue », tandis que « la vraie prose [...] doit être lue par les yeux », et aussi parce que la poésie « veut mouvoir des foules », tandis que la prose « ne vise point à un mouvement commun »[3]).

Un autre système, celui d'Étienne Souriau, est fondé sur les « phénomènes employés » dans la composition de l'œuvre d'art (c'est-à-dire les moyens, non les matériaux). Ces *qualia* sont au nombre de sept : lignes, volumes, couleurs, luminosités, mouvements, sons articulés, sons musicaux. Le célèbre cercle, maintes fois reproduit depuis sa publication, sur lequel Souriau dispose les arts selon les sept catégories, comporte une seconde distinction, entre arts non représentatifs et arts représentatifs, d'après laquelle chacun des sept secteurs est partagé en deux [4].

Enfin, notre troisième exemple est la classification proposée par Raymond Bayer qui divise les arts en deux groupes, « arts conceptuels » et « arts sensibles ». Le premier groupe contient les arts de la parole, le second, tous les autres, c'est-à-dire ceux « qui frappent les sens et nous donnent des sensations ». Ceux-ci sont divisés, à leur tour, en sept catégories, d'après le sens qu'ils affectent : la vue (peinture), le toucher (sculpture), l'ouïe (musique), le sens kinesthésique (arts du mouvement), le sens de la pesanteur (architecture), l'odorat (parfumerie) et le goût (art culinaire) [5].

---

arts sont d'une grande diversité ; ses énumérations contiennent par exemple l'escrime et l'équitation, l'art héraldique et l'art de coiffeur. D'ailleurs, la classification qui vient d'être évoquée n'est pas la seule qu'on trouve dans les écrits de ce subtil esthéticien.

[3] *Ibid.*, pp. 307, 309.

[4] *La Correspondance des arts. Éléments d'esthétique comparée*, Paris, Flammarion, 1947, p. 97.

[5] *Traité d'esthétique*, Paris, A. Colin, 1956, p. 219.

Sans entrer dans l'appréciation de ces systèmes, nous avons voulu, en les évoquant, mettre en lumière la pluralité des points de vue, des critères et des résultats obtenus. La classification d'Alain, sociologique en apparence, divise les arts en deux groupes à peu près égaux. Celle de Souriau associe le critère de la substance de l'œuvre d'art (*qualia*) au critère de son contenu expressif, pour dégager quatorze catégories (qui d'ailleurs ne correspondent pas exactement au nombre d'arts particuliers). Le système de Bayer, fondé sur les moyens sensoriels, est en principe binaire, toutefois l'un des deux groupes est très développé et complexe par rapport à l'autre.

Tout le monde est d'accord qu'à l'époque actuelle, en face d'une différenciation énorme des formes de l'art, leur classement devient de plus en plus difficile. En parcourant les principales tentatives, faites au cours du XXᵉ siècle, pour classer les arts, on constate que les unes ont un but pratique très limité, d'autres sont fondées sur des critères peu précis (ce qui donne parfois des effets tout à fait fantaisistes), et que même les essais sérieux, qui partent de principes solides et emploient des méthodes valables, sont décevants dans leurs résultats. Parmi les classifications empiriques et « universelles », dont l'ambition est d'embrasser le plus grand nombre possible de phénomènes artistiques, nous nous arrêterons à celles de Thomas Munro et de Charles Lalo.

L'esthéticien américain, indépendamment de son tableau alphabétique de cent arts les plus divers, dresse une liste moins étendue et plus systématique. Il la commence par « les arts généralement tenus pour statiques », place ensuite « la musique et la littérature, dont la présentation est avant tout auditive et temporelle, ou l'était à l'origine », pour arriver aux « arts mixtes ou audio-visuels, dans lesquels le mouvement et le déroulement temporel ont généralement aussi une importance primordiale ». Voici la liste de Munro : 1. Sculpture. 2. Peinture. 3. Arts graphiques, dessin, typographie, arts commerciaux. 4. Architecture. 5. Architecture paysagiste, art des jardins, horticulture. 6. Urbanisme, aménagement artistique de régions habitées, géo-architecture. 7. Arts industriels, arts visuels utilitaires [...]. 8. Musique. 9. Littérature :

prose, vers, poésie. 10. Danse et ballet, jeu de l'acteur. 11. Pièces
de théâtre et art scénique. 12. Cinéma, film, dessins animés.
13. Radio et télévision. 14. Projection de couleurs mobiles, feux
d'artifices, lumia, clavilux [6].

Quant à la classification proposée par Charles Lalo, se référant
à la *Gestalttheorie*, elle s'appuie sur la « conception structurale
des arts ». Le philosophe français distingue « autant d'arts fondamentaux qu'il y a de suprastructures consistantes ». Elles sont au
nombre de sept : 1. L'audition (musique orchestrale et chorale).
2. La vision (peinture, dessin, gravure, vitrail, projections lumineuses). 3. Le mouvement (mouvement corporel : ballet, danse,
acrobatie, sports spectaculaires ; mouvement extérieur : pyrotechnie, hydraulique, horloges). 4. L'action (théâtre, cinéma,
dessins animés, éloquence ; en contamination avec la musique :
opéra, opérette, oratorio). 5. La construction (architecture, sculpture, bas-relief, art des jardins). 6. Le langage (littérature : poésie,
prose). 7. La sensualité (art d'aimer, gastronomie, parfumerie) [7].

Ce qui attire particulièrement notre attention, c'est la place
indécise accordée, dans la presque totalité des systèmes esthétiques, aux arts du spectacle. Ou bien on leur réserve une position
intermédiaire, comme le fait Alain qui, entre deux catégories des
arts, ceux « qui ne changent que le corps humain : danse, chant,
poésie, musique » et ceux « qui changent réellement l'objet extérieur : architecture, sculpture, peinture, dessin », situe « l'art
dramatique, comprenant tous les genres de spectacle, sous
l'idée même du spectacle, laquelle n'est nullement dans les premiers arts » [8]. Ou bien on sépare arbitrairement les principaux
genres de spectacle (classification de Lalo, où le ballet, le théâtre
et l'opéra se trouvent dans différents groupes ou sous-groupes)
et même les aspects techniques de la représentation (jeu de l'acteur

---

[6] *Les Arts et leurs relations mutuelles*, tr. par J.-M. Dufrenne, Paris, P.U.F.,
1954, p. 368. L'édition américaine date de 1949.
[7] « Esquisse d'une classification structurale des beaux-arts », *Journal de
Psychologie Normale et Pathologique*, janvier-juin 1951, pp. 9-37.
[8] *Vingt leçons sur les beaux-arts*, Paris, Gallimard, 1962, p. 18.

et art scénique [9] chez Munro). Ou bien, ce qui est fréquent, on considère que le théâtre et les autres genres de spectacle sont des arts composés de tant d'éléments hétérogènes (c'est peut-être l'écho des opinions esthétiques de Kant) qu'il faut traiter chacun de ces éléments — poésie (littérature), arts plastiques, musique, etc. — à sa propre place. Aucune de ces attitudes ne contribue à éclaircir la situation esthétique du spectacle. Au contraire, elles confirment le besoin, éprouvé par plusieurs théoriciens, de préciser la place du spectacle dans le système des arts.

Une des causes principales de cet état de choses est la tradition — tradition mauvaise mais solidement implantée — de considérer le théâtre comme une forme particulière de la littérature, de voir dans le spectacle la matérialisation, d'autant plus négligeable qu'elle est facultative et éphémère, de la parole du poète. Issus de la littérature et existants par elle, le théâtre et certaines autres formes de spectacle ne seraient donc qu'un art auxiliaire et hybride. La parole appartient à la littérature, les moyens d'expression « supplémentaires » appartiennent aux arts dont ils dérivent, voilà la théorie « littéraire » du spectacle, théorie qui a des répercussions néfastes sur l'esthétique.

Il y a certainement des auteurs qui envisagent le spectacle d'un point de vue autre que littéraire, qui reconnaissent la spécificité et le caractère autonome de ce domaine de l'art. On pourrait suivre cette tendance à partir d'Aristote. Bien qu'une tradition injuste charge le philosophe grec d'avoir inspiré, à travers les siècles, l'interprétation des faits du théâtre limitée à leur aspect littéraire, il est facile à prouver que le père de l'esthétique européenne distinguait nettement, et presque en technicien, tout ce qui concernait la mise en scène et jusqu'au côté le plus pratique et matériel du spectacle. Nous n'avons pas l'intention de faire ici l'historique de cette orientation qui compte parmi ses partisans, de plus en plus nombreux dans notre siècle, aussi bien des théoriciens que des praticiens du spectacle. Ce ne sont pas les extrémistes qui manquent dans ce camp. Voici, par exemple, quelques diatribes

[9] Dans le texte original : *acting* et *theater*.

d'Antonin Artaud : « Comment se fait-il qu'au théâtre, au théâtre du moins tel que nous le connaissons en Europe, ou mieux en Occident, tout ce qui est spécifiquement théâtral, c'est-à-dire tout ce qui n'obéit pas à l'expression par la parole, par les mots, ou si l'on veut tout ce qui n'est pas contenu dans le dialogue [...] soit laissé à l'arrière-plan ? [...] Je dis que la scène est un lieu physique et concret qui demande qu'on le remplisse, et qu'on lui fasse parler son langage concret. [...] C'est la mise en scène qui est le théâtre beaucoup plus que la pièce écrite et parlée. [...] Un théâtre qui soumet la mise en scène et la réalisation, c'est-à-dire tout ce qu'il y a en lui de spécifiquement théâtral, au texte, est un théâtre d'idiot, de fou, d'inverti, de grammairien, d'épicier, d'anti-poète et de positiviste, c'est-à-dire d'Occidental. [...] Le théâtre, art indépendant et autonome, se doit pour ressusciter, ou simplement pour vivre, de bien marquer ce qui le différencie d'avec le texte, d'avec la parole pure, d'avec la littérature, et tous autres moyens écrits et fixés » [10].

Ce qui semble manquer aux défenseurs de l'autonomie du spectacle en tant que phénomène artistique, ce sont les bases philosophiques et esthétiques. Et on ne peut pas parler de bases esthétiques solides sans intégrer les arts du spectacle, ou encore mieux, l'ART du spectacle, dans un système général des arts, et sans éclaircir, par la suite, leurs rapports avec la littérature. Pour commencer, il s'agit de choisir des critères de classification relativement sûrs et d'en déduire une définition liminaire de l'art du spectacle.

Il n'y a pas, nous l'avons vu, de système des arts universellement valable et incontesté, il ne peut y avoir de classification unique et seule admise. Tout classement est plus ou moins arbitraire ; il dépend du point de départ et des buts poursuivis. Ce qu'on est en droit d'exiger d'un système, c'est qu'il soit fondé sur des principes nettement formulés, que ceux-ci soient respectés au cours du raisonnement et qu'on ne commette pas de trop graves

[10] *Le Théâtre et son double*, Paris, Gallimard, 1966 (Coll. Idées), pp. 53, 58-59, 160.

péchés contre le bon sens. Il faut, *last but not least*, qu'une classification serve à quelque chose.

Nous proposons d'adopter, au départ, les notions bien traditionnelles, celle d'espace et celle de temps, comme principes de la
division des arts (division qui n'est pas neuve non plus dans l'esthétique) en deux grands groupes : arts spatiaux et arts temporels.
Le premier groupe englobe les arts plastiques — dessin, peinture,
sculpture, architecture — et tout ce qu'on appelle couramment
arts visuels. Le second groupe contient la musique et la littérature.
Avant de commenter cette division et d'arriver au troisième groupe
des arts qui nous intéressent directement, arts du spectacle, il
convient de consacrer quelques remarques au critère qui vient
d'être adopté. Les concepts d'espace et de temps appliqués à l'esthétique ont une vieille et riche tradition. Ce qui ne rend pas notre
tâche plus facile. Il serait donc utile de rappeler quelques points
de repère.

Une place de choix appartient à Lessing qui, dans son *Laocoon*
(1766), introduit les notions d'espace et de temps pour marquer la
différence essentielle entre la peinture et la poésie. Vers la fin
du chapitre XV, il oppose « une action visible progressive, dont
les diverses parties se passent successivement dans la suite du
temps » à « une action visible permanente, dont les diverses parties
se développent simultanément dans l'espace », pour conclure :
«Or si la peinture, en raison des signes qu'elle emploie ou de
ses moyens d'imitation qu'elle ne peut combiner que dans l'espace,
doit renoncer complètement au temps, les actions progressives,
en tant que progressives, ne peuvent compter parmi les sujets
qui lui conviennent, et elle doit se contenter d'actions simultanées
ou de simples corps qui, par leurs diverses positions, peuvent
faire présumer une action. La poésie, au contraire ... ». Et, dans
le chapitre suivant, il développe cette opposition : « s'il est vrai
que la peinture, pour ses imitations, emploie des moyens ou des
signes tout différents de ceux de la poésie, puisque les siens sont
des figures et des couleurs dont le domaine est l'espace, et que
ceux de la poésie sont des sons articulés dont le domaine est le
temps ; s'il est indubitable que les signes doivent avoir avec

l'objet signifié un rapport facile à saisir, il en résulte que des signes rangés les uns à côté des autres ne peuvent exprimer que des objets qui existent ou dont les parties existent simultanément, tandis que des signes qui se suivent n'exprimeront que des objets qui se suivent ou dont les parties se suivent ». Le dramaturge-esthéticien est assez perspicace pour remarquer : « Mais les corps n'existent pas uniquement dans l'espace, ils existent aussi dans le temps. Ils ont une durée et peuvent à chaque instant de leur durée se montrer sous une autre apparence et dans de nouveaux rapports. [...] Conséquemment la peinture peut imiter aussi des actions, mais seulement en les indiquant par le moyen des corps. D'autre part [...] la poésie peint aussi des corps, mais seulement en les indiquant par le moyen des actions » [11]. Après quelques développements, abondamment illustrés d'exemples d'Homère, Lessing arrive, dans le chapitre XVIII, à la conclusion suivante : « Mon principe est rétabli : la succession du temps est le domaine du poète, de même que l'espace est le domaine du peintre » [12].

Si, en examinant les concepts d'espace et de temps, on se réfère souvent à Kant, c'est que, dans la *Critique de la raison pure*, le philosophe allemand les considère comme deux éléments essentiels de son esthétique transcendantale. « Qu'enfin l'Esthétique transcendantale ne puisse contenir que ces deux éléments, l'espace et le temps, cela résulte clairement de ce que tous les autres concepts appartenant à la sensibilité, même celui de mouvement qui réunit les deux éléments, supposent quelque chose d'empirique » [13]. Mais le terme d' « esthétique » n'est pas employé ici dans le sens qui est aujourd'hui courant. Ce n'est que plus tard, dans la *Critique du jugement* (1790), que Kant applique le mot « esthétique » au beau et à l'art. Néanmoins, la classification des arts présentée

---

[11] *Laocoon*, tr. par E. Hallberg, Paris, J. Delalain [1875], pp. 111-112. Notons en passant que la terminologie du traducteur français (« signes », « objet signifié ») est saussurienne avant la lettre.
[12] *Ibid.*, p. 129.
[13] *Critique de la raison pure*, tr. par A. Tremesaygues et B. Pacaud, nouv. éd., Paris, P.U.F., 1965, p. 67.

2*

dans ce dernier ouvrage ne contient plus les notions d'espace et
de temps.

Il convient de rappeler une théorie de la fin du XIXe siècle
qui avait influencé bon nombre d'esthéticiens. C'est le système
de Max Schasler, fondé sur la distinction entre les arts de l'espace
et les arts du temps. Tandis que le premier groupe (que Schasler
appelle également « arts de la perception simultanée ») recouvre
la triade traditionnelle, architecture, sculpture (*Plastik*) et peinture, parmi les arts du temps (appelés également « arts de la
perception successive ») sont placées non seulement la musique
et la poésie, mais aussi la mimique. D'ailleurs, Schasler range dans
le domaine de la poésie, au niveau des arts auxiliaires (*Hilfs-
künste*) ou « reproductifs », la déclamation, la « rhapsodique »
et l'art de l'acteur [14].

Oskar Walzel, dans ses remarques sur les interrelations des arts,
prend, lui aussi, comme point de départ, la division : musique et
littérature — arts dans le temps (arts de la succession), peinture,
sculpture et architecture — arts dans l'espace (arts de la simultanéité). Mais ses raisonnements ont pour but d'atténuer cette
opposition, de démontrer, sur la base psychologique, l'interchangeabilité de ces deux éléments dans la perception d'une œuvre
de n'importe quel art [15]. Nous reviendrons encore à ses arguments.

Citons, pour finir, une opinion contemporaine, celle de Mikel
Dufrenne, qui admet le principe de la division des arts en arts
temporels (qui se déroulent dans le temps) et arts spatiaux (qui
se déploient dans l'espace) sous cette réserve, combien fondée, que
« l'objet esthétique, qu'il soit apparemment spatial ou temporel,
implique à la fois l'espace et le temps ; la peinture n'est pas sans

---

[14]   *Das System der Künste aus einem neuen, im Wesen der Kunst begründeten
Gliederungsprinzip*, 2e éd., Leipzig–Berlin, W. Friedrich, 1885, p. 124. Il est
à noter qu'en accentuant l'opposition entre les arts « simultanés » et les arts
« successifs », Schasler réserve une place particulière au drame qu'il appelle
« art universel » par rapport aux autres arts (mais dans ses observations sur
le drame, il mélange la littérature dramatique, traitée de façon extrêmement
traditionnelle, et la représentation théâtrale).
[15]   *Gehalt und Gestalt im Kunstwerk des Dichters*, Wildpark–Potsdam, Athe-
naion, 1929, pp. 265-281 (chapitre XI « Wechselseitige Erhellung der Künste »).

rapport avec le temps, ni la musique avec l'espace » [16]. Dufrenne
considère l'objet esthétique au niveau de la perception (« l'objet
esthétique est un objet essentiellement perçu, je veux dire voué
à la perception et qui ne s'accomplit qu'en elle » [17]) et c'est de ce
point de vue qu'il insiste sur « la liaison de l'espace et du temps
au cœur de l'objet esthétique », sur « la solidarité phénoménologi-
que du temps et de l'espace ». En développant sa thèse, il choisit
d'examiner deux domaines, la musique et la peinture. Il est à
regretter que Mikel Dufrenne n'ait pas ajouté à ce diptyque un
troisième élément, pour prolonger ses analyses sur le terrain d'un
art plus typiquement spatio-temporel.

Ayant adopté le critère de l'espace et du temps et rappelé
quelques-uns de ses précédents dans l'esthétique, essayons d'expliquer comment nous concevons ces notions par rapport aux
différents arts.

La musique offre l'exemple le plus incontestable d'un art dont
les œuvres se manifestent dans le temps. Le fait que la transmission
d'une œuvre musicale, de l'exécutant à l'auditeur, implique l'existence de l'air, est un facteur physique dont l'esthétique, à la rigueur,
peut se permettre de ne pas tenir compte. Quant à la littérature,
art du langage, on est habitué à la consommer par l'intermédiaire
d'une surface couverte de signes de l'écriture, donc dans l'espace.
Pourtant la forme écrite n'est pas son aspect originaire (la parole
précède le signe écrit et la littérature orale précède le livre), elle
n'est pas d'un usage universel (récitations des aèdes ou des conteurs populaires), elle n'est pas l'expression spécifique ni obligatoire de la littérature. Le matériau propre à la littérature est la
parole, et celle-ci est formée de sons, tandis que l'écriture n'est
qu'une façon de représenter et de fixer les sons ou les mots [18].
On enregistre aujourd'hui la parole sur bande magnétique, c'est-à-
dire dans l'espace, mais la bande magnétique aussi bien que le

---

[16] *Phénoménologie de l'expérience esthétique*, Paris, P.U.F., 1953, t. 1,
p. 305.
[17] *Ibid.*, p. 281.
[18] Cf. Ferdinand DE SAUSSURE, *Cours de linguistique générale*, Paris, Payot,
1966, pp. 44-48.

manuscrit ou le livre ne sont que des moyens matériels de conserver
la parole, et non sa forme propre. Du reste, la littérature (transmise
oralement) peut se passer de l'espace, tandis que le déroulement
temporel lui est nécessaire même quand elle est consommée par
l'intermédiaire du livre.

Passons maintenant aux arts spatiaux, c'est-à-dire, *grosso modo*,
aux arts plastiques. Cela va de soi que leurs produits sont créés
et perçus dans l'espace. Oui, mais... C'est ici qu'apparaît le grand
doute, celui qui a détourné plusieurs esthéticiens du critère de
l'espace et du temps et suscité de nombreuses discussions. Un
ouvrage de l'art plastique existe dans l'espace, mais sa perception
exige une certaine durée. Il suffit qu'elle soit infiniment courte,
rassurent les uns. Mais elle reste quand même une durée (les psy-
chologues l'avaient mesurée et définie en unités de temps) et elle
est absolument nécessaire pour qu'un tableau, même un tout petit
tableau, soit perçu. La situation se complique dans le cas des
œuvres tridimensionnelles. On sait bien qu'en regardant, d'un
point unique, *Les Bourgeois de Calais* ou Notre-Dame de Paris,
on ne peut en avoir qu'une idée fragmentaire et accidentelle.
L'œuvre à trois dimensions est créée pour être regardée de différents côtés, ce qui nécessite tout un « itinéraire perceptif » autour d'elle et multiplie le laps de temps indispensable à sa perception.

Ces complications, sans parler d'autres, avaient suffi pour
amener certains esthéticiens à considérer les notions d'espace et
de temps comme désuètes et non valables en esthétique. Elles
suffisent pour décourager les autres — ceux qui ne se résignent
pas à abandonner ces notions — de les accepter comme critère
de la classification des arts. Oskar Walzel, analysant la psychologie de celui qui perçoit une œuvre d'art, constate : « Ein dauern-
der Wechsel innerer Vorgänge vollzieht sich. Und zwar nicht
nur an Werken der sogenannten Künste des Nacheinanders,
also zunächst der Musik und der Wortkunst, auch an Schöp-
fungen der Künste des Nebeneinanders, der Malerei, der Plastik,
der Baukunst. Je tiefer der Betrachter sich in Arbeiten aus dem
Gebiet der Künste des Nebeneinanders einzuleben sucht, desto
mehr ist ein Nacheinander im Erleben zu verspüren. Der Ge-

samteindruck, der bei erster flüchtiger Schau sich ergab, verschiebt sich, je länger die Einzelzüge des Kunstwerks verfolgt und zum Bewußtsein gebracht werden » [19].

D'où viennent tous ces scrupules, d'ailleurs parfaitement justifiés ? Ils résultent du fait que les œuvres d'art avaient été considérées au niveau de la PERCEPTION. Les interférences qui se manifestent entre l'espace et le temps dans le procès de la perception ne permettent pas d'accepter sans réserve ces deux concepts comme critère sûr de la classification des arts. C'est pourquoi nous proposons d'y ajouter un second critère qui restreindrait et préciserait celui de l'espace et du temps, notamment le critère de la COMMUNICATION. Cela veut dire que l'objet esthétique sera considéré, par rapport à l'espace et au temps, à cet état de son existence qui n'est ni création (elle implique toujours une durée) ni perception (qu'on ne peut pas séparer non plus de la notion de temps), mais communication.

Le concept de communication étant aujourd'hui largement exploité aussi bien dans les sciences exactes que dans les sciences humaines (mathématiques, technique, cybernétique, psychologie, sociologie, linguistique, etc.), il est défini, le plus souvent, en fonction de tel ou tel emploi qu'on en fait. Il y a cependant, dans la plupart des définitions existantes, un noyau applicable à notre but. Dès 1924 I. A. Richards en a donné, dans son livre consacré à l'art littéraire, une définition très valable : « Communication [...] takes place when one mind so acts upon its environment that another mind is influenced, and in that other mind an experience occurs which is like the experience in the first mind, and is caused in part by that experience » [20]. Voici une acception très spécialisée, formulée, trente ans après, par George A. Miller : « Communication is said to occur when a source of messages transmits signals over a channel to a receiver at the destination » [21]. Le *Vocabulaire de la psychologie* d'Henri Piéron introduit le

[19] *Op. cit.*, p. 275.
[20] *Principles of Literary Criticism*, London, Kegan Paul, 5ᵉ éd., 1934, p. 177.
[21] *Psycholinguistics*, dans l'ouvr. coll. *Handbook of Social Psychology*, Cambridge (Mass.), 1954, t. 2, p. 701.

terme de « communication » dans sa 2ᵉ édition (1957) et le définit d'une façon laconique : « transmission d'information ». Un dictionnaire récent de la langue française, le *Petit Robert* (1967), en donne une définition très généralisée et qui mérite d'être retenue : « toute relation dynamique qui intervient dans un fonctionnement ». Citons enfin un point de vue linguistique, celui de A.-J. Greimas : « Les structures de la signification [...] se manifestent (c'est-à-dire s'offrent à nous lors du procès de la perception) dans la communication. La communication, en effet, réunit les conditions de leur manifestation, car c'est dans l'acte de communication, dans l'ÉVÉNEMENT-COMMUNICATION, que le signifié retrouve le signifiant » [22]. Il est à remarquer que, sans éliminer la notion de perception (qu'il appelle « procès »), Greimas la détache nettement de celle de communication (qu'il appelle « acte » ou « événement »).

Passons maintenant à l'application de ce concept à notre étude. Si, dans le cas des arts temporels, la communication de leurs produits implique une durée (ouvrage musical — suite de sons dans le temps), la notion de communication est assez souple pour que, dans le cas des arts spatiaux, on puisse se libérer de l'empreinte du temps. Quand nous disons qu'un tableau ou un monument sont communiqués du créateur au spectateur, c'est-à-dire qu'ils sont donnés ou présentés au spectateur, ce fait n'implique pas la durée.

En associant les deux critères, celui de l'espace et du temps et celui de la communication, nous distinguons les arts dont les produits sont COMMUNIQUÉS dans l'espace et les arts dont les produits sont COMMUNIQUÉS dans le temps. Ces définitions impliquent que l'espace (ou le temps) est NÉCESSAIRE à la communication de l'objet esthétique (l'espace étant indispensable pour communiquer un tableau, le temps — pour communiquer une sonate) ; elles impliquent aussi que l'espace (ou le temps) SUFFIT à la communication, l'autre élément de cette dualité n'étant pas obligatoire (l'espace suffit pour communiquer un monument, le

---

[22] *Sémantique structurale. Recherche de méthode*, Paris, Larousse, 1966, p. 30.

temps n'est indispensable qu'à sa perception ; le temps suffit pour communiquer un poème, l'espace est nécessaire pour le percevoir et le conserver dans un livre ou sur bande magnétique).

C'est par un artifice de méthode, peut-on répliquer, que nous avons éloigné la difficulté. Il est facile de se débarrasser de la notion de perception, mais est-ce souhaitable et admissible en esthétique ? — peut-on se demander. Nous voudrions donc insister sur le fait que notre formule ne tend nullement à méconnaître ni à diminuer le rôle de la perception qui est de premier ordre dans l'analyse esthétique ; nous nous servirons de cette notion au cours du présent travail, elle peut d'ailleurs constituer une base valable pour certaines classifications dans le domaine des arts. Toutefois, profitant du droit de choisir les critères qui paraissent les mieux appropriés au but qu'on se propose, nous avons préféré la notion de communication à celle de perception. Cela nous permet non seulement de faire une distinction opérationnelle entre les arts spatiaux et les arts temporels, mais aussi de définir l'art du spectacle comme un domaine autonome et bien différencié par rapport aux autres domaines de l'art.

Quelle est donc la place du spectacle dans le système proposé ? L'art du spectacle n'appartient à aucun des deux groupes mentionnés, il constitue, selon nos critères, un groupe particulier et distinct. Par analogie aux formules déjà exprimées, ce troisième groupe sera défini de la façon suivante : l'art dont les produits sont communiqués dans l'espace et dans le temps, ce qui veut dire que, pour être communiqués, ils exigent nécessairement l'espace et le temps. Si, dans les deux premiers groupes d'arts, un seul élément de cette dualité était suffisant à la communication, les produits de l'art du spectacle nécessitent les deux éléments à la fois. C'est ce qui les distingue de tous les autres arts, c'est ce qui permet et requiert de les considérer comme un groupe autonome et spécifique, c'est ce qui implique la définition liminaire du « spectacle » tout court : une œuvre d'art communiquée obligatoirement dans l'espace et dans le temps.

Avant de développer cette formule « minimale » et très formelle (puisqu'elle n'est qu'une définition liminaire), il convient de

vérifier si elle est empiriquement valable, c'est-à-dire de la confronter avec des formes de l'art du spectacle aussi variées que
possible. La représentation d'un drame et la vitrine animée, la
messe pontificale et le jeu d'eau, la revue de music-hall et le cinéma,
les ombres chinoises et le sacre royal, le patinage artistique et le
récital d'un chansonnier, l'opéra et la construction cinétique, le
cortège carnavalesque et la récitation d'un rhapsode, le feu d'artifice
et la pantomime, le strip-tease et la fête princière, les marionnettes
et le tour de prestidigitateur, l'optophone et le défilé militaire,
le cirque et le cosmorama, le ballet et la parade nautique, « son
et lumière » et « laterna magica », la chanson foraine et le concert
symphonique, les évolutions des gymnastes et le jeu de figurines,
sont autant de manifestations de l'art du spectacle. Cette énumération, qui risque de déconcerter par ses contrastes et ses juxtaposi-
tions parfois insolites, n'est qu'un échantillon de l'abondante
diversité des arts spectaculaires à travers les siècles et les aires de
civilisation.

Leur diversité explique d'ailleurs pourquoi nous avons préféré
la notion et le terme de « spectacle » au terme plus traditionnel
de « théâtre ». Quelques précisions sur ce sujet ne seront peut-être
pas inutiles. D'abord, le mot « théâtre » est trop équivoque. En
français contemporain, il a au moins six significations : édifice,
troupe, institution, art, genre littéraire, ensemble d'œuvres dramatiques (sans tenir compte des sens figurés ou archaïques). Il a autant
ou presque autant de significations en anglais, en allemand, en
italien, etc. Ce qui prête surtout à confusion, c'est que, par exemple
en français, il n'y a pas de distinction nette entre « théâtre » au
sens d'un certain domaine de l'activité artistique (quand on l'oppose
aux autres arts) et « théâtre » au sens du genre littéraire (quand
on dit : poésie, roman et théâtre). Combien d'« Histoires du
théâtre » qui ne sont en réalité qu'histoires de la littérature dramatique, combien d'autres qui s'occupent non seulement des réalisations théâtrales, mais aussi de la vie des acteurs, des rapports
avec le public, etc. [23] Un autre inconvénient, c'est que dans le

[23] Des scrupules analogues, concernant la langue anglaise, ont été formulés

sens du phénomène artistique, sens qui est le seul à nous intéresser ici, le terme de « théâtre » est trop étroit. Il est trop attaché à une certaine tradition, à certaines conditions matérielles, pour que des manifestations artistiques spatio-temporelles comme le cinéma, les projections lumineuses, les cortèges, « son et lumière », puissent être appelées théâtre, sauf au sens figuré. Le terme de « théâtre » étant trop étendu et trop étroit à la fois, nous trouvons que « spectacle », si l'on veut s'en tenir aux termes existants, convient beaucoup mieux à notre usage. Il est assez large pour pouvoir contenir une multitude de formes dans leur variété historique et technique. Son étymologie fait ressortir l'aspect essentiel des ouvrages d'art en question, notamment leur aspect visuel ; dans la plupart des langues, le mot « spectacle » indique quelque chose qu'on voit ou qu'on montre.

Après cette digression terminologique, passons à l'examen de différents phénomènes de l'art du spectacle.

Parmi ses innombrables formes étudiées dans leur diversité diachronique et synchronique, il y en a — théâtre dramatique, opéra, ballet, pantomime, music-hall, marionnettes — dont l'appartenance au domaine spectaculaire n'est pas contestée. Ce sont, le plus souvent, des genres solidement implantés dans la vie sociale d'une époque et d'une civilisation données, ayant des structures matérielles durables, genres bien organisés et même institutionalisés en leur qualité de spectacle. (Ce qui n'empêche pas l'existence des variantes parallèles plus éphémères, par exemple les mêmes genres de spectacle au niveau d'amateurs.) Par contre, certains des phénomènes contenus dans notre énumération peuvent éveiller des doutes quant à leur appartenance à l'art du spectacle. Nous passerons en revue ces cas « suspects », en les groupant d'après leurs particularités.

Il y a d'abord des manifestations de l'art du spectacle qu'on peut appeler « sous-développées », c'est-à-dire pauvres en valeurs

par Allardyce NICOLL : « a confusion has to be noted in our familiar use of the terms 'theatre' (or 'stage') and 'drama' (or 'play'). Again and again we hear these employed as though they were identical » (*The Theatre and Dramatic Theory*, London, G. G. Harrap, 1962, p. 11).

significatives, pauvres parce que l'homme — absent du champ visuel de la représentation — s'efface derrière les formes d'expression plus ou moins abstraites, pauvres aussi au point de vue de l'étendue du cycle spectaculaire. C'est le cas des jeux d'eau, des feux d'artifice, de toutes sortes de projections lumineuses mobiles. Ces phénomènes artistiques sont conformes à notre définition liminaire du spectacle comme produit d'art communiqué obligatoirement dans l'espace et dans le temps, c'est-à-dire en mouvement. Ils sont organisés et réglés en vue d'un public. S'il leur manque l'acteur vivant ou l'aspect anthropomorphe, s'il leur manque la parole et parfois aussi la fable, ces défauts ne peuvent pas les disqualifier en tant que spectacles. « Son et lumière » ne cesse d'être spectacle faute d'acteurs visibles, tout comme une représentation des marionnettes qui ne ressemblent pas à des êtres humains. Quant à la fable, elle n'est pas non plus l'élément qui conditionne le spectacle ; certains numéros de cirque ou de music-hall, les évolutions sportives et même certains genres de ballet s'en passent facilement. D'ailleurs, les formes de spectacle aussi rudimentaires que le jeu d'eau ou le feu d'artifice ne sont pas toujours privées de valeur significative. Versailles du Grand Siècle avait connu un véritable « théâtre d'eau » dont les jets pouvaient former des figures géométriques et créer des effets d'imitation les plus variés. Quant aux feux d'artifice, leur épanouissement aux siècles précédents semble surpasser tout ce qui se produit en cette matière à l'heure actuelle. Pendant les fêtes publiques on avait vu se dessiner sur le ciel non seulement des serpents tortueux et des dragons crachant des flammes, mais le nom du prince ou du roi, des armes des villes et des symboles mythologiques. Sans évoquer les cas où la pyrotechnie s'associe à l'acteur vivant, aux décors et accessoires en matière solide, pour figurer des actions dramatiques, il faut dire que le feu d'artifice tout seul est capable d'exprimer une succession de phénomènes ou d'événements, par exemple des arbres poussant sous les yeux des spectateurs et s'ornant de fruits qui finissent par tomber un à un [24]. Aujourd'hui

---

[24]   Les feux d'artifice donnés en 1754 sur le théâtre du collège Louis-le-Grand

encore, des festivals internationaux d'art pyrotechnique main-
tiennent cette tradition plus que millénaire.

S'il s'agit des projections lumineuses mobiles, elles présentent
une grande variété de techniques et d'effets expressifs. Les orgues
à couleurs avaient été connues depuis le XVIIIᵉ siècle, et, parmi les
instruments de composition des mouvements lumineux, inventés
au cours du dernier demi-siècle, citons le clavilux de Thomas
Wilfred, l'optophone de Raoul Hausmann et le musiscope de
Nicolas Schöffer. Les uns se limitent au domaine visuel, les autres
apportent aussi des sensations auditives. Les jeux abstraits de
formes, de lignes et de couleurs, engendrés par ces appareils,
sont par rapport au « vrai » spectacle ce que l'art abstrait est
par rapport à l'art figuratif. On ne saurait leur refuser le nom de
spectacle si l'on qualifie de peinture un tableau non figuratif.

C'est ici, aux confins des projections lumineuses et des automates dont il sera question tout à l'heure, qu'il faut situer les phénomènes des arts plastiques connus sous le nom de « lumière et
mouvement », toutes sortes de sculptures mobiles, tout ce qui
est appelé de plus en plus couramment « art cinétique ». Frank
Popper, qui a consacré à ce problème sa thèse de doctorat, considère certaines formes de l'art cinétique (c'est-à-dire « qui a le
mouvement comme principe ») comme « une tentative d'incor-
porer la notion de l'espace-temps dans l'œuvre plastique »[25].
Bien que « la conquête du mouvement réel par l'art des formes
tridimensionnelles » soit « bien lente et bien difficile, comparée
à la conquête du mouvement apparent dans l'art des images
planes » (Étienne Souriau[26]), Popper, d'ailleurs très prudent
dans ses conclusions, n'hésite pas à affirmer que « certaines
œuvres luminodynamiques de Schöffer et le Cosmorama de Darié
[...] nous font entrer dans le domaine du spectacle » et que « des
mouvements synchronisés semblent ainsi préparer l'avènement de
nouvelles formes d'art du spectacle »[27].

à Paris (Ernest Boysse, *Le Théâtre des Jésuites*, Paris, H. Vaton, 1880, p. 329).
[25] *Naissance de l'art cinétique*, Paris, Gauthier-Villars, 1967, p. 191.
[26] *Ibid., Préface*, p. XII.
[27] *Ibid.*, p. 213. Voici la description d'une des réalisations de Nicolas Schöf-

Les jeux de figurines et d'automates de toute espèce, même quand ils sont anthropomorphes, inspirent certains doutes en ce qui concerne leur appartenance à l'art du spectacle. Il faut en voir peut-être la raison dans la durée limitée de leurs révolutions et dans le fait que, contrairement aux marionnettes, leurs mouvements ne sont pas réglés directement par l'homme, mais par un mécanisme autonome. Et pourtant les jeux de figurines mécaniques sont capables de déployer une telle richesse spectaculaire qu'il serait injuste et illogique de leur refuser le nom de spectacle, attribué sans réserve aux marionnettes. Les exemples n'en manquent pas à travers les siècles. Rappelons la célèbre Annonciation réalisée par Brunelleschi à Florence, ou l'Assomption de l'église Saint-Jacques à Dieppe, au XVᵉ siècle, avec Dieu le Père donnant sa bénédiction, la Vierge qui, soutenue par les anges, survole la

fer : « Le spectacle *Formes et Lumières*, placé à côté de la Tour Cybernétique au Palais des Congrès de Liège, en Belgique, a été [...] réalisé en 1961. Des stores de matière plastique sont baissés sur les 1500 mètres carrés de la façade vitrée du Palais pour former un écran géant sur lequel apparaissent les formes colorées mouvantes. C'est la partie centrale du spectacle audio-visuel qui comprend, outre les illuminations fixes du Palais, celles de la ville par deux projecteurs placés sur les toits, et la présence illuminée de la Tour spatio-dynamique. [...] L'ensemble du spectacle utilise 360 projecteurs, spots de tous calibres et des 'brasseurs de lumière' reliés à un jeu d'orgues complexe. Ce dispositif impressionnant aide au déroulement du spectacle proprement dit, d'une durée de vingt minutes [...]. Le son est émis par des colonnes stéréophoniques équipées de haut-parleurs et qui sont disposées devant les spectateurs-auditeurs de telle sorte que la musique a l'air d'émaner directement des mouvements lumineux » (*ibid.*, pp. 164-165). Le cosmorama de l'artiste cubain Sandu Darié est une baraque foraine. « Cette baraque qui n'utilise aucun moyen très moderne pour réaliser ses fins est démontable et mesure deux mètres cinquante sur quatre mètres, et deux mètres cinquante de haut. L'intérieur contient un circuit de projecteurs et des moteurs produisant des mouvements giratoires divers. Deux structures transformables sont présentées en même temps au public ; elles 'se complètent dans une multiplicité de plans, en mélangeant leur évolution'. Dans une première étape, le contrôle de ces mouvements et projections était manuel et opéré à distance ; actuellement un 'gouverneur' dirige automatiquement un programme conçu à l'avance. Ces 'structures transformables' se réduisent en s'aplatissant, ce qui permet le passage de la deuxième à la troisième dimension, et vice-versa » (*ibid.*, p. 167).

nef pour être couronnée et disparaître derrière un nuage, tous ces effets étant obtenus par la combinaison de plusieurs techniques. Rappelons les défilés, religieux ou profanes, des figurines mécaniques, comme celui de l'horloge astronomique de la cathédrale de Strasbourg avec les représentants des « quatre âges » défilant devant la Mort, les apôtres passant devant le Christ qui les bénit, et le fameux coq battant des ailes et lançant son cocorico. Évoquons enfin les vitrines animées des magasins des grandes villes qui attirent la curieuse attention des spectateurs de tout âge. Et s'il faut une preuve que les automates peuvent former des spectacles non moins réguliers que ceux d'ombres ou de marionnettes, on n'a qu'à signaler l'existence de nombreux théâtres mécaniques, aussi bien dans le passé, comme celui du Père Sébastien (Jean Truchet) qui avait donné pour Louis XIV un « opéra en cinq actes » ou celui du château de Hellbrunn près de Salzbourg (XVIIIe siècle), qu'à l'heure actuelle, comme le théâtre mécanique de Harry Kramer qui a présenté à Berlin, en 1955, un spectacle en treize scènes.

Il est temps de passer aux formes spectaculaires qui, bien que l'homme vivant y apparaisse, sont susceptibles de quelques contestations. On peut avoir, par exemple, des doutes sur le caractère des manifestations dont le côté « scène » n'est pas collectif, surtout quand un homme solitaire remplit les fonctions aussi bien artistiques que techniques. Il s'agit des personnes qui récitent des textes poétiques, une des plus anciennes professions du monde : rhapsodes de la Grèce antique, ménestrels, jongleurs ou minnesingers médiévaux, scaldes scandinaves, griots africains, conteurs arabes, récitants des chants épiques serbes, indonésiens ou autres. Les documents historiques et les témoignages des ethnographes attestent que dans la plupart des cas le conteur ou le chanteur — la distinction est parfois difficile à établir — fait un usage abondant de la mimique, du geste et du mouvement corporel qui deviennent un élément essentiel de son récit (sans parler de l'accompagnement musical dont le rôle est plus ou moins important). L'art du récitant ne se limite donc pas à la transmission orale d'un texte (par « texte » nous entendons un ouvrage sous forme écrite ou non écrite) ; les éléments expressifs qui accompagnent ce processus, les moyens visuels mis en jeu permettent de considérer la récitation publique comme un genre de spectacle. D'ailleurs, on ne refuse le nom de spectacle ni à la représentation d'une pièce à un personnage (comme *La Voix humaine* de Jean Cocteau, *Les Mains d'Eurydice* de Pedro Bloch ou *La Dernière Bande de Krapp* de Samuel Beckett) ni à *one-man show* (ou *one-woman show*), forme répandue dans les pays anglo-saxons, ni au récital poétique d'un seul artiste, particulièrement quand il a lieu sur une scène régulière. Ajoutons que le genre appelé monodrame est solidement implanté dans la tradition théâtrale (Rousseau, Goethe) et qu'il connaît aujourd'hui un renouveau dans plusieurs pays. Il convient d'évoquer ici l'art oratoire, lié par beaucoup de traits, historiques et techniques, aux manifestations de l'art spectaculaire à un seul exécutant [28].

Des doutes d'un autre genre naissent en ce qui concerne les manifestations artistiques dont le caractère auditif est déterminant et peut paraître unique. C'est le cas des concerts. On assiste à un concert symphonique pour écouter de la musique. Mais, volontairement ou involontairement, on regarde l'estrade, et ce qu'on y voit est réglé, dans une certaine mesure, en fonction des auditeurs-spectateurs : les habits des musiciens, leur entrée en scène, la façon d'applaudir le soliste avec leurs archets. Quant au chef d'orchestre, il arrive que le public vienne plutôt pour le VOIR diriger que pour ÉCOUTER l'orchestre dirigé par lui. Ce n'est pas toujours question de pur snobisme, c'est parfois l'attitude du professionnel ou du mélomane désireux de voir comment une interprétation originale prend forme (ou semble prendre forme) sous la baguette d'un chef d'orchestre. Celui-ci est parfaitement conscient du côté spectaculaire de sa performance, d'où, chez

[28] Il ne faut pas oublier non plus le rôle de la récitation dans la genèse du drame et du théâtre. Dans plusieurs cultures, l'art du récitant précède le théâtre proprement dit. Voici l'opinion exprimée par ARISTOTE : « Ce n'est même qu'assez tard que l'action a paru dans la tragédie et dans l'art de la rhapsodie, parce que, dans l'origine, c'étaient les poètes eux-mêmes qui jouaient les tragédies et déclamaient les rôles » (*Rhétorique*, 1. III, ch. I, § 4, tr. par J. Barthélemy Saint-Hilaire).

certains, un abus des effets kinésiques, ce qui accentue davantage l'aspect visuel du concert. Des phénomènes analogues se produisent pendant le récital d'un soliste. Nous ne parlerons pas des formes musicales, comme la cantate ou l'oratorio, où la participation du chœur et des solistes contribue à amplifier le côté visuel, ni de l'immixtion intentionnelle des éléments de spectacle dans une séance musicale (chef d'orchestre qui se promène pendant le concert, baguette de direction qui passe d'un exécutant à un autre, musiciens qui échangent leurs instruments, pianiste qui surgit de dessous le plateau ou qui fait la navette entre le piano et le pupitre du chef d'orchestre), ce qui mène parfois aux extravagances douteuses du point de vue artistique, tout en mettant en relief les possibilités spectaculaires d'une manifestation musicale. Bref, un concert n'étant pas limité à l'aspect auditif (sauf le cas où il est transmis par des moyens mécaniques : radio, disque, bande magnétique), la séance musicale doit être considérée comme une forme particulière de spectacle [29].

Un groupe hétérogène de manifestations parathéâtrales, conformes à notre définition de l'art du spectacle, est formé par celles dont le but principal et la raison d'être sont extra-esthétiques. Il s'agit des rites religieux ou civils (l'office aussi bien que le sacre royal ou l'enterrement solennel) et de certaines espèces de fêtes publiques (comme le défilé militaire, l'apothéose d'un personnage ou la parade sportive). Bien que les motifs esthétiques ne soient

---

[29] Parmi les tentatives en vue d'associer les effets visuels à la musique, entreprises par les compositeurs eux-mêmes, il convient de rappeler celle de Scriabine qui, en 1911, avait introduit le « clavier à lumière » dans la partition de son *Prométhée* pour faire suivre par des couleurs les modulations des sons. Les projections apparaissaient sur un écran derrière l'orchestre. Depuis une vingtaine d'années, avec le développement de la musique spatiale, les manifestations audio-visuelles de ce genre se multiplient et prennent des formes très originales. Citons le *Poème électronique* d'Edgar Varèse et de Iannis Xenakis, et, dernièrement, le *Polytope de Cluny* de Xenakis ainsi que le *Corticalart* de Pierre Henry. Ces expériences rejoignent celles des projections lumineuses mobiles avec musique, dont il était déjà question. Cf. aussi Tadeusz KOWZAN « La musique et les arts plastiques à la conquête de l'espace et du temps », *Diogène*, n° 73, janvier–mars 1971, pp. 3-22.

pas à l'origine des manifestations de ce genre, ils déterminent leur réalisation, et c'est par des moyens d'ordre artistique qu'on atteint l'objectif fondamental, qu'il soit religieux, politique, social ou autrement utilitaire : attirer le public, le convaincre, l'impressionner, lui inculquer certaines idées, le bien disposer, l'émouvoir, en un mot le conquérir. Dans toutes ces manifestations (c'est ce qui les rapproche du théâtre) il y a des exécutants et des spectateurs, il existe toujours le destinataire, c'est-à-dire le public, seul à justifier l'effort artistique, parfois considérable, qu'on met en jeu.

Prenons un office religieux, surtout quand il est célébré avec grand apparat, processions, rites symboliques, participation de plusieurs ecclésiastiques en tenue solennelle. Pourquoi ne pas le considérer comme produit de l'art du spectacle, si dans quelques éléments de la liturgie de Noël ou de Pâques, au IXe et au Xe siècle, dans quelques déplacements des clercs et quelques phrases prononcées par eux, on est disposé à voir le noyau du théâtre médiéval en Europe ? Quand nous parlons des offices, il s'agit, bien entendu, de toutes les religions et de toutes les époques ; la fonction rituelle du spectacle (ou la fonction spectaculaire du rituel religieux) est évidente aussi bien en Grèce antique que dans les autres civilisations anciennes, dans les sociétés primitives et dans le monde moderne. Le couronnement ou les obsèques nationales ont aussi leur fond pratique (instituer ou enterrer un monarque), ils ont leur aspect religieux ou politique, mais leur appartenance à l'art du spectacle est déterminée par le protocole rigide et le faste qu'on a l'habitude de déployer à de pareilles occasions : cortèges, délégations en costumes, orchestres, salves, etc.

Les fêtes publiques ou semi-publiques constituent un genre de manifestations spectaculaires particulièrement riche et complexe : riche par la diversité de ses formes et variantes historiques, complexe par la multiplicité des éléments qui font partie d'une fête. Une fête princière de la Renaissance ou du XVIIe siècle comportait cortèges, tableaux vivants, danses, carrousels, jeux d'eau, feux d'artifice, parfois aussi comédies à intermèdes ou opéras-ballets. Les fêtes de la Révolution française avaient mis à profit la plupart de ces formes d'expression en leur ajoutant une abondance incroyable des éléments didactiques ; on peut citer comme exemples frappants l'*Entrée triomphale des monuments recueillis en Italie* (1798) ou la *Pompe funèbre en l'honneur des plénipotentiaires de Rastadt* (1799) [30]. La correspondance entre les fêtes de la Révolution et l'art théâtral apparaît encore plus manifeste quand on considère que, par exemple, la *Fête de l'Unité et de l'Indivisibilité de la République*, réglée par Louis David, fut ensuite reconstituée sur la scène et jouée pendant plusieurs mois (1794-1795).

Peu de spectacles sont aussi minutieusement réglés, même chez des professionnels du théâtre ou du cirque, qu'une parade militaire. Elle offre encore cette particularité d'avoir, à côté des exécutants et des spectateurs, un groupe de participants qui sont spectateurs et acteurs à la fois. C'est le rôle de ceux qui occupent la tribune officielle. Ils sont spectateurs privilégiés, puisque c'est pour eux (en apparence) que les troupes défilent, mais en même temps ils font partie du spectacle étant acteurs, souvent acteurs de choix, pour la foule des spectateurs « volontaires ». Nous assistons donc à ce qu'on peut appeler le « côté acteur » à deux niveaux et le « côté spectateur » à deux niveaux également. D'ailleurs, l'interpénétration entre exécutants et public se produit dans plusieurs genres de spectacle, surtout dans ceux où les spectateurs « d'office » sont indispensables.

Un problème d'ordre différent se pose dans le cas spécifique du cinéma, art dont les ouvrages sont communiqués par des moyens mécaniques de reproduction, art où le mouvement est perçu grâce à une sorte de truquage. Plusieurs esthéticiens ainsi que plusieurs créateurs et théoriciens du septième art se demandent s'il est ou non spectacle. On va jusqu'à lui refuser cette qualification, sans que les raisons en soient toujours pareilles.

« Le cinéma n'est pas un spectacle, c'est une écriture, une écriture par laquelle on essaye de s'exprimer avec d'horribles difficultés » — dit Robert Bresson [31]. En émettant, à plusieurs

---

[30] Cf. Ernest MAINDRON, *1751-1889. Le Champ de Mars*, Lille, Impr. L. Danel, 1889, pp. 162-169, 203-207.

[31] *Cahiers du Cinéma*, octobre 1957, p. 5. Et voici les mots de Jean MITRY qui sont comme une réplique à l'opinion citée : « Le cinéma n'est donc et ne saurait

reprises, ce jugement, l'auteur du film *Un condamné à mort s'est échappé* semble voir les choses à l'étape de la création : un film n'est pas créé comme un spectacle théâtral, il ne se présente jamais comme un tout au cours du travail, il y a des bribes de scènes, des bouts de pellicule, et c'est le montage qui en fait une œuvre accomplie. Il y a effectivement, dans l'art du cinéma, un décalage entre la création et la communication, plus marqué peut-être que dans d'autres genres de spectacle. Mais la simultanéité de la création et de la communication ne doit pas être considérée comme caractère indispensable du spectacle, plusieurs genres en étant privés.

C'est sur un autre plan, celui de la perception collective, que se situe Albert Laffay affirmant que « le cinéma n'est en aucune façon un art du spectacle ». Il développe son idée de manière suivante : « Les vrais spectacles, le cirque, le théâtre, le music-hall, ne se conçoivent évidemment pas sans public. [...] Les acteurs sont portés par leur public ; il y a, comme chacun sait, communication constante entre la salle et la scène. [...] Au cinéma, [...] nous n'avons absolument pas besoin qu'il se constitue un public. [...] Bien entendu aucun régime d'échange ne s'établit entre spectateurs et acteurs, puisque aussi bien il n'y a pas d'acteurs en chair et en os » [32]. On retrouve ici les doutes exprimés par Alain au sujet de l'art de l'écran : « ce qui y manque c'est cette épreuve de la présence », « les sifflets n'y feraient rien », « je n'aperçois pas ici ce riche fond de physiologie qui fait au théâtre [...] ce que les hommes de métier nomment l'atmosphère, et que je voudrais nommer le climat humain, [...] climat de terreur, d'anxiété, de puissance, de mystère, ou au contraire d'insouciance, de jeunesse, de gaîté » [33]. Les raisons invoquées par Alain et par Laffay nous paraissent fragiles. Bien qu'il n'y ait pas, au cinéma, de communication bilatérale acteurs–spectateurs, le public y existe comme réalité sociale et psychique aussi évidente que

être une écriture que dans la mesure où il est *d'abord un spectacle* » (*Esthétique et psychologie du cinéma*, Paris, Éd. Universitaires, t. 2, 1965, p. 343).
[32] *Logique du cinéma. Création et spectacle*, Paris, Masson, 1964, pp. 25-26.
[33] *Vingt leçons sur les beaux-arts*, éd. cit., pp. 115-116.

pendant un spectacle « sur le vif », au théâtre ou au cirque. Il est vrai qu'il n'y a pas d'atmosphère résultant des échanges entre spectateurs et acteurs, mais il est non moins vrai qu'une atmosphère se crée dans la salle et que des échanges se produisent entre spectateurs. Pour s'en convaincre, il suffit d'assister à une projection en avant-première destinée aux critiques, et au même film donné dans un cinéma de village. Et si l'on apporte l'argument qu'un film peut être projeté pour une seule personne, l'histoire nous fournit des exemples des pièces de théâtre jouées devant un seul spectateur.

Il convient donc de conclure que le manque de contact direct entre exécutants et spectateurs, ainsi que le décalage temporel entre la création et la communication, font différencier le cinéma du théâtre de l'acteur vivant, mais ne constituent pas les caractères distinctifs de l'art du cinéma, parce qu'ils sont propres aux autres genres de spectacle — « son et lumière », toutes formes d'automates, projections lumineuses réglées mécaniquement — où l'intervention de l'artiste (créateur ou exécutant) n'est pas indispensable au cours de l'émission.

La situation de la télévision, malgré les ressemblances techniques avec le cinéma, est bien différente[34]. Prenons d'abord le « côté public ». A la télévision, comme au cinéma, le contact direct acteurs–spectateurs n'existe pas. Contrairement à ce qui se passe au cinéma, le public a rarement un caractère collectif prononcé. Quant au « côté communication », il y a trois variantes possibles.

1° La télévision transmet des images et des sons enregistrés antérieurement (ce procédé devient de plus en plus fréquent, comme celui de la diffusion des films cinématographiques par le canal de la télévision). Dans ce cas, où la télévision n'est en fait

[34] La question étant examinée dans le cadre de l'esthétique, il ne s'agit pour nous que du programme artistique de la télévision et non de ses émissions consacrées à l'information, au reportage « journalistique », au fait divers, à la publicité, etc. De même que tout ce qui est filmé n'appartient pas à l'*art* du cinéma, ni tout ce qui est écrit, à l'art littéraire.

que télécinéma, la création et la communication ne sont pas simultanées.

2° La télévision transmet en direct une représentation théâtrale, une revue de music-hall, un spectacle de cirque, etc. La création et la communication sont alors simultanées, mais le spectacle en tant qu'œuvre d'art s'accomplit dans la salle de théâtre ou sous le chapiteau du cirque.

3° La télévision transmet en direct un spectacle ordonné spécialement à cet effet. Dans ce dernier cas, où la création et la communication sont simultanées aussi, le produit de l'art du spectacle est créé dans sa forme définitive en studio (ce qui n'est pas le cas du cinéma) et il est en même temps communiqué directement aux spectateurs de hasard ou aux invités.

Dans tous les trois cas, la télévision est un moyen technique de transmission et de diffusion des spectacles préexistants (sur la pellicule, au théâtre ou en studio). Cela ne veut pas dire que la télévision soit incapable de créer des ouvrages spectaculaires autonomes. Mais leur spécificité est à rechercher au niveau de la création (travail des réalisateurs, des acteurs, des techniciens) et non au niveau de la communication. Pour que la télévision manifeste son caractère autonome, il lui faut des réalisations qui se distinguent essentiellement, par leur forme et leur expression artistique, de celles du théâtre et du cinéma, dans la mesure où une représentation théâtrale se distingue d'un film. Or, les réalisations de ce genre sont encore rares. La télévision n'étant exploitée à l'usage de l'art du spectacle que depuis un quart de siècle, elle a toutes les chances de démontrer ses capacités créatrices et d'imposer sa spécificité dans ce domaine.

Précisons, par parenthèse, que le « théâtre » radiophonique n'appartient pas au domaine du spectacle. Il en est exclu par principe : l'espace n'est pas indispensable à la communication des produits de l'art radiophonique, le côté visuel n'y existe pas. On y arrive à créer une illusion de l'espace (au moyen de toutes sortes d'effets sonores et de la stéréophonie), mais ces efforts, effectués sur les plans de la création et de la perception, ne peuvent pas dépasser le côté auditif.

Les remarques sur le cinéma et la télévision, ainsi que le phénomène particulier du dessin animé dont il sera encore question,
nous amènent à envisager le problème des origines de l'art du
spectacle. Bien que cet art fût rarement considéré dans son inté-
gralité, des esthéticiens, des historiens et des artistes ont énoncé
plusieurs opinions concernant l'origine de tel ou tel genre de
spectacle. Leurs hypothèses indiquent le plus souvent, comme
sources présumées des arts du spectacle, le mouvement corporel,
la musique, la parole et le rite. A côté de ces théories il existe une
tendance à voir l'origine du spectacle dans le domaine plastique.
Elle n'est pas négligeable, surtout en ce qui concerne les genres
de spectacle sans participation directe de l'homme. Il est évident
que le théâtre d'ombres, les jeux d'eau ou les feux d'artifice s'inspirent des arts plastiques. Certaines projections lumineuses ne sont
que des ouvrages plastiques ou décoratifs mis en mouvement.
Les marionnettes et les géants carnavalesques de tous les pays
et de tous les temps doivent leur existence à l'inspiration d'un
maître sculpteur ou décorateur, et c'est le mouvement artificiel qui
les transforme en « acteurs » d'un spectacle. C'est aussi le cas des
automates, des figurines de toute espèce, où l'art plastique s'associe
à la mécanique pour créer un spectacle.

Même quand il s'agit des genres de spectacle avec la participation directe de l'homme, certains auteurs y voient une influence
considérable des arts plastiques. Prenons un exemple. Le rôle
des arts plastiques dans la formation du théâtre de la Renaissance
a été étudié dans un ouvrage important de George R. Kernodle.
Voici quelques citations qui mettent en lumière les idées de l'auteur.

« It is time to recognize that the theatre is one of the visual arts.
If it is an offspring of literature on one side of the family tree,
it is no less a descendant of painting and sculpture on the other
side. [...] the Renaissance theatres [...] owe far more to painters,
sculptors, and designers of *tableaux vivants* than they do to the
medieval religious stages » [35].

---

[35] *From Art to Theatre. Form and Convention in the Renaissance*, Chicago,
University of Chicago Press, 1944, p. 2.

Après avoir établi de nombreux rapports entre les arts plastiques du XVe siècle et la mise en scène de la Renaissance, Kernodle écrit dans sa conclusion : « And that is how our modern theatre began ! Not as a new invention [...] ; not as a revival of the ancient theatre [...] ; not as a development of the medieval religious theatre [...]. But, rather, as an entirely logical development in the history of the visual arts — the realisation in three dimensions of the forms and conventions of painting, sculpture, and the *tableaux vivants*. [...] Paintings, tapestries, and statues were brought to life ; living actors replaced portraits ; and architects tried to build in three dimensions the settings and backgrounds of pictures » [36]. L'auteur est prêt à reconnaître l'influence des arts plastiques sur l'art dramatique proprement dit, c'est-à-dire sur la production des dramaturges italiens, flamands, anglais, et surtout des fournisseurs des théâtres de collège : « In all cases the pictorial traditions were so strong that, much as the dramatists might try to visualize their events as actual life or history, yet in scene after scene they fell into the patterns already familiar in the visual arts. We can learn much about the meaning of their drama, and much about the beginnings of the modern stage, by tracing the influence of the other pictorial arts on the Renaissance theatres » [37].

Sans suivre jusqu'au bout le chercheur américain dans son appréciation du rôle des arts plastiques dans l'origine du théâtre et du drame de la Renaissance, il faut reconnaître que les matériaux qu'il avait rassemblés démontrent les liens et les rapports frappants (d'ailleurs réciproques) entre ces deux domaines de l'activité artistique. Pour prouver l'influence des conceptions plastiques sur l'évolution de l'art spectaculaire et dramatique, on trouve des exemples non moins éloquents à l'époque contemporaine (le théâtre symboliste en France[38], les idées d'Adolphe Appia, d'Edward Gordon Craig, et les réalisations de leurs successeurs).

[36] *Ibid.*, p. 216.
[37] *Ibid.*, p. 219.
[38] Cf. Jacques ROBICHEZ, *Le Symbolisme au théâtre. Lugné–Poe et les débuts de L'Œuvre*, Paris, L'Arche, 1957, réédition 1972, pp. 105-110 et passim.

S'il s'agit de l'emprise des arts plastiques sur les dramaturges, les faits ne manquent pas au cours du XXe siècle. Citons, à titre d'exemple, le dramaturge et peintre polonais Stanisław Wyspiański (l'inspiration plastique de plusieurs de ses drames et de ses conceptions théâtrales est évidente) [39], Michel de Ghelderode dont les dettes à l'égard de la peinture sont multiples [40] ou encore Fernando Arrabal dont le *Concert dans un œuf* et *Le Jardin des délices* sont inspirés par les œuvres de Jérôme Bosch.

Le problème des sources plastiques, et non seulement des sources, mais de la base même de tout un genre de spectacle, s'impose avec acuité dans le cas du cinéma. La question n'est plus celle des influences, des interférences, des hypothèses historiques plus ou moins discutables. Ce sont les critères physiques et physiologiques qui entrent en jeu.

Considérant le cinéma comme un art du spectacle, nous sommes conforme à notre formule liminaire ; les produits de l'art du cinéma (les films) sont communiqués obligatoirement dans l'espace et dans le temps. Le mouvement est donc nécessaire à leur communication [41]. Que ce soit un mouvement un peu truqué, une illusion du mouvement au point de vue sensoriel, c'est une autre question. Grâce à la mise en marche, à une vitesse déterminée, de l'appareil de projection et de la bande, l'œil du spectateur perçoit le mouvement. Il y a donc, au niveau de l'émission, le mouvement mécanique auquel correspond l'illusion du mouvement au niveau de la perception. Il y a plus que cela dans un film « en chair et en os » ; celui-ci (contrairement au dessin animé) restitue, par des moyens techniques, le mouvement accompli par les acteurs

---

[39]   Cf. Stanisław Kolbuszewski, *Le Théâtre de Stanisław Wyspiański*, Warszawa, P.W.N. [1962].

[40]   Le problème fut posé par André Vandegans dans son article « Les sources plastiques d'*Escurial* », *Revue d'Histoire du Théâtre*, janvier-mars 1967, pp. 24-32.

[41]   Cf. la définition du mouvement donnée par André Lalande : « changement continu de position dans l'espace, considéré en fonction du temps, et par suite ayant une vitesse définie » (*Vocabulaire technique et critique de la philosophie*, 5e éd., Paris, P.U.F., 1947, p. 640).

au cours du tournage, donc à une certaine étape de la création. Seulement, nous l'avons déjà signalé, dans l'art cinématographique la création et la communication ne sont pas simultanées.

Le support matériel d'un film projeté, c'est-à-dire communiqué aux spectateurs, est une suite d'images immobiles qui sont ou bien des photographies prises avec une caméra sur le vif, ou bien des images dessinées directement sur la pellicule [42], ou bien des dessins, des poupées ou d'autres objets photographiés avec une caméra spéciale, image par image. Dans tous ces cas — photographie artistique, dessin, peinture ou sculpture — il s'agit bien des produits des arts plastiques. Ces produits constituent donc la matière même d'un ouvrage de l'art cinématographique, son élément fondamental et obligatoire.

Quant à la genèse du cinéma et à ses affinités historiques avec les arts plastiques, le cas du dessin animé est particulièrement instructif. On trouve des analyses et des observations sur ce sujet dans les travaux de Marie-Thérèse Poncet. Voici d'abord, comment elle définit ce genre spécifique de spectacle : « [...] l'art des dessins animés consiste essentiellement à décomposer le mouvement en une suite de dessins, qui marquent chacun une étape de ce mouvement, et à en reconstituer ensuite l'ensemble au moyen de la projection sur un écran, de façon à obtenir une scène complète, visible pour un public nombreux » [43]. Un autre ouvrage du même auteur (sa thèse complémentaire) [44] est consacré à démontrer que les prototypes du dessin animé sont les ouvrages des arts plastiques « à déroulement continu », peintures, sculptures, tissus, vitraux.

Les longs rouleaux « à scènes successives » trouvés dans les tombeaux égyptiens [45], la procession des Panathénées sur les

---

[42] C'était la méthode du pionnier français du dessin animé, Émile Reynaud. Elle est appliquée encore aujourd'hui, par exemple par Norman Mac Laren, grand créateur canadien d'origine écossaise.
[43] *L'Esthétique du dessin animé*, Paris, Nizet, 1952, p. 29.
[44] *Étude comparative des illustrations du Moyen Age et des dessins animés*, Paris, Nizet, 1952.
[45] Cette forme d'expression a subsisté dans certaines civilisations jusqu'au

frises du Parthénon, les bas-reliefs de la colonne Trajane ou de la colonne Antonine à Rome (imités par les créateurs de la colonne Vendôme à Paris, dont la spirale, développée, aurait 200 mètres de long), la broderie de Bayeux (0,5 sur 70 m) où les images sont commentées par des inscriptions, la tenture de l'*Apocalypse* d'Angers (qui comprenait primitivement une centaine de tableaux sur une longueur d'environ 150 m), les nombreux portails, frises, retables, jubés, stalles et autres éléments décoratifs des églises, avec des sculptures à sujets cycliques (comme la clôture du chœur de Notre-Dame de Paris avec les scènes de la vie de Jésus en pierre polychromée), les vitraux qui racontent dans une suite de scènes la Passion du Christ ou la vie des saints, les ouvrages picturaux cycliques, comme les miniatures ornant d'anciens manuscrits ou les fresques de Giotto à Assise, à Florence et à Padoue, sont autant de manifestations des arts plastiques à déroulement continu. M.-T. Poncet s'occupe principalement, comme le titre de son étude l'indique, du Moyen Age, en recherchant « une démonstration non négligeable de l'existence, parmi les chefs-d'œuvre médiévaux, de 'réelles bandes filmiques' » [46]. Elle les appelle « des films peints dans les miniatures, des films sur verre dans les vitraux, des films de tapisserie, des films sculptés dans la pierre » [47].

Aux formes étudiées par M.-T. Poncet on pourrait ajouter des œuvres picturales à épisodes consécutifs, c'est-à-dire les cas où, dans un même tableau (et non dans une suite de tableaux), sont représentées les différentes étapes d'une action. Prenons comme exemple une des miniatures des *Très riches heures du duc de Berry*. Dans le paradis terrestre, jardin entouré d'un mur et baigné par les flots de l'océan (unité de cadre très marquée), l'histoire biblique se déroule en quatre « mouvements » : Ève reçoit du démon le fruit défendu, elle l'offre à Adam, Dieu les châtie, un ange les

---

XIXe siècle de notre ère ; la preuve en est le rouleau narratif en toile (0,75 sur 3,62 m), provenant du Népal, qui représente la légende brahmanique de Banasura (exposé au Musée Guimet à Paris).

[46] *Ibid.*, p. 11.
[47] *Ibid.*, p. 64.

conduit au-delà des portes du paradis. L'exemple d'une structure
mixte est offert par la magnifique tenture de *David et Bethsabée*
(Musée de Cluny) ; le tout est composé de dix pièces, mais certaines d'entre elles comportent jusqu'à cinq épisodes différents
(vingt-trois épisodes au total). La pratique de représenter dans un
même tableau plusieurs moments successifs ou plusieurs phases
d'un mouvement s'est maintenue jusque dans l'art moderne ; la
Fillette courant sur le balcon de Giacomo Balla, le *Nu descendant
un escalier* de Marcel Duchamp ou l'*Escrime* de Leon Chwistek
en sont des spécimens très typiques [48].

Il convient de signaler un autre phénomène, extrêmement répandu de nos jours, celui des bandes dessinées, des photoromans, etc.
Bien que les ouvrages de ce genre atteignent rarement un niveau
artistique satisfaisant et intéressent surtout la sociologie de la
culture de masse, ils se situent dans la lignée des manifestations
des arts plastiques à déroulement continu. Phénomènes précurseurs ou parallèles par rapport au dessin animé et au cinéma, ils
en sont parfois dérivés, par exemple dans le cas du ciné-roman,
c'est-à-dire ouvrage en dessins ou en photos tiré d'un film.

On peut se demander si tous ces ouvrages à sujets continus ou
à scènes consécutives, si toutes ces manifestations plastiques se
rattachant, de près ou de loin, au dessin animé, n'appartiennent pas
à l'art du spectacle.

Nous avons dit précédemment qu'un tableau se présente dans
l'espace et que le laps de temps nécessaire à sa perception est
plus ou moins négligeable. La situation change sensiblement quand
il s'agit d'une suite d'ouvrages plastiques ou d'un tableau à épisodes juxtaposés (si on les considère comme un tout). Pour percevoir
ce tout, un seul regard ne suffit plus (nous n'entrons pas ici dans
les détails de la durée exigée par tel ou tel tableau), il en faut
PLUSIEURS parce que le spectateur est obligé d'embrasser successivement chaque tableau ou chaque épisode. Le temps se manifeste
donc ici non comme un élément négligeable et indéterminé, mais

[48]   Cf. Tadeusz KOWZAN, article cité p. 33, note 29.

comme un élément aussi valable que l'espace. Il est également vrai
que les œuvres à scènes consécutives sont CRÉÉES pour la perception
dans l'espace ET dans le temps, ce qui les rapproche des arts du
spectacle. Notre définition est pourtant assez rigoureuse pour
exclure du domaine du spectacle les produits des arts plastiques
non dotés du mouvement. Elle parle des ouvrages COMMUNIQUÉS
obligatoirement dans l'espace et dans le temps. Les bas-reliefs
à déroulement continu, les tableaux à épisodes consécutifs, les
bandes dessinées et les photoromans sont CRÉÉS par leurs auteurs
pour la perception dans l'espace et dans le temps, ils sont PERÇUS
par le consommateur dans l'espace et dans le temps, mais l'espace
suffit à leur COMMUNICATION, sans impliquer le temps, ce qui les
distingue du dessin animé, du cinéma ou des projections mobiles
de toute espèce.

Tout en permettant l'intégration — selon le principe du plus
petit dénominateur commun — des régions très vastes de l'art
du spectacle, dont quelques-unes seulement ont été examinées,
notre définition liminaire s'avère donc capable de servir de limite
dans des cas équivoques, comme celui qu'on vient de présenter.

Il y a dans notre définition un autre élément restrictif qui nécessite
quelques explications. Nous employons le terme de l'ART du
spectacle et de ses produits. La question se pose, qu'est-ce qu'un
produit d'art ou une œuvre d'art ? Qu'est-ce que l'art ? En appor-
tant cet élément limitatif, nous considérons l'art dans son double
sens : 1° ce qui possède une valeur esthétique ou provoque une
expérience esthétique, 2° ce qui est une création artificielle.

Quant à la première acception, liée intimement à l'idée du
beau, elle permet des interprétations si variées qu'il paraît impossible de trouver des critères qui soient valables pour différentes
époques et civilisations. Qu'est-ce qui est beau, qu'est-ce qui ne
l'est pas ? Tel ouvrage possède-t-il des valeurs esthétiques, ou, au
contraire, en est-il privé ? Chaque individu est en plein droit
d'avoir son opinion à lui et de ne pas partager ni d'accepter le
point de vue d'autrui, sans parler des jugements collectifs sur la
nature du beau (même si l'on tient compte que le beau n'est pas
toujours l'agréable) qui divisent des sociétés entières. « Les contro-

verses engagées sur ce qui est ou n'est pas une 'œuvre d'art' sont
inépuisables ; plus encore — elles font partie intégrante de la
'vie de l'art' d'une époque et d'un milieu donnés » [49].

Dans le domaine du spectacle, qui est-ce qui peut donner une
réponse universellement valable à la question si telle représentation foraine suscite ou non des émotions esthétiques, si telle scène
filmée est une œuvre d'art cinématographique ou un simple document, si tel feu d'artifice possède ou non des valeurs artistiques ?
Dans l'impossibilité de fixer des critères acceptables pour tout le
monde ou même de trancher, dans le cas de tel ou tel spectacle
particulier, la question de son contenu esthétique, il faut se résigner
à une solution plus souple. Tout en gardant le principe de la
distinction, possible et nécessaire, entre ce qui a une valeur esthétique et ce qui en est dépourvu, entre ce qui produit (ou, au moins,
veut produire) une expérience esthétique et ce qui ne le fait pas,
il faut accorder aux courants artistiques, aux modes, aux traditions et aux individus le droit de décider ce qui est beau et ce qui
ne l'est pas, ce qui appartient à l'art et ce qui ne lui appartient pas.
« L'on ne peut prouver qu'une œuvre est bien une œuvre d'art,
mais il est possible d'établir que quelqu'un la considère comme
telle » [50] — voilà la modeste conclusion à laquelle on est parfois
amené en présence d'un phénomène particulièrement discutable et
discuté.

Il reste la seconde acception du mot « art », permettant de
tracer des limites peut-être moins vagues : l'art dans son sens
primitif, ce qui est une création (aussi bien processus que son
produit) artificielle. *Ars* (τέχνη) est, depuis l'Antiquité, liée à la
notion de l'imitation, de la facticité, et s'oppose, dans une certaine
mesure, à la nature, étant quelque chose de dérivé et de secondaire
par rapport à la vie. « Sachez que le secret des arts est de corriger

[49]   Mieczysław PORĘBSKI, « Sztuka a informacja », *Rocznik Historii Sztuki*
(Wrocław–Warszawa–Kraków), t. 3, 1962, p. 106 (résumé en français).
[50]   Énonciation de F. WATSON, rédacteur en chef du périodique *The Arts*,
à l'occasion du célèbre procès Brancusi, en 1928, sur le caractère artistique d'une
de ses sculptures. Cit. d'après Thomas MUNRO, *Les Arts et leurs relations
mutuelles*, p. 8.

la nature » — rappelle Voltaire. Wagner s'exprime de façon encore plus lapidaire : « L'art commence où la nature cesse ». Nombre d'esthéticiens et d'artistes insistent sur le fait que l'objectif de l'art est de RE-PRÉSENTER la nature, qu'une œuvre d'art est une RE-PRO-DUCTION de la vie. Ce qui n'empêche pas que la réalité RE-PRÉ-SENTÉE OU RE-PRODUITE dans l'art soit considérée dans un sens aussi large que possible (réalité psychique, rêve, imagination, etc.). Nous adopterons la distinction entre l'art et la vie pour circonscrire l'immense domaine de l'art du spectacle.

Ce n'est pas un hasard si nous avons, jusqu'ici, écarté de nos considérations la tauromachie, le combat de gladiateurs, le tournoi, la course de chevaux, les compétitions sportives, toutes ces manifestations qui sont spectacles par excellence. Bien que spectacles, elles ne sont pas les produits de l'ART du spectacle. Conformément à l'opposition précitée, appartient à l'art spectaculaire une manifestation dont le déroulement et l'issue sont prévus et ordonnés à l'avance, dont le cours et surtout le dénouement ne sauraient être changés de façon décisive par l'intervention inopinée de la vie. Quant aux jeux de compétition et aux combats, leur résultat est imprévu et doit demeurer imprévu, cette particularité étant l'essence même des spectacles de ce genre. Bien que le dénouement soit souvent à prévoir (comme dans tous les phénomènes de la vie), l'essentiel est qu'il ne soit pas réglé à l'avance.

Dans son ouvrage sur les jeux, devenu classique, Roger Caillois souligne leur côté imprévisible : « Le doute doit demeurer jusqu'à la fin sur le dénouement. [...] Dans une épreuve sportive, les forces des champions doivent être équilibrées, afin que chacun d'eux puisse défendre sa chance jusqu'au bout. [...] Un déroulement connu d'avance, sans possibilité d'erreur ou de surprise, conduisant clairement à un résultat inéluctable, est incompatible avec la nature du jeu. Il faut un renouvellement constant et imprévisible de la situation, comme il s'en produit à chaque attaque ou à chaque riposte en escrime ou au football, à chaque échange de balle au tennis [...] » [51]. Le jeu est défini comme une activité « in-

---

[51] *Les Jeux et les hommes. Le masque et le vertige*, Paris, Gallimard, 1967 (Coll. Idées), pp. 38-39.

certaine », c'est-à-dire « dont le déroulement ne saurait être
déterminé ni le résultat acquis préalablement, une certaine latitude
dans la nécessité d'inventer étant obligatoirement laissée à l'initia-
tive du joueur » [52].

Ce qui pourrait nous déconcerter, c'est que Roger Caillois inclut,
dans sa classification des jeux, le théâtre et les arts du spectacle.
Il faut convenir que sa notion de jeu est très large, puisqu'elle
embrasse quatre catégories : jeux de compétition (*agôn*), jeux de
hasard (*alea*), jeux de simulacre (*mimicry*) et jeux de vertige
(*ilinx*). Les arts du spectacle sont placés dans la catégorie de
mimicry, tandis que les compétitions sportives constituent celle
d'*agôn*. Ces dernières sont donc considérées comme jeu, mais
non comme art du spectacle. Caillois accentue les interférences
entre les jeux de compétition et les jeux de simulacre. « De fait,
la course cycliste, le match de boxe ou de lutte, la partie de football, de tennis ou de polo constituent en soi des spectacles avec
costumes, ouverture solennelle, liturgie appropriée, déroulement
réglé. [...] La nature de ces spectacles demeure celle d'un *agôn*,
mais ils apparaissent avec les caractères extérieurs d'une représentation » — remarque-t-il [53]. Nous aimerions bien renverser les
termes de cette phrase et dire que les spectacles sportifs apparaissent avec les caractères extérieurs d'une représentation, mais que
leur nature demeure celle d'un *agôn*, d'une compétition. Ce qui est
dans l'esprit de notre distinction entre le spectacle et l'art du spectacle, entre leurs produits respectifs [54]. Ainsi, nous disposerons
des deux côtés de cette ligne de partage : la course cycliste et
le numéro de bicyclette au music-hall, le hockey sur glace et
le patinage artistique, le concours hippique et la voltige équestre,
les régates et la fête nautique.

En introduisant cette division opérationnelle, nous sommes
loin d'y voir une frontière rigide. L'élément de l'art du spectacle

---

[52]   *Ibid.*, p. 43.
[53]   *Ibid.*, p. 66.
[54]   Pour des raisons pratiques, nous continuerons d'employer, comme auparavant, le mot « spectacle » dans le sens de l'*art du spectacle* ou du *produit
de l'art du spectacle*, et c'est ainsi qu'il faut le comprendre, sauf avis contraire.

est présent dans la plupart des manifestations sportives ou compéti-
tives. Certaines formes spectaculaires avaient pris naissance comme
jeux de compétition, se transformant, au cours d'une évolution
historique, en produits de l'art du spectacle. Ainsi le tournoi est
passé par différents stades du combat simulé, pour aboutir au
carrousel ou au ballet équestre, tout en perdant son caractère
compétitif. La naumachie des Anciens associait le caractère
d'un combat naval simulé à une extrême violence qui faisait dé-
border le scénario prévu (le combat se terminant parfois par la
mort de tous ses participants). Il se pose aussi la question des
spectacles ou jeux pseudo-compétitifs, comme les combats de
catch dont le résultat est prévu par les organisateurs et les lutteurs ;
un spectacle de ce genre, arrangé d'avance (les professionnels
l'appellent « combat truqué »), cesse d'être jeu de compétition et
appartient à l'ART du spectacle.

Par ailleurs, il faut réserver une marge suffisamment large
à l'improvisation, même dans les genres de l'art du spectacle
aussi incontestés et institutionalisés que le théâtre dramatique. La
commedia dell'arte en offre un exemple traditionnel et habituellement cité. L'époque actuelle connaît un certain style de mise en
scène qui laisse la représentation expressément changeante et
fluide. Pour qu'il y ait ART du spectacle, il suffit que la trame et
le dénouement préétablis soient respectés. Toutefois, des tentatives pour dépasser cette limite se font jour. Signalons une forme
récente de spectacle appelée le *happening*, ainsi qu'une expérience
cinématographique tchécoslovaque : un film qui est interrompu
une dizaine de fois pendant la projection, afin que l'interprète
du rôle principal puisse proposer au public de choisir la suite
parmi plusieurs variantes (il y en a plus de mille au total). Ces
essais veulent mener l'art du spectacle au-delà de lui-même, lui
donner les apparences de la vie avec ce qu'elle comporte de l'imprévu et de spontané.

Nous n'avons pas parlé jusqu'ici de l'aspect social de l'art
spectaculaire. Sa « sociabilité » n'échappe à quiconque examine
le spectacle par rapport aux autres domaines artistiques.

Au cours d'une représentation théâtrale, les acteurs prononcent

le texte écrit par un dramaturge, en se comportant conformément aux suggestions du metteur en scène (ou, dans le cas du
ballet, les danseurs exécutent des mouvements imposés par le
chorégraphe, d'après l'argument écrit éventuellement par un
scénariste). Ils le font en costumes, parmi les décors et les accessoires, sous l'éclairage et le maquillage qui sont assurés par autant
de spécialistes. Les acteurs sont liés entre eux par de multiples
rapports : comme personnages du drame et aussi comme collaborateurs sur le plan technique, professionnel et humain. Pour
qu'il y ait spectacle théâtral, il doit y avoir un public. D'ailleurs,
son rôle est beaucoup plus important que celui des consommateurs
des produits de n'importe quel autre domaine de l'art. L'auteur
d'un ouvrage littéraire ou plastique peut se permettre de ne pas
tenir compte d'un public présumé, ou bien de le considérer d'une
façon très vague. L'auteur ou les auteurs d'un spectacle commu-
niquent leur œuvre directement à un public relativement déterminé.
Quant aux exécutants, ils sont sous l'emprise encore plus directe
de la salle. La confrontation entre les acteurs et les spectateurs
est incessante. Les comédiens jouent pour le public, et celui-ci
réagit en manifestant ses sentiments ou ses appréciations de manière plus ou moins vive, par des sons et des gestes. A leur tour,
les artistes ne restent pas insensibles aux marques d'approbation
ou de désapprobation, il arrive que leur jeu soit influencé par les
réactions (ou le manque de réactions) du public. Les hommes de
théâtre savent qu'on joue autrement devant un « bon » public,
autrement devant un public bruyant des matinées classiques,
autrement devant une salle presque vide. Comment ne pas admirer
les observations lucides de Giraudoux dans *L'Impromptu de Paris*
(sc. 4) : « Il y a des salles simples, naïves, qui applaudissent
l'esprit, qui frémissent aux horreurs, qui éclatent aux plaisanteries,
et on ne sait pourquoi elles sont naïves : les femmes en sont
habillées avec raffinement, les hommes ont des visages de Grecs,
de penseurs. Il y a des salles qui comprennent tout, qui dégagent
de la pièce des indications, des subtilités méconnues de nous-
mêmes, et on ne sait pourquoi elles comprennent tout, car j'y
aperçois des paysans en blouse, et si j'essaye d'y distinguer un

visage, il est idiot. Parfois des salles distraites, qui sont étonnées du premier au dernier mot, qui ont l'air de suivre un rébus, [...] qui se lèvent à la fin sans hâte, se demandant pourquoi nous ne commençons pas, et nous regardent sans applaudir, espérant le mot de la charade ... [...] Et il y a les salles heureuses, les salles malheureuses, les salles froides, les salles chaudes, les salles d'assassins, les salles de sauveteurs. »

Un courant de communication s'établit, pendant la représentation, non seulement entre les acteurs et les spectateurs, mais aussi entre les spectateurs eux-mêmes. « Les acclamations, les applaudissements, les huées [...] façonnent et disposent chacun à la ressemblance des autres [...] » — constate Alain [55]. C'est le mécanisme de l'enthousiasme et de l'indignation collectifs, aspect supplémentaire du caractère social du spectacle.

Citons encore quelques remarques d'Henri Gouhier. « Les créatures de la scène existent à deux conditions : la première, bien sûr, est la métamorphose de l'acteur, qui cesse d'être Pitoëff ou Jean-Louis Barrault pour être Hamlet ; mais la seconde condition de son existence est le témoignage de ces témoins qui vont conférer une espèce d'objectivité à cette métamorphose de l'acteur. La présence du public dans la salle n'est donc pas seulement un épisode contingent : si le public ne vient plus, on ne joue plus. Il y a là une exigence qui n'est pas seulement une exigence d'ordre financier, intéressant le caissier du théâtre ; il y a une exigence qui tient à l'essence même du théâtre, car si le public n'est pas là, les créateurs de la scène perdent leur existence, la métamorphose de l'acteur, pour ainsi dire, tombe dans le vide : elle ne signifie plus rien » [56].

Le tableau que nous venons de dresser ainsi que les observations d'Henri Gouhier sont valables pour les genres de spectacle où il y a l'acteur vivant. Mais les formes spectaculaires privées de la présence réelle de l'acteur étant nombreuses et variées, il faut se

[55] *Vingt leçons sur les beaux-arts*, p. 65.
[56] *De la communion au théâtre*, dans l'ouvr. coll. *Théâtre et collectivité*, Paris, Flammarion, 1953, p. 16.

garder de formuler des opinions trop hâtives en ce qui concerne le caractère social de l'art du spectacle en général. Procédons plutôt à l'examen des principaux aspects de cette sociabilité au niveau de la création (ou production), au niveau de la perception (ou consommation), et enfin au niveau de la communication.

Comment se présente, d'abord, le « côté producteurs » ? [57] La création et l'exécution d'un ouvrage de l'art du spectacle sont en principe collectives. Il faut remarquer cependant que le caractère collectif et social de la production des œuvres d'art n'est pas l'exclusivité du domaine du spectacle. L'architecture, les arts décoratifs et la musique offrent des exemples frappants de la création ou de l'exécution collectives. D'un autre côté, un spectacle peut être produit, c'est-à-dire créé et exécuté, par une seule personne. Certaines formes rudimentaires de spectacle, certains jeux de figurines ou théâtres d'ombres en témoignent de façon évidente. Mais ce phénomène n'est pas étranger même aux formes de spectacle dotées des moyens d'expression plus complexes. Le récital d'un mime qui avait non seulement conçu l'idée de ses évolutions corporelles, mais aussi choisi ses costumes et ses accessoires, fait lui-même son maquillage, réglé les jeux de lumière, est l'exemple du spectacle intégral, riche de valeurs significatives et d'effets artistiques, créé et exécuté par un seul artiste (à condition que le mime ne se serve pas de musique ou qu'il la compose lui-même). Le cas d'une représentation dramatique à un personnage, l'acteur ayant lui-même assuré la mise en scène et les décors, est moins convaincant, parce qu'il y a derrière lui l'auteur du texte ; mais les chroniques théâtrales notent des monologues dramatiques dont l'unique exécutant est en même temps auteur.

Examinons maintenant le « côté consommateurs ». La percep-

---

[57]   Le problème du créateur, du cocréateur, de l'exécutant et de leurs inter-dépendances complexes dans les phénomènes de spectacle mérite une analyse approfondie que nous ne pouvons pas entreprendre dans le cadre de la pré-sente étude. Nous employons ici le terme de producteur qui englobe aussi bien les créateurs que les exécutants d'un ouvrage de l'art du spectacle. Voir à ce sujet les développements de Mikel Dufrenne, *Phénoménologie de l'ex-périence esthétique*, t. 1, pp. 49-91.

tion collective est typique des arts du spectacle, plus encore peut-être que la production collective. Néanmoins, elle n'en est pas le trait distinctif. Il existe bien d'autres manifestations artistiques dont la perception s'effectue en groupe ; par contre, un spectacle ne cesse pas de l'être quand il est perçu par un spectateur isolé. L'audition d'une œuvre musicale (nous insistons sur l'AUDITION sans élément spectaculaire, par exemple un concert d'orgue dont l'exécutant est invisible) est organisée de préférence devant un public collectif, dont certaines réactions peuvent être analogues à celles du public théâtral. Même dans les arts plastiques on trouve l'élément de la perception collective ; la visite commentée d'une exposition ou d'un monument historique en offre l'exemple. D'autre part, le cas du prince qui, par orgueil ou par fantaisie, fit jouer sa troupe pour lui seul, nous dit que l'existence d'un public collectif n'est pas un critère absolu des arts du spectacle.

Enfin, nous essayerons d'envisager le problème au niveau de la communication. Existe-t-il, sur ce plan, un facteur de la sociabilité qui soit commun à tous les genres de spectacle ? Il nous semble que ce critère « minimal » — le plus petit dénominateur commun de leur sociabilité — est le fait que la communication des ouvrages de l'art du spectacle doit se produire en un lieu et à un moment acceptés délibérément par les deux parties, producteurs et consommateurs. On peut dire que pas un seul genre spectaculaire n'échappe à cette nécessité. Il arrive, bien entendu, qu'on devienne spectateur par hasard (représentation foraine, défilé, feu d'artifice), mais quant aux producteurs du spectacle, ils choisissent le lieu et le moment de sa présentation, c'est-à-dire ils le situent dans l'espace et dans le temps, en fonction du public qu'ils comptent atteindre. Ce trait se rapporte même, dans une grande mesure, aux manifestations spectaculaires pouvant être communiquées sans intervention de l'homme : jeux d'eau, jeux de figurines, projections lumineuses automatisées, etc. L'obligation de communiquer le produit de l'art en un lieu et à un moment déterminés par le consentement du producteur et du consommateur est un critère très mince, mais parfaitement social. Il englobe, nous l'avons dit, la totalité, ou presque, des genres de spectacle. Néanmoins, il n'est pas exclusif à ce domaine de l'art, étant valable également pour la musique (sauf la musique transmise mécaniquement) et pour la littérature orale (récitation, même sans élément spectaculaire).

Si l'on récapitule ces observations, on se rend compte que l'art du spectacle ayant, de plusieurs points de vue, un caractère hautement social, n'en a pas pourtant le monopole. Il est difficile, nous l'avons vu, de trouver un seul trait social qui soit valable pour toutes les formes de spectacle. Il est presque impossible d'en trouver un qui ne puisse être appliqué à quelque autre domaine artistique.

D'ailleurs, nous n'avons abordé que quelques aspects rudimentaires du problème, ceux notamment qui peuvent être utiles à définir l'art du spectacle par rapport aux autres. La sociologie du théâtre est une discipline en train de se former, elle a devant elle un champ de recherche extrêmement vaste. Elle se propose d'étudier non seulement le public du théâtre, la collectivité des acteurs (comme troupe et comme profession), les relations entre les acteurs et les spectateurs, mais aussi le répertoire dramatique comme expression de certains processus sociaux, les rapports entre le contenu des pièces et les cadres sociaux réels, la fonction du théâtre dans les différents types de structures sociales (dans le passé et à l'époque actuelle), et même les rapports entre ce que Jean Duvignaud appelle la « situation dramatique » et la « situation sociale » c'est-à-dire certaines cérémonies imposées par la vie collective [58].

La plupart des recherches mentionnées ne concernent que le théâtre et, de préférence, ses formes avec la participation directe de l'acteur. Il se développe parallèlement une sociologie du cinéma. D'autres manifestations de l'art spectaculaire (la chanson, le music-hall) sont traitées sporadiquement au point de vue social ou sociologique, mais une sociologie prenant en considération la totalité des arts du spectacle reste à faire.

[58] « Situation dramatique et situation sociale », *Cahiers Internationaux de Sociologie*, janvier-juin 1964, pp. 47-56. Voir quelques ouvrages cités dans notre Bibliographie (pp. 223-225).

Pour terminer nos remarques sur l'aspect social de l'art spectaculaire nous dirons que la sociabilité n'en est pas un caractère absolument distinctif, qu'elle n'est pas non plus son caractère spécifique c'est-à-dire commun à toutes ses manifestations. Mais dans l'échelle dont l'un des bouts est occupé par les arts « solitaires » (comme la littérature ou la peinture, où l'artiste crée dans la solitude et le consommateur est habitué à percevoir solitairement le produit de cette création), l'art du spectacle, et particulièrement ses formes plus développées, occupent l'autre extrémité. Cette position à l'autre bout de l'échelle est assurée par une grande concentration des traits sociaux : l'effort commun des créateurs et des exécutants qui implique des interrelations complexes, aussi bien pendant le travail préparatif qu'au cours de la représentation ; la perception collective qui engendre des courants émotionnels dans la salle et crée le sentiment d'une chose vécue en commun ; enfin, les liens multiples entre les spectateurs et le spectacle, liens qui se produisent non seulement au hasard d'une représentation où la communication acteurs–public se fait plus ou moins sentir, mais qui sont prémédités et provoqués par l'auteur dramatique qui fait son personnage s'adresser directement au public, par le metteur en scène qui entremêle acteurs et spectateurs ou incite le public à reprendre en chœur un refrain, par le décorateur qui tâche de combler le fossé entre la scène et la salle en prolongeant le dispositif scénique au-delà de la rampe.

Avant de passer au classement des innombrables phénomènes de l'art du spectacle, il est nécessaire de souligner le caractère arbitraire et schématique de certaines divisions traditionnelles ainsi que le caractère conventionnel et équivoque de certains termes se rapportant à ce domaine, termes qui reviennent inévitablement dans nos considérations.

D'abord, il y a des genres de spectacle qu'il est difficile de circonscrire, leurs frontières étant extrêmement souples, parfois même insaisissables. Ballet et pantomime, marionnettes et automates, récitation et monodrame, projection et cinéma, voilà les couples de manifestations qui se touchent de si près qu'on hésite quelquefois sur l'appartenance de tel spectacle particulier à l'une ou à l'autre de ces catégories.

Deuxièmement, il existe des formes institutionnelles de spectacle qui sont composées d'éléments hétérogènes. C'est le cas du cirque, du music-hall, de certaines fêtes. Il est évident que le music-hall, par exemple, constitue « une sorte d'addition et de mélange d'éléments de provenance très diverse », « un merveilleux *fourre-tout* dans lequel ont pu être introduits et assimilés des composants venant de partout » [59]. Les numéros d'un spectacle de variétés ou de cirque — tour de chant, acrobatie, sketch, pantomime, exercice équestre — sont d'ailleurs des formes autonomes et indépendantes. Une fête publique absorbe plusieurs genres de spectacle. « Il est en effet fréquent qu'une pièce dramatique, un opéra soient présentés au cours d'une fête ; il n'y a guère d'exemple où la danse, les entrées de ballets en soient exclues. [...] Bien que la parole ait part à la fête sous forme de pièces, de livrets, de harangues diverses, on peut y noter la prédominance des techniques du 'théâtre du silence' : danse, pantomimes, funambules et acrobates, automates, illusionnisme et machinerie, jeux d'eaux et de feu. Ces éléments souvent opposés obéissent fréquemment à un dessein initial généralement allégorique. C'est ainsi que sous le voile de la fable mythologique, héroïque ou féerique, on célèbre le souverain, le seigneur, tel ou tel grand événement national, victoire ou paix »[60]. Une fête publique est donc un produit de l'art du spectacle pour deux raisons : 1° parce qu'elle contient comme composants des manifestations spectaculaires autonomes, 2° parce qu'elle constitue un tout minutieusement ordonné et réglé. On appelle spectacle un tour de chant, un numéro d'acrobatie, un feu d'artifice, etc., on donne aussi le nom de spectacle aux formes collectives : cirque, music-hall ou fête publique. En effet, les uns et les autres sont spectacles, mais à deux niveaux différents au point de vue structural et institutionnel.

Il existe enfin, et c'est le troisième type de complications, des

---

[59] Jacques Feschotte, *Histoire du music-hall*, Paris, P.U.F., 1965, pp. 9, 58.
[60] Marie-Françoise Christout, *Le Merveilleux et le « théâtre du silence »
en France à partir du XVIIe siècle*, La Haye–Paris, Mouton, 1965, pp. 312-313.

formes mixtes, où les genres respectifs de spectacle empiètent les uns sur les autres, se combinent, s'entremêlent et s'interpénètrent. Par exemple, peu de phénomènes sont aussi distincts, sur le plan esthétique, que le cinéma et le théâtre de l'acteur vivant. Néanmoins, l'utilisation du film dans les représentations théâtrales fut essayée dès 1899 (dans l'*Auvergnate* de Frédéric Meynet et Marie Geffroy). En dehors de la France, une des premières tentatives de ce genre fut celle du metteur en scène polonais, Tadeusz Pawlikowski, qui se servit de la projection d'un film dans le prologue de *La Vie de l'homme* de Léonide Andréiev (théâtre de Lwów, 1909). Une expérience très hardie pour son temps fut celle d'Eisenstein, en 1923 ; dans la mise en scène, au théâtre de « Proletkult », de sa propre adaptation de la comédie d'Alexandre Ostrovski *Le plus malin s'y laisse prendre*, il introduisait un film traitant un des motifs principaux de la pièce (l'histoire du journal intime de Gloumov). En 1925, Erwin Piscator utilisa le film (surtout le film documentaire) dans son spectacle intitulé *Malgré tout* et, trois ans après, dans son adaptation du *Brave soldat Schveik* [61]. Cette coexistence du théâtre et du film engendra une forme combinée, « laterna magica » de Radok et Svoboda (1958), qui associe intimement l'acteur vivant à l'acteur projeté, sans parler d'autres composants, comme le dessin animé.

Parmi les différentes formes mixtes évoquons une expérience où le ballet sert de point de départ. Il s'agit des réalisations de Maurice Béjart qui, recherchant l'intégration du texte poétique et de la danse, donna au XXIe festival d'Avignon la *Messe pour le temps présent*, spectacle associant plusieurs genres « purs ». « Est-ce un ballet ? Est-ce une cantate ? Est-ce un poème ? Est-ce un

---

[61] Piscator a développé quelques idées sur l'emploi du cinéma au théâtre dans son livre *Das politische Theater* (1929, tr. fr. 1962, pp. 66-68, 71-72, 78, 178-182, 206-208), tout en distinguant, d'après trois fonctions différentes, le film didactique, le film dramatique et le film de commentaire. Il est à remarquer que Paul Claudel introduisit la projection cinématographique dans *Le Livre de Christophe Colomb* (écrit en 1927, publié en 1929, représenté en 1930) et Luigi Pirandello dans *Ce soir on improvise* (écrit en 1929, publié et représenté en 1930).

mimodrame ? C'est un peu tout cela en même temps, et rien de tout cela en particulier. [...] Cela se danse, se chante, se dit, se joue, mais nous sommes projetés dans un univers qui a encore une dimension supplémentaire » — écrit Claude Rostand [62].

Les scrupules qui viennent d'être signalés ne nous dispensent pas de la tâche de classer les multiples manifestations de l'art du spectacle. Bien que cette tâche implique d'inévitables simplifications, nous essayerons de suggérer une classification, ou plutôt d'indiquer quelques-unes des classifications possibles, puisque les possibilités de classement sont pratiquement illimitées. Partant des principes les plus élémentaires et formels, dégageons d'abord quelques divisions binaires.

Notre définition liminaire de l'art du spectacle contient la notion d'espace. Le milieu spatial, dans lequel un spectacle est communiqué, peut être une surface plane ou un espace tridimensionnel. Voilà un principe de classement qui permet de ranger, d'un côté, les « spectacles d'ombres » (ombres chinoises, projections, cinéma), et, de l'autre, les spectacles « en relief » (aussi bien « vivants » que non vivants, comme jeux d'eau ou automates).

Nous avons utilisé, pour définir l'art du spectacle, deux notions conjuguées : celle d'espace et celle de temps. Le résultat de leur conjonction est le mouvement, communiqué et perçu principalement au niveau visuel. Les effets visuels suffisent donc pour produire un spectacle. Mais ils sont accompagnés très souvent d'effets sonores, ce qui suggère une autre division : spectacles sans effets auditifs (pantomime, cinéma muet, évolutions des gymnastes, certains numéros de cirque) et spectacles avec des effets auditifs. Il y a, bien entendu, des cas intermédiaires, où le son est ajouté artificiellement, par exemple la musique exécutée dans une salle de cinéma à l'époque du film muet.

Et voici d'autres possiblités de classement. Il est des manifestations où se produit une communication bilatérale entre les exécutants et les spectateurs, et celles où la communication réciproque

---

[62] *Le Figaro Littéraire*, 28 août 1967. Béjart poursuit ses expériences dans *A la recherche de...* et dans *Erotica*.

n'existe pas. Il y a des spectacles figuratifs et des spectacles abstraits ; cette distinction, rarement réalisable de façon nette, peut être appliquée soit sur le plan visuel, soit sur le plan auditif, soit sur les deux, ce qui donne toutes sortes de catégories mixtes.

Pour ne pas multiplier les exemples des classements possibles, nous nous bornerons à en examiner trois qui nous paraissent les plus utiles à notre étude.

Le critère différentiel du premier d'entre eux est l'homme, ou, plus exactement, sa présence visuelle dans le spectacle. L'homme ou son image sont-ils visibles dans le cadre d'une représentation ? — voilà comment se pose la question. D'un côté nous avons les spectacles qui sont privés de cet élément par principe ou s'en passent sans dommage : « son et lumière », jeux d'eau, feux d'artifice, certaines projections. De l'autre côté de cette ligne de partage se situent les spectacles où sont présentées des formes humaines. Ici, il faut distinguer au moins trois groupes : spectacles communiqués avec la participation effective et directe de l'acteur en chair et en os [63], spectacles avec l'image de l'homme communiquée par des moyens mécaniques (cinéma, certains genres de projections), enfin spectacles anthropomorphes, où l'homme est représenté par une forme non vivante, animée artificiellement (marionnettes, automates, ombres chinoises). Cette classification concerne l'aspect visuel, mais on pourrait l'enrichir et la diversifier en y ajoutant le critère auditif (image sans homme — voix humaine ; son sans voix humaine — image avec l'homme, etc.).

La deuxième proposition de classement repose sur le critère du langage. Ici, la frontière est relativement simple : spectacles sans parole et ceux où la parole est communiquée au spectateur. Nous nous en tiendrons à souligner que le nombre de phénomènes de l'art du spectacle qui se passent de la parole articulée est très grand : pantomime, ballet, cinéma muet, concert, évolutions

---

[63] L'acteur peut être visible totalement ou en partie. Le théâtre estudiantin de Gdańsk (Pologne), « Coto », se spécialisait, pendant des années, dans les spectacles où seules les mains, avec ou sans accessoires, jouaient des courtes pièces sans paroles.

sportives, patinage artistique, jeux de figurines, la plupart des défilés et des cortèges, certaines fêtes, une grande partie des numéros de cirque et de music-hall, acrobatie, prestidigitation, etc.

Enfin, le troisième classement est fondé sur le principe de l'affabulation. Il reste en dehors de la distinction sensorielle, puisque la fable du spectacle peut être exprimée par des moyens aussi bien auditifs que visuels (c'est-à-dire temporels et spatio-temporels). Le critère de l'affabulation est un critère conceptuel, il est beaucoup plus souple et plus difficile à appliquer qu'un critère physique, mécanique, sensoriel ou même sociologique. La plupart des produits de l'art du spectacle — art de mouvement — ont un sujet qui se développe dans le temps, donc une fable, une anecdote, une action composée d'une succession de valeurs significatives qui s'enchaînent. C'est ce que nous appelons l'affabulation [64].

Il y a des genres de spectacle, comme le théâtre dramatique, la pantomime, le ballet ou le cinéma, qui sont riches et complexes au point de vue de l'affabulation. Mais des formes aussi primitives que les jacquemarts frappant les heures sur les cloches, sont également dotées de quelque élément d'affabulation. Une simple chanson possède une trame narrative, au niveau de la parole et au niveau de la mimique, surtout dans l'interprétation d'un artiste

---

[64] C'est progressivement que le terme d'affabulation, employé autrefois pour désigner la moralité d'une fable, obtint la signification qui est aujourd'hui de plus en plus courante. Le *Grand dictionnaire universel du XIXᵉ siècle* de Pierre Larousse (t. 1, 1866) lui reconnaît un sens par extension : « Se dit de la moralité qu'on peut tirer de certains événements historiques » et cite un exemple de Gérard de Nerval : « Sans ajouter une croyance exagérée à la sanglante affabulation de cette histoire ». L'Académie Française dans la huitième édition de son *Dictionnaire* (1932) admet l'affabulation comme terme d'histoire littéraire : « Il sert aussi à désigner la Trame d'un récit, l'intrigue d'une pièce. *Voici en deux mots l'affabulation de cette comédie* ». Le *Dictionnaire alphabétique et analogique de la langue française* de Paul Robert (1953) est fidèle à cette définition, appliquée toujours par extension : « Trame, intrigue, thème d'un roman, d'une pièce de théâtre ». Le *Petit Larousse* (éd. de 1959) n'enregistre qu'une seule acception du mot « affabulation » : « Arrangement des faits constituant la trame d'un roman ». Le *Petit Robert* (1967) l'étend au-delà de la littérature : « Arrangement de faits constituant la trame d'un roman, d'une œuvre d'imagination ».

qui sait la transformer en un sketch ou en une scène dramatique, parfois à plusieurs personnages fictifs. Un cortège, présentant une suite de mannequins et de tableaux vivants, peut « raconter » une histoire. Nous avons déjà signalé la surabondance sémantique que peut atteindre une fête publique mêlant des sujets statiques à ceux en évolution spatio-temporelle.

On rencontre, d'autre part, des manifestations de l'art du spectacle sans affabulation. Mais il n'est pas facile de trouver un genre particulier dont on pourrait dire que ses produits en sont privés *a priori*. Même les jeux d'eau et les feux d'artifice — l'histoire des spectacles nous le prouve — peuvent avoir des tournures si compliquées et former des arabesques si ingénieuses que, dans certains cas, il serait injuste de ne pas leur reconnaître la faculté d'exprimer une succession de faits ou d'idées. Pourtant, sauf des cas exceptionnels, les spectacles d'eau et de feu doivent être situés, dans ce classement, du côté qui est opposé à l'affabulation. Nous rangerons du même côté les spectacles d'adresse et de force. Il est possible, bien entendu, de leur ajouter une fable (ce qui se fait souvent), mais le principe même de manifester la force ou l'adresse est indépendant de l'affabulation [65]. Nombre de numéros de cirque et de music-hall sont présentés, ou du moins peuvent être présentés, sans affabulation (funambules, cyclistes, cascadeurs, jongleurs, etc.) ; c'est aussi le cas des évolutions sportives, comme celles des gymnastes. Certains spectacles d'ombres et certaines projections abstraites, ainsi que la plupart des phénomènes de l'art cinétique, appartiennent à la même catégorie (parce que le mouvement ou le déroulement n'implique pas l'affabulation). Enfin, le problème analogue se pose dans certaines manifestations artistiques du mouvement corporel — ballet, danse, acrobatie — où la succession de gestes n'engendre pas nécessairement une affabulation. Car il faut se garder de confondre deux choses

---

[65]   « Le music-hall est la forme esthétique du travail », « le danger et l'effort » y « sont signifiés », note Roland BARTHES. « Aussi, ce que le spectacle de music-hall donne à voir, ce n'est pas le résultat de l'acte, c'est son mode d'être, c'est la ténuité de sa surface réussie » (*Mythologies*, Paris, Éd. du Seuil, 1957, pp. 200-201).

différentes : le fait qu'un spectacle, comme suite de mouvements, donne matière à description, ne correspond pas toujours à l'affabulation. Une description, et on peut toujours décrire n'importe quoi, serait une fable *a posteriori*, tandis que l'affabulation dans notre acception est un phénomène interne, elle est préétablie, elle forme la trame du spectacle et en constitue l'organisation thématique.

Pour pouvoir tirer une conclusion plus générale des trois classements proposés, essayons d'établir un système mixte, en fonction des trois critères : l'affabulation, l'homme et la parole. En les appliquant conjointement, on obtient huit groupes.

1. Spectacles où tous les trois éléments sont présents (théâtre dramatique, opéra, récitation, office religieux).

2. Spectacles avec l'affabulation et l'homme, mais sans parole (ballet, pantomime, cinéma muet, cortège).

3. Spectacles avec l'affabulation et la parole, se passant toutefois de l'homme (dessin animé ou projection avec figures non humaines, « son et lumière »).

4. Spectacles avec l'affabulation seule (théâtre d'ombres, dessin animé ou autre projection sans image de l'homme et sans parole, jeu d'automates à forme non anthropomorphe).

5. Spectacles avec l'homme et la parole, sans affabulation (certains rites, récitation d'un texte sans fable).

6. Spectacles avec l'homme, sans les deux autres éléments (gymnastique, manifestations de force et d'adresse, certaines danses, certains concerts).

7. Spectacles avec la parole, sans affabulation et sans homme (certaines projections abstraites utilisant la parole sans fable).

8. Spectacles où il n'y a ni affabulation, ni homme, ni parole (la plupart des projections mobiles, des constructions cinétiques, des jeux d'eau, des feux d'artifice).

Ce qui est frappant dans ce classement mixte, c'est qu'à partir du cinquième groupe on éprouve une difficulté croissante à indiquer des formes de spectacle qui correspondent aux définitions respectives, à trouver des exemples valables sans restriction. Évolutions des gymnastes, oui, mais à condition qu'elles ne

soient pas dotées d'affabulation. D'où ces réserves réitérées :
« certains » rites, « certaines » danses, « certaines » projections,
« la plupart » des jeux d'eau. En effet, les quatre derniers groupes,
privés de fable, représentent ou bien des genres secondaires,
limitrophes, peu développés, ou bien des régions marginales des
autres genres spectaculaires. Il en résulte que l'affabulation, sans
être un critère restrictif et généralement valable, sans être le
dénominateur commun des arts du spectacle, est, parmi les critères non formels, celui qui — avec les autres et mieux que les
autres — aide à définir cet immense domaine de l'activité artistique de l'homme.

Compte tenu des analyses qui précèdent, essayons d'enrichir
et de développer notre définition de l'art du spectacle au-delà
des notions liminaires. En explorant le critère du contenu thématique et le critère social on dira que l'art du spectacle est un art
dont les produits 1° sont communiqués obligatoirement dans
l'espace et dans le temps, c'est-à-dire en mouvement, 2° sont le
plus souvent dotés d'affabulation, 3° ont d'habitude un haut
degré de sociabilité sur le plan de la production, de la communication et de la perception.

Cette définition élargie n'a pas de prétention à une valeur absolue. D'autres éléments peuvent y être ajoutés, sans qu'ils aient
pourtant le caractère rigoureux et limitatif du critère de la communication dans l'espace et dans le temps. Les deux critères non
formels qui viennent d'être adoptés, celui de l'affabulation et
celui de la sociabilité, sont valables avec des restrictions comme
« d'habitude » ou « le plus souvent ». Sans être absolus, ils sont
très typiques de la grande majorité des manifestations de l'art
du spectacle et jouent un rôle essentiel dans ses relations avec la
littérature.

Nous approchons enfin du principal objet de cette étude en
abordant la question des rapports, sur le plan esthétique, entre
la littérature et le spectacle. Que ce soient deux domaines de l'art
tout à fait distincts, il est inutile d'insister. Une pièce de théâtre
entre les mains d'un lecteur est autre chose qu'une pièce représentée, le meilleur dialogue ou le plus dramatique des textes ne fait

que soupçonner le spectacle. D'ailleurs, nos développements sur
le caractère de l'art du spectacle et notre définition de ses produits
ne doivent pas laisser de doute sur le sens qu'on leur attribue
dans la présente étude.

Il faut cependant préciser l'autre objet de notre confrontation,
la littérature. Les définitions existantes sont innombrables. Notons
d'abord que «littérature» en tant que domaine de la création
a deux sens fondamentaux : processus et produit ; c'est surtout
la seconde acception qui nous intéressera ici. La majeure partie
des définitions oscille entre une extension large, considérant la
littérature comme « ensemble des écrits conservés », et le sens
restreint, « partie de cet ensemble qui vaut par la forme ou l'expression littéraire » (Webster). Les définitions de ce type ne sont
pas sans défauts. Le sens restreint du terme de « littérature »
est obtenu par l'introduction de l'élément appréciatif ou éva-
luatif (jugement de valeur), ce qui pose la question toujours arbitraire de l'artistique et du non-artistique, qui a déjà été signalée
dans l'analyse de l'art du spectacle. Mais il y a une lacune plus
grave dans les définitions évoquées : elles ne se rapportent qu'à
la forme écrite de l'expression verbale, sans tenir compte de ce
qu'on appelle aujourd'hui la littérature orale.

Une réaction contre cette attitude se manifeste de nos jours,
et seules nous paraissent valables les définitions de la littérature
qui englobent sa forme orale. Citons, parmi ces dernières, celle
de Guy Michaud qui insiste d'ailleurs sur l'envergure de la notion
de littérature, sans éviter, dans l'acception restreinte, l'élément
appréciatif. Voici la conclusion de ses remarques sur le sujet
« qu'est-ce que la littérature ? » : « Si donc la littérature, à la
limite, se perd dans l'immensité de tout ce qui SUBSISTE sous une
forme quelconque — orale ou écrite — du langage des hommes,
son centre n'en est pas moins constitué par les chefs-d'œuvre
que leur perfection a pour ainsi dire imposés à l'histoire » [66].
Il n'est pas sans intérêt de rappeler la définition de Thomas Munro.

[66] *Introduction à une science de la littérature*, Istanbul, Pulhan Matbaasi, 1950,
p. 62.

Bien qu'elle traite la littérature au niveau du processus et non du produit, elle présente pour nous l'avantage d'avoir été formulée non pas du point de vue interne de la recherche littéraire, mais du point de vue comparatif de la totalité des arts. Munro définit la littérature comme « l'art de combiner et d'arranger des mots écrits ou parlés et leurs significations », en ajoutant, facultative- ment, « de manière à produire, ou en prétendant produire, un effet esthétique » [67]. Et comme il arrive assez souvent que d'excellen- tes définitions se trouvent dans des dictionnaires, citons celle du *Dictionnaire du français contemporain* (Larousse, 1966) : « en- semble des œuvres orales ou écrites qui dépassent dans leur objet la simple communication et visent à une valeur esthétique, morale ou philosophique ».

Puisque nous considérons la littérature aussi bien sous sa forme écrite que sous sa forme orale, un autre problème apparaît. La littérature orale étant communiquée par le moyen de la récitation, on peut se poser la question : où est la limite entre la littérature (récitée) et le spectacle ? Il sera donc utile d'introduire tout de suite une démarcation opérationnelle : un texte récité appartient à la littérature, et non au spectacle, quand le but unique de la récitation est de transmettre la parole, sans que les moyens d'expres- sion visuels y apportent des valeurs significatives ou affectives. Bien entendu, comme toute formule limitative, la nôtre nécessite une certaine marge de liberté dans l'application pratique ; il y a évi- demment des cas où la récitation est aux confins des deux domaines.

Si l'on a à confronter la littérature, art de la parole, avec l'art du spectacle, il est tout à fait naturel que l'attention se dirige d'abord vers les genres de spectacle utilisant le langage. Ils ne sont pas les seuls (nous y reviendrons plus tard) à avoir des rap- ports directs avec la littérature, mais il est le plus simple de prendre les formes verbales du spectacle comme point de départ de nos réflexions.

Ce qui est commun (du moins à première vue) à l'art littéraire et à l'art du spectacle, c'est la littérature dramatique. Mais, le

[67] *Op. cit.*, p. 404.

5 Littérature et spectacle

terme de « littérature dramatique » une fois prononcé, surgissent
les premières difficultés. Qu'est-ce que la littérature dramatique ?
Qu'est-ce que c'est, en fait, un ouvrage dramatique ? La question
a été largement débattue par les théoriciens des genres littéraires
ainsi que dans les nombreuses études analysant la fonction du
dialogue et du monologue dans les ouvrages littéraires [68]. Nous
n'avons l'intention que de signaler certains côtés pratiques du
problème.

Pour entrer dans le vif du sujet, nous en prendrons un aspect
très technique, très « artisanal ». Il arrive aux spécialistes de la
littérature médiévale de rencontrer des difficultés insurmontables
quand il s'agit de préciser si tel ou tel texte appartient ou non au
domaine dramatique. C'est le cas, par exemple, de la chantefable
Aucassin et Nicolette (Mario Roques lui attribue le caractère
dramatique, Gustave Cohen est plutôt sur la réserve), ainsi que
de nombreux textes médiévaux, manuscrits et même imprimés.
Si l'on remonte dans un passé plus éloigné, il faut dire que c'est le
problème analogue de l'interprétation externe et interne des
textes qui pèse sur les découvertes et les hypothèses d'Étienne
Drioton concernant les débuts du drame égyptien, problème dont
la solution est d'autant plus importante que l'acceptation du point
de vue de l'égyptologue français recule de plusieurs siècles les
débuts du drame et du théâtre par rapport aux anciens Grecs.
Bref, quand la genèse d'un ouvrage n'est pas assez claire pour nous
instruire des intentions de l'auteur (s'il destinait ou non son texte
à la représentation), quand l'histoire ne nous renseigne pas si

---

[68] Il convient de citer un ouvrage substantiel, récemment paru, de Pierre
LARTHOMAS, *Le Langage dramatique. Sa nature, ses procédés* (Paris, A. Colin,
1972). L'auteur y analyse notamment la double fonction du langage dramatique : « La réplique la plus banale est destinée à la fois au personnage auquel
elle s'adresse et au public. [...] définir la nature et la qualité d'une réplique ou
d'un dialogue, c'est définir avant tout le rapport qui s'établit entre deux effets :
l'effet sur l'interlocuteur (comme dans la vie) et l'effet sur ce juge (au sens très
large du terme) qu'est le public. Ces deux effets peuvent être presque semblables,
sans jamais coïncider vraiment, [...] mais ils peuvent également être aussi
opposés qu'il est possible » (p. 437).

cet ouvrage fut représenté ou non, quand la disposition graphique n'est pas non plus un indice sûr, le problème de l'appartenance d'un texte littéraire au genre dramatique peut s'avérer insoluble.

Le cas du monologue est particulièrement ambivalent. C'est la présence présumée des spectateurs, le fait que le texte fut interprété publiquement, qui permettent de considérer par exemple les sermons joyeux du Moyen Age comme ouvrages dramatiques. D'ailleurs, la situation du monologue n'a pas beaucoup changé au cours des siècles. Son appartenance au genre dramatique ou au genre narratif doit être considérée, dans la plupart des cas, en fonction des intentions de l'auteur et de l'emploi qu'on en fait. Prenons d'une part les monologues de Charles Cros, écrits pour être récités et récités effectivement par Coquelin cadet, et d'autre part *La Chute* d'Albert Camus, ouvrage narratif en forme de soliloque [69].

La forme dialoguée, si typique des ouvrages dramatiques, n'en est pas le caractère indispensable ; l'existence des monologues dramatiques et des pièces à un seul personnage le prouve suffisamment. Elle n'est pas non plus l'attribut exclusif de la littérature dramatique. Le dialogue philosophique a, depuis Platon jusqu'à Paul Valéry, une tradition vingt-trois fois séculaire. Et combien de poèmes lyriques, dans toutes les langues, qui sont construits entièrement en forme dialoguée. Nombreux sont les ouvrages appartenant aux différents genres, sous-genres ou espèces littéraires — poésie épique, poésie lyrique, ballade, fable, roman, nouvelle, même critique littéraire et théâtrale — où le dialogue tient une place essentielle. « Ce n'est pas toujours dans les œuvres proprement dramatiques, tragédies et comédies, que se rencontrent les meilleures scènes parlées. Rabelais a porté à sa perfection l'art du monologue et du dialogue [...] » — constate Gustave Cohen [70]. Tout en suivant l'évolution du roman et d'autres

---

[69] Cf. les textes sur *La Chute* réunis dans le cahier « Albert Camus, 3 » de *La Revue des Lettres Modernes*, nᵒˢ 238-244, 1970 (4).
[70] *Études d'histoire du théâtre en France au Moyen Age et à la Renaissance*, Paris, Gallimard, 1956, p. 354.

formes de la prose littéraire, on pourrait étudier le rôle changeant, mais d'une importance parfois primordiale, que joue le dialogue dans les genres dits narratifs. Nous nous bornerons à indiquer quelques cas ambivalents puisés dans la littérature française moderne.

Il s'est répandu au XIXe siècle un genre particulier du dialogue livresque, sans aucune prétention à la réalisation théâtrale. *La Maîtresse* de Jules Renard est un spécimen très représentatif de cette forme. Bien que l'auteur en ait tiré lui-même une comédie en un acte (*Le Plaisir de rompre*), le dialogue originaire est resté un ouvrage autonome et réédité, il a été même mis en scène, en 1964, par Pierre Debauche. Une autre variété du dialogue livresque est ce qu'on appelle parfois les « scènes historiques ». On en trouve l'exemple dans *La Renaissance* de Gobineau, ouvrage en cinq parties (*Savonarole, César Borgia, Jules II, Léon X, Michel-Ange*) dont chacune contient plusieurs scènes assez courtes, avec changement de lieu très fréquent, et qui ont la forme de dialogue dramatique tout à fait traditionnel. Sans manifester la moindre ambition théâtrale, Gobineau appelle son ouvrage « le livre », mais à vrai dire il n'y a pas de différence essentielle, au point de vue de la forme et de la composition, entre son *Savonarole* par exemple et une pièce comme *Galileo Galilei* de Brecht. Un cas plus compliqué est celui de *Jean Barois* de Roger Martin du Gard. Renonçant à la forme narrative, le jeune auteur fut fier d'avoir écrit un roman « tout en dialogues » qu'on qualifiait de « dossier », de « roman objectif » ou de « roman-dossier ». Le livre entier est composé de courtes scènes (introduites par « huit jours après », « trois ans plus tard », etc.) où le lieu, l'apparence et le comportement des personnages, tout le côté visuel ainsi que les bruits sont décrits sous forme de longues didascalies, tandis que le reste consiste en dialogue dramatique. Certaines scènes sont intercalées de lettres, de télégrammes ou même d'articles de presse. Le tout n'a l'air ni d'un roman ni d'une pièce de théâtre ; cela rappelle plutôt le scénario d'un film, un roman cinématographique ou un livre-document qui fixe *a posteriori* le contenu d'un film.

D'autre part il arrive qu'un ouvrage dramatique (au sens d'une œuvre créée pour la scène ou réalisée au théâtre) soit « une succession de thèmes lyriques, idylliques ou épiques, plus ou moins heureusement dialogués »[71]. Déjà la tragédie grecque du ~ Ve siècle était tellement saturée de lyrisme et d'élément épique que la poésie lyrique et l'épopée végétaient difficilement comme genres autonomes. Le récit, la tirade, la fable sont parmi les formes absorbées au cours des siècles par la littérature dramatique. Stendhal a écrit à propos de la tragédie de Manzoni : « C'est dans le *Comte de Carmagnola* que se trouve la plus belle ode qui ait encore été faite au XIXe siècle, du moins à mon avis : I fratelli hanno ucciso i fratelli ! »[72]. Le drame de l'époque romantique excellait dans le mélange non seulement de styles et de structures, mais d'espèces littéraires et même de genres. Se tournant cette fois vers la littérature polonaise, on n'a qu'à évoquer *Les Aïeux* d'Adam Mickiewicz, dont il faut dire, avec Jean Bourrilly, qu'ils sont un drame « faisant éclater toutes les catégories littéraires », ou *La Comédie non divine* de Zygmunt Krasiński, dont les quatre parties sont précédées d'introductions épico-lyriques qui contiennent des éléments de la fable faisant partie intégrante de l'action dramatique.

A l'époque contemporaine, la pénétration de l'élément épique dans le drame se fait sentir avec une force particulière. C'est Bertolt Brecht qui se fit le promoteur de cette tendance, aussi bien en théorie qu'en pratique. Rappelons ses remarques sur *Grandeur et décadence de la ville de Mahagonny* avec la fameuse opposition : « la forme dramatique du théâtre est action » — « la forme épique du théâtre est narration » ; dans l'une « le spectateur est à l'intérieur, il participe », dans l'autre « le spectateur est placé devant, il étudie ». Bien que Brecht parle plus souvent du THÉÂTRE que du DRAME épique, son œuvre de dramaturge reflète nettement ses opinions. Et c'est après Brecht, dans certaines

---

[71] Étienne SOURIAU, *Préface*, dans Paul GINESTIER, *Le Théâtre contemporain dans le monde*, Paris, P.U.F., 1961, p. VII.
[72] *Vie de Rossini*, Paris, M. Lévy, 1854, p. 299.

pièces originales et surtout dans les adaptations de romans, où
le récitant ou le meneur de jeu se détachant de l'action (fonction
du chœur antique) joue un rôle prédominant, que la présence de
l'élément épique est la plus manifeste. A côté des pièces où l'intrusion des éléments non dramatiques est plus ou moins sensible,
chaque époque connaît des ouvrages, surtout poétiques, écrits
pour la scène sans aucun souci d'une action dramatique ; parmi
les exemples contemporains citons *Le Drame des constructeurs*
d'Henri Michaux, *Les Épiphanies* d'Henri Pichette, et aussi, dans
une autre échelle des valeurs, certaines pièces du « théâtre de
l'absurde » (*Comédie* de Samuel Beckett).

Il y a enfin des ouvrages mixtes, hétéroclites, polyformes, où
la question s'ils sont récits OU drames ne se pose même pas, parce
qu'ils sont, d'une manière ou d'une autre, récits ET drames en
même temps. Dans certains cas, ce mélange est assez mécanique.
La littérature espagnole du XVII⁰ siècle connaît bien des romans
à tiroirs, où se trouvent insérées des comédies. Dans une de ses
Nouvelles exemplaires, d'ailleurs presque entièrement dialoguée,
Le Mariage trompeur, Cervantès incorpore un long *Colloque* entre
deux chiens, Scipion et Berganza, « afin d'éviter le 'dit Scipion,
répondit Berganza', qui allonge tous les écrits » [73]. Dans d'autres
cas, l'auteur crée une forme mixte visant à la synthèse de deux
genres. Une tentative intéressante a été faite par Marcel Luguet
qui, dans *Le Missionnaire* (1894), entremêle le texte narratif et
le dialogue dramatique. « Double forme du drame et du roman » —
dit-il dans sa préface. « Également porté vers le théâtre et le
roman [...] j'avais toujours songé à utiliser les ressources de la
pièce et du livre pour fondre en une même œuvre deux sortes
d'avantages [...] ». Notons que cet ouvrage a été joué au Théâtre
Libre, avec le sous-titre « roman théâtral en cinq tableaux », le

---

[73] Les *Nouvelles exemplaires* étaient considérées, de leur temps, comme des
comédies en prose, affirme A. CIORANESCU (« La nouvelle française et la *comedia*
espagnole au XVII⁰ siècle », *Cahiers de l'Association Internationale des Études
Françaises*, n° 18, 1966, pp. 79-87); mais il s'agissait là de l'interprétation,
toujours arbitraire et propre à chaque époque, des termes et des notions
relatifs aux différents genres.

texte narratif ayant été récité par André Antoine (c'était le dernier spectacle du Théâtre Libre sous sa direction).

Il arrive aussi que le mélange de genres et de formes d'expression verbale soit beaucoup plus compliqué et paraisse n'obéir qu'à l'inspiration du créateur. C'est le cas d'*Ulysse* de James Joyce qui oscille entre le monologue intérieur et le dialogue, et contient, dans la IIe partie, un texte de cent quarante pages manifestement théâtral. C'est aussi le cas de Yacine Kateb, Algérien d'expression française qui, dans *Le Polygone étoilé*, donne un amalgame du récit, des formes poétiques et du dialogue théâtral, sans souci apparent de la composition.

Revenant à la question qui a été le point de départ de ces remarques — qu'est-ce que c'est, en fait, un ouvrage dramatique ? — il faut dire que si, dans la grande majorité des cas, l'appartenance de telle ou telle œuvre à la littérature dramatique ou non dramatique est indubitable, les cas limitrophes sont assez nombreux pour rendre impossible une délimitation précise du genre dramatique par rapport aux autres genres littéraires. La forme dialoguée, nous l'avons vu, est loin d'être un caractère distinctif. Le critère de la structure dramatique (action, nœud, dénouement, etc.) est non moins arbitraire. Il reste un autre point de vue : les relations entre une œuvre écrite et la scène. Peut-on qualifier d'ouvrages dramatiques ceux qui furent écrits en vue d'un réalisation théâtrale ou qui furent représentés sur la scène ? Même si l'on répondait affirmativement à cette question (nous reviendrons tout à l'heure aux doutes qu'elle éveille), il n'en reste pas moins vrai que ni l'une ni l'autre circonstance qu'on vient d'évoquer n'a de valeur limitative absolue.

Prenons d'abord l'intention de l'auteur. Combien de pièces qui, écrites et même publiées sans que le dramaturge envisage leur réalisation scénique, sont entrées par la suite dans le répertoire national et mondial. A certains auteurs, comme Musset, Mickiewicz ou Madách, l'idée de voir leur œuvre représentée avait été tellement étrangère qu'en l'écrivant ils ne tenaient pas compte des possibilités matérielles des théâtres de leur époque. Pourtant, après des années, leurs drames ont été adoptés par la scène.

Quant à la réalisation théâtrale, elle n'est pas non plus une condition indispensable pour considérer un texte comme une œuvre dramatique. Il existe, d'abord, tout un domaine du drame livresque *a priori* (*Lesedrama*). Il est des pièces qui, en raison de leur longueur, du nombre considérable de personnages ou à cause d'autres circonstances internes ou externes ne furent réalisées sur la scène, sans qu'on puisse prévoir si elles ne le seront dans l'avenir. Il y a aussi bon nombre de pièces des siècles passés dont on ne sait avec certitude si elles avaient été représentées ou non, ce qui ne change rien au fait qu'elles sont des ouvrages dramatiques.

Il est donc évident qù'il y a des œuvres non destinées à la scène par l'auteur et non représentées au théâtre qui n'en sont pas moins des ouvrages dramatiques. Il reste à savoir si chaque texte interprété sur la scène doit être considéré comme un ouvrage dramatique, c'est-à-dire si le fait qu'un texte fut réalisé par des moyens scéniques implique son appartenance à la littérature dramatique. Cela nous oblige à changer de perspective, à envisager le problème du côté du spectacle, autre élément de notre dichotomie.

Voici le schéma traditionnel. L'ouvrage dramatique est écrit par un auteur, le metteur en scène qui s'y intéresse analyse le texte et se forme une idée de la représentation, les répétitions commencent, certains détails du texte sont mis au point, d'autres aspects de la représentation sont réglés par le metteur en scène et ses collaborateurs (décorateur, compositeur, etc.). Le spectacle naît. Tel est le processus typique que subit une œuvre théâtrale en création, depuis le texte dramatique jusqu'à la représentation. Mais les cas qui s'écartent de ce schéma sont assez nombreux, aussi bien dans l'histoire du théâtre que dans la pratique contemporaine, pour que les corrélations entre la littérature dramatique et le spectacle constituent un problème complexe.

Les Romains ont connu pendant longtemps une forme populaire de la farce avec des personnages traditionnels, *fabula Atellana*. Les auteurs et les interprètes de ces pièces n'en ont pas pu avoir fixé le texte par écrit, faute de savoir écrire. Il est aussi peu probable que ces textes aient été transmis inchangés de génération en génération par la voie orale (sauf si c'étaient des scénarios sommaires). De toute façon le texte a été créé avant ou pendant la représentation, sans passer par la forme écrite c'est-à-dire sans avoir été fixé définitivement. Ce n'est qu'au ∼ Ier siècle que des auteurs tels que Pomponius et Novius ont donné une forme littéraire aux atellanes et fixé par écrit, tout en les développant et les complétant, les fragments qui existaient dans la tradition scénique. L'ordre fut donc inverse par rapport à ce qu'on est habitué à considérer comme un ordre normal. La forme écrite succède à la représentation théâtrale, elle ne fait que fixer ce qui se passait sur la scène depuis des années. Des analogies s'imposent avec la *commedia dell'arte* dont les textes, fixés ou non fixés *a posteriori*, n'avaient pas existé sous leur forme définitive, ni écrite ni orale, avant la première représentation.

A l'époque contemporaine, il n'est pas rare non plus que le texte reste changeant et fluide jusqu'à la générale (et même après). Combien de pièces, chez Piscator, chez Brecht ou chez Dürrenmatt (*Play Strindberg*), qui étaient en gestation, même au niveau de la parole, tout au cours du travail avec les acteurs. Cette méthode a été adoptée par certaines troupes, comme le Workshop Theatre ou l'Open Theatre (*The Serpent*). Un Pierre Debauche montant l'adaptation française de *Ah Dieu ! que la guerre est jolie* ou l'adaptation collective des *Misérables* de Victor Hugo, un Peter Brook mettant en scène le spectacle sur la guerre au Vietnam *US*, une Ariane Mnouchkine préparant *1789* ou *1793*, recréaient leur pièce au fur et à mesure des répétitions, de façon que le texte définitif, résultant du travail d'improvisation sur le plateau, ne soit apparu que le jour de la première représentation. On pourrait multiplier les exemples des spectacles dramatiques sans texte préétabli.

Il arrive qu'une représentation théâtrale ne s'appuie sur aucun ouvrage dramatique, qu'elle n'a recours à aucun texte littéraire. Le phénomène du théâtre-document ou du spectacle-reportage utilisant le procédé de collage était assez répandu, surtout après la Première Guerre mondiale, en Union Soviétique, en Allemagne et aux États-Unis (*living newspaper*), et il reste assez vivant de nos jours pour qu'il soit nécessaire d'insister sur la particularité de cette forme de spectacle. Il est toutefois à remarquer que la tendance à se passer du texte littéraire va très souvent de pair avec la méthode évoquée précédemment, celle d'élaborer le texte de la représentation avec les acteurs sur le plateau. Voici le témoignage d'Erwin Piscator concernant son spectacle *Malgré tout*, dans lequel « le document politique constituait la base même du texte et de la représentation ». « Ce spectacle — poursuit Piscator — fut une œuvre collective, où se conjuguèrent les efforts de l'auteur, du metteur en scène, du musicien, du décorateur et des acteurs. Et en même temps que le texte, naissaient la musique et la mise en scène. Des scènes furent montées simultanément en différents endroits du théâtre avant même que le manuscrit ne fût définitivement fixé. [...] La représentation dans son ensemble n'était qu'un gigantesque montage à partir de discours authentiques, d'articles, d'extraits de journaux, d'appels, de tracts, de photographies et de films de guerre, de films de la révolution, de scènes et de personnages historiques » [74].

D'autres phénomènes sont à signaler qui témoignent de la diversité et de la complexité des rapports entre l'ouvrage dramatique et le spectacle.

Même dans le cas assez banal d'une pièce très longue et réduite de moitié pour qu'elle puisse être réalisée sur la scène, on est parfois amené à considérer le texte intégral et le texte représenté comme deux ouvrages différents. Certains montages de textes littéraires cu de fragments dramatiques portent l'empreinte si décisive de l'adaptateur qu'on est obligé de les tenir pour ouvrages autonomes (par exemple, le spectacle de Taïrov, *Nuits égyptiennes*, composé de fragments de Shakespeare, de Pouchkine et de Shaw relatifs au personnage de Cléopâtre, ou le spectacle du scénographe et metteur en scène polonais Józef Szajna, *Witkacy*, composé de bribes de différents textes de St. I. Witkiewicz). Et que dire

---

[74] *Le Théâtre politique. Das politische Theater*, tr. par Arthur Adamov, Paris, L'Arche, 1962, pp. 65-69.

d'un ouvrage dramatique à tel point changé et déformé (toujours au niveau de la parole) par l'adaptateur ou le metteur en scène que le texte présenté au public rappelle très peu la version littéraire originale ? Piscator n'a-t-il pas recomposé *Les Brigands* de Schiller ? Combien de fois arrive-t-on à une conclusion pareille à celle du critique parisien qui a constaté à propos d'une représentation des *Soldats* de Lenz : « le spectacle n'a qu'un rapport lointain et parfois imperceptible avec l'œuvre du dramaturge allemand ».

Les cas qu'on vient d'évoquer, très sommairement, réaffirment que la représentation théâtrale n'est pas toujours une simple réalisation sur la scène d'un ouvrage dramatique. Un spectacle peut se servir, au niveau de la parole, d'un texte tiré de plusieurs ouvrages (dramatiques ou non dramatiques), d'un texte tellement remanié par les réalisateurs qu'il devient un ouvrage autonome par rapport à la version dramatique initiale, d'un texte ou d'un amalgame de textes tout à fait étrangers à la littérature dramatique, enfin il peut se passer totalement de texte écrit ou fixé d'avance. Il va sans dire que d'autres variantes sont également possibles.

Récapitulons. La littérature d'une part et le spectacle d'autre part constituent, sur le plan esthétique, deux domaines de l'art distincts, mais en corrélation manifeste. L'interdépendance de l'ouvrage dramatique et de la représentation théâtrale est un phénomène évident, mais non sans complications. Nous avons suffisamment insisté, dans ce chapitre, sur la complexité et la fluidité des rapports internes littérature–spectacle. Il s'agit maintenant d'illustrer d'une manière synthétique, même au prix des simplifications inévitables, les relations entre ces deux domaines considérés dans le contexte d'un système général des arts. C'est dans ce but que nous avons dressé le schéma présenté à la page suivante.

Nous avons pris comme point de départ la distinction entre les arts de l'espace et les arts du temps. Le champ commun (quadrillé), où l'espace et le temps sont superposés, est le domaine spatio-temporel, c'est-à-dire, d'après notre définition, le domaine de l'art du spectacle. L'art de la parole ou la littérature au sens

très large (ligne grasse continue) se situe dans le champ des arts
temporels, mais possède un prolongement (ligne grasse interrompue) dans le corps de l'art du spectacle ; il s'agit là de la
littérature communiquée dans le cadre d'une manifestation spectaculaire (les paroles appartiennent à la littérature et en même
temps font partie du spectacle). La ligne fine indique la littérature
dramatique, au sein de l'art de la parole (ligne continue) et au
sein de l'art du spectacle (ligne interrompue). On voit sur le
schéma encore un champ, plus vaste que les autres, indiqué par
le pointillé, qui englobe les phénomènes de la littérature et du

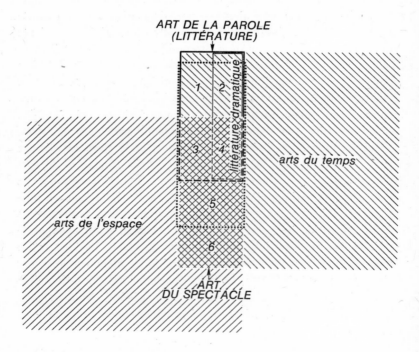

spectacle dotés d'affabulation. Le pointillé contourne presque
tout le champ de l'art de la parole (un petit secteur étant réservé
aux ouvrages littéraires sans aucune affabulation) et la plus grande
partie du domaine du spectacle.

Il va sans dire que notre dessin a un caractère extrêmement simplifié. Les arts de l'espace et les arts du temps (à l'exception de la littérature) sont laissés comme des champs libres, sans divisions internes. Ils ne servent qu'à dégager les domaines qui nous intéressent directement. On n'a pas marqué sur le schéma, pour ne pas trop l'embrouiller, les interférences entre l'art du spectacle et les autres domaines artistiques (musique, peinture, etc.). Enfin, sur le schéma on voit partout des limites, tandis que dans la pratique artistique, comme il a été souligné au cours de nos développements, les limites rigides n'existent que rarement.

Et voici quelques exemples (les chiffres correspondent à ceux du schéma) qui permettront d'introduire dans les cases abstraites de notre figure une réalité artistique vivante.

1 Ouvrages épiques : *Iliade* et les poèmes du cycle troyen
2 Ouvrages dramatiques : *Les Troyennes* d'Euripide ou *La guerre de Troie n'aura pas lieu* de Giraudoux
3 Récitation, avec mise en scène, des fragments d'*Iliade*
4 Représentation de la tragédie d'Euripide ou de la pièce de Giraudoux
5 Spectacle d'une pantomime ou projection d'un film muet, d'après les fragments d'*Iliade* ou d'après l'une des pièces qui en sont dérivées.

1 Roman de Dumas fils *La Dame aux camélias*
2 Drame de Dumas fils *La Dame aux camélias* ou livret de l'opéra de Verdi *La Traviata*
3 Projection de l'un des nombreux films d'après *La Dame aux camélias*
4 Représentation du drame de Dumas *La Dame aux camélias* ou de l'opéra *La Traviata*
5 Spectacle du ballet de H. Sauguet et T. Gsovsky *La Dame aux camélias*.

1 Roman de Zola *Thérèse Raquin*
2 Drame de Zola *Thérèse Raquin*
3 Projection du film de Marcel Carné *Thérèse Raquin*
4 Représentation du drame de Zola *Thérèse Raquin*
5 Projection du film muet de Nino Martoglio *Thérèse Raquin*.

C'est pour accentuer les interdépendances entre les secteurs respectifs que nous avons centré nos exemples sur un même sujet. Mais il est évident que notre schéma est fait pour englober tous les ouvrages littéraires et spectaculaires possibles.

Les quatre premiers secteurs n'ont pas besoin de commentaire, vu nos remarques antérieures sur les ouvrages dramatiques et non dramatiques, ainsi que sur le texte et le spectacle. Le secteur 5, qui comprend les spectacles sans emploi de la parole mais avec l'affabulation, n'est pas divisé en deux parties ; quand les valeurs significatives sont communiquées sans intermédiaire de la parole, par d'autres moyens d'expression, la question de savoir si la source thématique en est un ouvrage dramatique ou non dramatique est tout à fait secondaire. Quant au secteur 6, il est réservé aux spectacles sans affabulation.

Ce qui mérite d'être souligné, si l'on revient aux exemples cités, c'est que l'élément commun aux secteurs 1 à 5 est la fable (histoire de la guerre de Troie, de Marguerite Gautier ou de Thérèse Raquin), tandis que les formes d'expression changent en passant de 1-2 (parole) à 3-4 (parole + autres moyens) et à 5 (autres moyens sans parole).

Le schéma ci-dessus permet aussi d'envisager le plan général de la présente étude. La première partie se proposait de confronter, sur le plan esthétique, la littérature (ligne grasse) et le spectacle (champ quadrillé), avec toutes les complications découlant du fait que ces deux champs empiètent l'un sur l'autre. La deuxième partie sera consacrée à l'analyse historique des rapports, au point de vue de l'affabulation, entre le secteur 1 et tous les autres, particulièrement le secteur 2. Enfin, dans la dernière partie de notre étude on va reconsidérer, sur le plan sémiologique, les relations entre les secteurs 1 et 2 d'un côté, et les secteurs 3, 4 et 5 de l'autre.

DEUXIÈME PARTIE

DANS L'ORBITE DES THÈMES

Aussi bien notre définition de l'art du spectacle (voir p. 63) que le schéma situant ce domaine par rapport à la littérature (p. 76) reflètent le rôle privilégié de l'affabulation. Elle est, en outre, le principe qui, à travers les siècles, rallie les théoriciens — sinon du spectacle dans le sens large, au moins de l'art dramatique — les plus opposés. Pour Aristote, qui distingue six « parties constitutives » de la tragédie, la fable (μῦθος) ou « l'assemblage des actions accomplies » est « la plus importante de ces parties », elle est « le principe et comme l'âme de la tragédie » [1]. Et voici l'éloge de la fable formulé par Bertolt Brecht qui, vingt-trois siècles plus tard, est considéré comme l'adversaire le plus redoutable du théâtre « aristotélicien » : « Tout est fonction de la 'fable', elle est le cœur du spectacle. Ne permet-elle pas de livrer tout ce qui dans les événements où des hommes sont aux prises peut être discuté, critiqué, transformé ? [...] La grande entreprise du théâtre, c'est la fable, l'ensemble des événements qui s'expriment dans un *gestus*, car c'est elle qui contient toutes les révélations et les actions dont sera fait le plaisir du public » [2].

Les liens thématiques entre la littérature et le spectacle sont des plus évidents, des plus multiples et des plus saisissables dans toutes les époques. La fable (ou l'affabulation) constitue — et ceci est

---

[1] *Poétique*, 1450 a, tr. par J. Hardy, Paris, Les Belles Lettres, 1965, pp. 37-38.
[2] *Petit organon pour le théâtre*, dans Bertolt Brecht, *Écrits sur le théâtre*, tr. fr., Paris, L'Arche, 1963, p. 201.

d'une importance primordiale pour l'objet de notre étude —
l'élément permettant de rapprocher plusieurs ouvrages littéraires
et spectaculaires (sans parler d'autres domaines de l'art) qui
diffèrent sur tous les points : forme, mode d'expression, technique
de communication, etc. La fable peut donc servir de trait d'union
entre les manifestations très variées du spectacle et de la littérature.
Quand on examine les rapports de la dépendance thématique entre
les différents ouvrages littéraires et spectaculaires, on s'aperçoit
facilement que les fables suivent un chemin à sens presque unique :
c'est surtout le spectacle qui emprunte ses sujets à la littérature,
le phénomène inverse (que nous ne manquerons pas de signaler
plus tard) est relativement rare.

Les recherches thématiques dans le domaine littéraire ont déjà
une certaine tradition, elles ont conduit à la formation d'une
discipline qu'on appelle thématologie et qui se rattache partiellement à la littérature comparée. Des milliers d'ouvrages ont été
publiés, depuis un siècle, dans le dessein de signaler toutes les
interdépendances thématiques possibles ; les études de ce genre
sont toutefois limitées à certaines périodes, à certaines littératures
ou à certains thèmes [3]. Posant le problème des liens thématiques
entre la littérature et le spectacle et voulant présenter ces liens dans
une perspective historique, nous n'avons pas l'intention de révéler
des faits nouveaux, mais de démontrer — dans un raccourci condensé et couvrant un champ très vaste — le caractère typique
et assez régulier, sinon universel, de ce phénomène.

Si large qu'elle soit, une démonstration doit avoir des limites.
Parmi les nombreuses formes de l'art du spectacle nous avons
choisi le théâtre dramatique (quelques autres genres seront ensuite
mentionnés brièvement) ; il se prête le mieux aux observations
comparatives à cause de sa continuité historique et aussi parce
qu'on peut se reporter, dans la plupart des cas, aux textes fixés
par écrit, c'est-à-dire aux ouvrages dramatiques. Signalons dès

---

[3]   Un seul répertoire bibliographique, *Stoff- und Motivgeschichte der deutschen
Literatur* de Franz Anselm SCHMITT (Berlin, Walter de Gruyter, 1959), enregistre 3712 ouvrages et articles consacrés à l'étude des thèmes et des motifs,
uniquement dans la littérature allemande.

maintenant qu'en entreprenant cette confrontation nous avons
en vue les rapports entre la littérature et le SPECTACLE dramatique,
et non entre deux formes littéraires : non dramatique et dramatique. Les pièces de théâtre seront donc évoquées en tant que
spectacles virtuels et le plus souvent effectifs, parce qu'elles ont
été, sauf des cas très rares, représentées, ce qui veut dire que leurs
fables ont été communiquées au public par des moyens propres
à l'art du spectacle. Seulement, la représentation théâtrale étant
fluide et peu durable, le texte de la pièce en est parfois la seule
forme accessible à l'historien et, de ce fait, susceptible d'être
appréciée au point de vue de la dérivation thématique.

En parcourant les grandes étapes de l'histoire littéraire et théâtrale il s'agit de voir quelle place y tiennent les pièces dérivées,
c'est-à-dire les pièces dont le SUJET est EMPRUNTÉ à un AUTRE
OUVRAGE. Pour éviter les équivoques et les malentendus qui nous
guettent de plusieurs côtés, il faut d'abord préciser les trois termes
de cette formule : « sujet », « emprunté » et « autre ouvrage ».

Le mot « sujet » au sens que nous lui prêtons est situé dans le
même champ sémantique que « l'affabulation » (cf. nos remarques
pp. 60-62 et note 64), « la fable » ou « le thème » ; ces quatre
termes — ils impliquent tous une organisation thématique —
seront utilisés à peu près parallèlement. Ce ne sont pas les nuances
de sens entre eux qui importent, d'autant plus que les définitions
existantes sont nombreuses et controversables. Ce qui nous paraît
essentiel, c'est de différencier nettement deux notions, celle de
SUJET (ou thème, ou fable) et celle de MOTIF.

Dans la *Literaturwissenschaft* d'expression allemande (cf.
E. Sauer, P. Merker, J. Petersen, W. Kayser, M. Wehrli) on oppose
généralement *Stoff* à *Motif*. Voici quelques remarques du théoricien
suisse Max Wehrli : « Als 'Motiv' wird dagegen in sehr schwan-
kendem Sprachgebrauch meist eine bildmäßige Einheit der Situation oder der Handlung bezeichnet, ein Strukturelement des
äußeren oder des inneren Geschehens (dies in der Lyrik), das
ebenfalls den Charakter eines übertragbaren und wechselnd zu
füllenden Schemas hat. [...] Dagegen ist nun der 'Stoff' bereits
die fixierte, konkrete Fülle eines 'Inhalts' (also Märchen-Motiv,

aber Sagen-Stoff) und als solcher ein komplexeres Gebilde [...]. Genau besehen liegt freilich auch hier beim Stoff ein Schema vor : es kann ja nicht der Rohstoff einer objektiven Wirklichkeit gemeint sein, der nun so oder so 'erlebt' und gestaltet würde, sondern diese Wirklichkeit ist immer eine bestimmt gesehene, gestaltete Überlieferung, d. h. Stoff ist nichts anderes als die Stoff-Quelle, die 'Vorlage' »[4].

Elisabeth Frenzel définit *Stoff* de façon suivante : « eine durch Handlungskomponenten verknüpfte, schon außerhalb der Dichtung vorgeprägte Fabel, ein 'Plot', der als Erlebnis, Vision, Bericht, Ereignis, Überlieferung durch Mythos und Religion oder als historische Begebenheit an den Dichter herangetragen wird und ihm einen Anreiz zu künstlerischer Gestaltung bietet ». Elle lui oppose la notion de motif, en concluant : « eine Kette oder ein Komplex von Motiven ergibt einen Stoff »[5].

La même opposition est accentuée par Raymond Trousson qui emploie, dans son intéressante étude, les termes de « thème » et de « motif ». Le chercheur belge regrette « qu'il se crée, entre les notions de thème et de motif, une manière d'équivalence tacitement acceptée, sinon reconnue », et propose quelques définitions. « Qu'est-ce qu'un motif ? Choisissons d'appeler ainsi une toile de fond, un concept large, désignant soit une certaine attitude — par exemple la révolte — soit une situation de base, impersonnelle, dont les acteurs n'ont pas encore été individualisés — par exemple les situations de l'homme entre deux femmes, de l'opposition entre deux frères, entre un père et un fils, de la femme abandonnée, etc. [...] Qu'est-ce qu'un thème ? Convenons d'appeler ainsi l'expression particulière d'un motif, son individualisation ou, si l'on veut, le résultat du passage du général au particulier. On dira que le motif du séducteur s'incarne, s'individualise et se concrétise dans le personnage de Don Juan ; le motif de l'artiste créateur dans le thème de Pygmalion ; le motif

[4] *Allgemeine Literaturwissenschaft*, Bern, A. Francke, 1951, pp. 104-105.
[5] *Stoffe der Weltliteratur. Ein Lexikon dichtungsgeschichtlicher Längsschnitte*, 2e éd., Stuttgart, A. Kröner, 1963, p. V.

de l'opposition entre la conscience individuelle et la raison d'État dans le thème d'Antigone ; [...] la situation caractéristique de l'opposition entre deux frères, qui est un motif, devient thème lorsqu'elle a pour protagonistes Prométhée et Épiméthée, ou Étéocle et Polynice, ou Abel et Caïn [...]. C'est dire qu'il y aura thème lorsqu'un motif, qui apparaît comme un concept, une vue de l'esprit, se fixe, se limite et se définit dans un ou plusieurs personnages agissant dans une situation particulière, et lorsque ces personnages et cette situation auront donné naissance à une tradition LITTÉRAIRE ». « Le thème — continue Trousson —, cristallisation et particularisation du motif, est d'emblée objet littéraire, puisqu'il n'existe qu'à partir du moment où le motif s'est exprimé dans une œuvre, devenue le point de départ d'une série plus ou moins importante d'autres œuvres, le point de départ d'une tradition littéraire » [6].

Il va sans dire que dans notre travail on ne doit pas se fonder sur le critère du motif qui est trop général et peu précis, comme d'ailleurs celui de la situation. Les expressions « motifs communs » ou « situations communes », faisant état des ressemblances entre deux ou plusieurs œuvres étudiées, ne disent rien sur leurs rapports réels, parce qu'elles peuvent être appliquées à un nombre indéfini d'ouvrages de toute espèce et de toutes les civilisations. Analysant la genèse de la tragédie de Juliusz Słowacki *Balladyna*, Jean Bourrilly insiste sur la distinction qu'il faut faire entre « la matière de la fable » (qui est empruntée à une ballade contemporaine et à la tradition populaire) et « les situations » (que le poète polonais a trouvées chez Shakespeare) [7].

C'est donc pour marquer le contraste par rapport aux notions très larges et très fluides de motif ou de situation que nous avons adopté les mots « thème » et « sujet ». Une certaine préférence sera même accordée à ce dernier terme, parce qu'il arrive que

[6] *Un problème de littérature comparée* : *Les études de thèmes. Essai de méthodologie*, Paris, Lettres Modernes, 1965, pp. 11-13, 16.
[7] *La Part de Shakespeare dans « Balladyna »*, dans *Mélanges de littérature comparée et de philologie offerts à Mieczysław Brahmer*, Warszawa, P.W.N., 1967, pp. 79-91.

« thème » soit employé, dans la science de la littérature, au sens de motif [8]. Il n'est pas sans intérêt de rappeler ici la définition du mot « sujet » donnée par Georges Duhamel : « J'appelle donc sujet un événement historique ou légendaire, une idée philosophique, un argument moral, parfois même une combinaison d'éléments anecdotiques susceptibles de servir de fondement ou de ressort à une œuvre d'art. Comme le mot l'indique, le sujet est donc, bien exactement, ce qui gît sous les apparences, la réalité essentielle qui détermine et coordonne les aspects » [9].

Ajoutons que la notion de sujet équivaut quelquefois, dans les études thématiques, à celle de personnage. Non pas d'un personnage au sens abstrait (qui correspondrait plutôt au motif ou à la situation), mais du personnage individualisé, formé par l'histoire, par la légende ou par la littérature. Pour exprimer cette différence d'une manière lapidaire, citons encore Max Wehrli : « Faust ist als Geschichte eines Teufelspaktes ein Motiv, als Geschichte vom Doktor Faustus ein Stoff ».

Rappelons aussi que le théoricien russe B. V. Tomachevski, dans son ouvrage *Teorija literatury* paru en 1925, avait essayé de définir de façon ordonnée, c'est-à-dire les unes par rapport aux autres, les notions de thème, de fable, de sujet, de motif, de situation, de personnage (ou héros). Retenons la distinction qu'il fait entre la fable et le sujet. « On appelle fable l'ensemble des événements liés entre eux qui nous sont communiqués au cours de l'œuvre. La fable pourrait être exposée d'une manière pragmatique, suivant l'ordre naturel, à savoir l'ordre chronologique et causal des événements, indépendamment de la manière dont ils sont disposés et introduits dans l'œuvre. La fable s'oppose au sujet qui est bien constitué par les mêmes événements, mais il respecte

---

[8] Par exemple par Jean-Paul WEBER dans *Genèse de l'œuvre poétique* (1960) et dans *Domaines thématiques* (1963). Notons aussi que Charles V. Aubrun, parlant de la comédie espagnole du XVIIe siècle, oppose le thème (*asunto*) au sujet (*argumento*). D'ailleurs, les rapports entre différents termes de ce champ notionnel varient d'une langue à l'autre et d'un auteur à l'autre.

[9] *Défense des lettres. Biologie de mon métier*, Paris, Mercure de France, 1937, p. 248.

leur ordre d'apparition dans l'œuvre et la suite des informations qui nous les désignent ». « Bref, la fable, c'est ce qui s'est effectivement passé ; le sujet c'est comment le lecteur en a pris connaissance » — ajoute Tomachevski dans une note [10].

Il est temps de passer au deuxième terme de notre formule : le sujet EMPRUNTÉ à un autre ouvrage. Mettant l'accent sur la notion d'emprunt, il convient de faire une distinction aussi nette que possible entre deux ordres de phénomènes qui sont très courants dans la littérature, mais trop souvent confondus dans la critique et dans l'histoire littéraires. Il y a donc, d'une part, la ressemblance, l'analogie, la coïncidence, la réminiscence, et de l'autre — l'influence effective, l'imitation, la causalité, en un mot l'emprunt. On n'a pas toujours les preuves matérielles d'une imitation consciente, il faut se contenter parfois de la qualification d'emprunt présumé ; l'essentiel est de ne pas se fonder sur des rapprochements vagues, sur des affinités trop générales, sur la seule antériorité d'un ouvrage par rapport à la pièce étudiée. Le zèle naïf de certains « sourciers » leur fit abandonner, à la poursuite du gibier, tous les critères raisonnables, ce qui tourna en ridicule leurs efforts et faillit porter préjudice aux études littéraires comparatives. Quelques répliques dépistées dans un ouvrage antérieur, une situation analogue ou quelques traits de caractère, n'ont-ils pas conduit certains chercheurs à considérer tel ouvrage comme source d'une pièce ultérieure ? D'ailleurs, si l'on voulait prendre en considération toutes les ressemblances, analogies et parentés, toutes les interdépendances possibles, la littérature et le théâtre universels ne seraient, dans cette optique, qu'un fourre-tout formidable où chaque élément découlerait d'un autre, où il n'y aurait finalement rien d'original. L'emploi de la formule « sujet emprunté » vise à limiter l'exemplification aux cas où le sujet (ou le thème, ou l'affabulation, ou le personnage principal) d'un ouvrage dramatique — considéré toujours comme spectacle virtuel — a été consciemment emprunté par son auteur à un autre

---

[10]   Cit. d'après *Théorie de la littérature. Textes des formalistes russes*, réunis, présentés et traduits par Tzvetan Todorov, Paris, Éd. du Seuil, 1965, p. 268.

ouvrage. Il va de soi que ce critère ne peut pas être appliqué
rigoureusement à toutes les époques, surtout à l'Antiquité où,
faute de textes conservés, les historiens sont parfois amenés
à fonder leurs hypothèses sur les fragments ou même sur les titres
qui seuls sont connus.

Reste à savoir qu'est-ce qu'on considère comme un AUTRE
OUVRAGE. Le domaine de la création verbale dotée d'affabulation,
dans lequel les dramaturges de toutes les époques ont puisé leurs
sujets, est extrêmement vaste et diversifié. Les sources thématiques du
drame, du théâtre ainsi que d'autres formes de spectacle sont, *grosso
modo*, de caractère littéraire, historique et folklorique, la légende et
le mythe y ont leur part autant que les relations documentaires.
Les sources préexistantes peuvent être écrites ou orales. Il y a des
légendes populaires, des fables et des chants épiques qui, avant
d'être fixés sur le parchemin ou sur le papier, avaient servi de
source aux ouvrages dramatiques et aux spectacles. Il y a des
grands événements publiques qui, transmis oralement, furent portés
à la scène ; la circonstance que l'auteur dramatique n'assistait
pas aux faits qu'il exploite dans sa pièce (même si ce sont des
événements contemporains) suffit, nous paraît-il, pour la considérer comme une pièce dérivée. Les sources historiques écrites sont
d'une grande variété : ouvrages des historiens, chroniques, mémoires, biographies, documents, articles de presse, etc. D'ailleurs,
dans les époques éloignées de toutes les civilisations, l'histoire se
distingue mal de la légende et du mythe, tandis que la mythologie
ou les livres sacrés se distinguent mal de la littérature. Quant aux
sources proprement littéraires auxquelles ont recours les dramaturges, elles sont représentées par tous les genres : poésie
épique et roman, nouvelle et conte, drame et dialogue livresque,
fable et poésie lyrique. Même leurs propres ouvrages antérieurs
offrent à certains auteurs les sujets de pièces ; ce phénomène est
d'un intérêt particulier pour l'étude de la dérivation thématique.

Munis de quelques précisions méthodologiques, nous nous
hasarderons à passer en revue les vingt-sept siècles du théâtre
européen. La méthode changera d'une époque à l'autre, selon
les traits dominants du répertoire et selon l'état actuel de recher-

ches. On insistera tantôt sur la fréquence des pièces dérivées, tantôt sur le caractère de leurs sources, tantôt sur le degré de leur originalité. On tâchera de formuler, pour certaines périodes, des appréciations d'ensemble, on sera amené ailleurs à la méthode du sondage. Il convient de signaler qu'à partir du Moyen Age notre exposé sera centré sur le théâtre français qui se prête mieux que les autres à une analyse équilibrée siècle par siècle. Toutefois, avec les nombreuses incursions en dehors de la France, les grands faits du théâtre européen ne seront pas oubliés.

*

C'est à l'ancienne Grèce qu'il appartient d'ouvrir cet aperçu historique.

On se demande depuis des siècles, et le problème est loin d'être résolu, quelles sont les sources du théâtre et des genres dramatiques en Grèce : la cérémonie religieuse ou le cortège carnavalesque, le mystère relatif à la naissance ou la lamentation funéraire, le culte de Dionysos ou le culte d'Apollon, la danse mimée ou la poésie dithyrambique. Une chose au moins paraît certaine, dans la mesure où les textes et les témoignages qui nous sont parvenus permettent de généraliser : sur le plan de la parole, le théâtre grec est issu de mythes préexistants.

Si l'on recherche les plus anciennes formes pré- ou parathéâtrales, précédant l'apparition du texte dramatique proprement dit, il faut commencer par les chœurs qui associaient, dans une même manifestation artistique, le chant, la danse et la musique instrumentale. Cette forme, dont il est déjà fait mention dans l'*Iliade*, s'est développée, surtout chez les Doriens, à partir du ~ VIIe siècle. Un chœur se composait de sept, de cinquante ou de cent personnes — hommes, garçons ou jeunes filles —, il était dirigé par un *khoro-didáskalos*, des concours chorals (*agón*) étant organisés publiquement. Les sujets mythiques étaient de rigueur dans le poème chanté. Parmi les noms les plus célèbres citons celui de Terpandre qui se fit connaître comme créateur d'une composition originale *nómos* présentée en ~ 676 lors de la

fête lacédémonienne des Carnéennes ; son texte était un fragment
d'Homère. Le fameux Stésichore (~ VIIe-VIe siècle) emprunta
les sujets de ses chants surtout aux mythes héroïques, tout en
composant des chansons d'amour. Les grands auteurs tragiques
vont puiser dans les chants mythologiques de Stésichore. Une
place privilégiée dans l'évolution du spectacle et du drame appartient, d'après l'historiographie antique, au poète Arion (~ VIIe-VIe
siècle) qui « le premier composa un dithyrambe, le nomma et le
fit exécuter par un chœur » (Hérodote) et qui « introduisit pour
la première fois l'action (dráma) dans la tragédie, chant traditionnel
des boucs » (Solon). Les ouvrages d'Arion ne sont pas parvenus
jusqu'à nous. Une autre forme préthéâtrale, très répandue en
Grèce du VIIe au Ve siècle, sont les chants des rhapsodes ambulants
qui récitaient des hymnes consacrés à différents dieux. Sans se contenter de transmettre leur art individuellement, les rhapsodes
se donnaient rendez-vous à l'occasion des grandes fêtes pour se
mettre en compétition. Pendant les Grandes Panathénées, célé-
brées avec éclat depuis ~ 566/5, Pisistrate introduit le concours
des rhapsodes. Leurs récitations publiques et organisées par
l'État méritent d'être considérées comme une forme de spectacle.
Et pour qu'on puisse mieux juger l'art des exécutants, chacun
d'eux récitait les mêmes passages, dans l'ordre fixé d'office (peut-
être par Pisistrate lui-même). Ce texte ne fut autre que les chants
d'Homère.

On simplifierait peut-être trop les choses en disant que le théâtre
de l'ancienne Grèce est né de la poésie épique, la question des
origines des spectacles primitifs étant beaucoup plus compliquée
et comportant plusieurs niveaux à étudier. On peut affirmer toutefois qu'au niveau de la parole et de l'affabulation les formes
préthéâtrales connues sont intimement liées aux hymnes homé-
riques et aux autres fables de la mythologie.

Enfin, nous sommes en présence du théâtre et du drame proprement dits. La tradition associe leur avènement (et les recherches
des hellénistes ne l'ont pas démenti) au nom de Thespis « qui le
premier répondait au chœur et qui monta le drame dans la cité,
un bouc étant fixé comme prix ». Ce fut au moment où Pisistrate

fit introduire l'*agón* tragique aux Grandes Dionysies, vers ~ 534. On ne connaît pas aujourd'hui les sujets de tragédies représentées par Thespis, mais Horace affirme que celui-ci et ses choristes se créaient, au moyen du costume et du maquillage, l'apparence « mythique », et, d'après Aristote, les plus anciennes tragédies étaient fondées sur les « petits » mythes. On suppose généralement que Thespis et ses imitateurs puisaient leurs sujets dans les mythes dionysiaques. Quelques décennies plus tard, Phrynicos, si l'on peut juger d'après les titres et les fragments conservés, paraît avoir abandonné Dionysos au profit des héros, en trouvant l'inspiration dans les mythes héroïques. Indépendamment de ses tragédies mythologiques (*Alceste, Les Danaïdes, Les Égyptiens*), il puisa aussi aux événements contemporains (*La Prise de Milet, Les Phéniciennes*). Phrynicos fut le prédécesseur direct d'Eschyle.

On peut distinguer, d'une façon générale, trois sources auxquelles avait recours le premier en date des grands tragiques grecs, Eschyle : les mythes, la littérature, l'histoire contemporaine. Il exploita des légendes du cycle troyen, en puisant chez Homère et ailleurs, mais il fit usage également des légendes locales. Il lui arriva de reprendre les sujets qui avaient été traités par ses devanciers : *Les Suppliantes* sont inspirées de Phrynicos, l'*Orestie* d'un chant choral de Stésichore. Dans *Les Perses*, Eschyle mit en scène les événements contemporains, datant de huit ans à peine. Bien que l'auteur eût assisté à la bataille de Salamine, les anciens ont vu dans sa tragédie une refonte des *Phéniciennes* de Phrynicos.

Sophocle, dans les ouvrages qui nous sont parvenus, est resté fidèle aux sujets mythiques, sans recourir directement à l'histoire contemporaine. Il lui est arrivé néanmoins de choisir comme sujets de ses tragédies (*Œdipe roi, Électre, Philoctète*) ceux qui avaient servi à son prédécesseur Eschyle et à son contemporain Euripide. Ajoutons que le mythe d'Œdipe fut exploité par au moins dix auteurs de la même période. Euripide non plus ne paraît pas s'être écarté de la mythologie et des cycles épiques, dans ses tragédies et même dans ses drames satyriques. Étant le plus jeune des trois grands tragiques grecs, il suivait souvent ses aînés dans le choix des sujets. Ainsi, parmi les dix-sept tragédies d'Euripide dont les textes se sont conservés, dix reprennent les thèmes et les héros des tragédies d'Eschyle, de Sophocle ou des deux en même temps. Le poids des grands prédécesseurs dans le genre tragique et le fardeau des mythes tant de fois exploités amenèrent Euripide à remanier profondément les modèles hérités. Son *Électre*, écrite manifestement dans l'esprit de polémique avec celle d'Eschyle et celle de Sophocle, n'en avait conservé que la fable et les noms mythologiques, tandis que la psychologie et les mœurs en font une tragédie « bourgeoise » ou plutôt paysanne. Il ne faut pas oublier d'ailleurs que certaines tragédies d'Euripide possèdent derrière leurs sujets fabuleux un fond d'actualité politique. C'est le cas d'*Andromaque*, d'*Hécube* et surtout de ses tragédies à tendance patriotique : *Les Héraclides, Héraclès* et *Les Suppliantes*.

En somme, la tragédie grecque s'éloigne rarement de la mythologie. Même si l'on trouve un peu étroite la fameuse formule de Wilamowitz qu'« une tragédie attique est un morceau, complet en soi, de la légende héroïque, traité par un poète [...] pour être représenté », il faut dire que l'originalité recherchée par les tragiques grecs ne consiste pas à introduire des sujets et des personnages nouveaux ou à modifier à fond les fables traditionnelles, mais à les présenter d'un point de vue plus ou moins personnel. Les successeurs d'Eschyle, de Sophocle et d'Euripide, au cours du ~ IVe siècle, ne faisaient que retravailler les mêmes fables mythiques ; ils s'en écartaient quelquefois au profit des sujets historiques.

Le cas de la comédie est assez différent. Il paraît tout à fait normal que les spectacles populaires (« mimes »), qui étaient à l'origine du genre comique en Grèce, aient été orientés vers la vie quotidienne afin de railler les défauts des contemporains, des voisins, des spectateurs. Mais l'emprise des mythes et des légendes fut tellement profonde qu'à côté de ces mimes « bio-logiques » on représentait, dès le ~ VIe siècle, des scènes comiques puisées dans la mythologie. Épicharme, contemporain d'Eschyle, est celui qui donna une forme littéraire au genre comique. Or, sur trente-six titres de ses pièces comiques (« drames »), vingt se rapportent à la mythologie, les autres à la vie sociale contemporaine. Quant à son

successeur, Phormis, nous ne connaissons que les titres mythologiques de ses « drames ». Depuis le milieu du ~ Vᵉ siècle, deux
types des sujets prédominent dans la comédie attique : l'actualité
politique d'une part, la mythologie et la fable de l'autre. Les
comédies « bio-logiques », c'est-à-dire inspirées par la vie de
tous les jours, deviennent rares et contiennent, elles aussi, des
allusions politiques. Cratinos, considéré comme le père de la
comédie politique, attaquait le parti au pouvoir et son chef,
Périclès, parfois directement, quelquefois par le truchement d'une
fable pseudo-mythologique. Eupolis dirigea ses railleries contre
Alcibiade, et dans la seule de ses comédies dont le résumé nous
soit parvenu, *Les Dèmes*, il mit en scène toute une galerie de personnalités politiques : Miltiade, Aristide, Solon, Périclès.

Le maître incontestable de la comédie politique et de la parodie
littéraire est Aristophane. Ses onze comédies conservées (parmi
quarante) donnent une image caricaturale de la réalité athénienne
contemporaine. Dans *Les Acharniens* ainsi que dans *Les Cavaliers*
la satire d'Aristophane vise le puissant démagogue Cléon. *Les
Nuées* raillent Socrate, *Les Thesmophories* sont une parodie dirigée
contre Euripide, tandis que *Les Grenouilles* présentent une fictive
querelle entre Eschyle et Euripide. L'actualité politique et les
mythes plus ou moins parodiés tiennent une place importante
dans la plupart de ses comédies. Mais c'est en s'engageant dans
la parodie littéraire (cf. *Les Thesmophories* ou *Les Grenouilles* où
il est impitoyable pour Euripide) qu'Aristophane créa un genre
dramatique qui devait se montrer fertile dans toutes les époques
et auquel nous aurons l'occasion de revenir.

La comédie attique après Aristophane, dite la moyenne comédie,
est particulièrement riche en auteurs (leur nombre dépasse une
centaine) et en ouvrages. Nous en savons peu, sauf les noms et
les titres. Si, dans l'ancienne comédie, un titre sur onze concerne
une personnalité vivante, ce rapport est de un à sept dans la
moyenne comédie. Sur cent trente-quatre titres des comédies
d'Antiphane, vingt-six laissent supposer les parodies des mythes
ou des tragédies (les autres se rapportant à la vie quotidienne
et sociale). La proportion des sujets mythico-parodiques varie

sensiblement d'un auteur à l'autre : elle est de quatorze à cent quarante chez Alexis, de sept à vingt chez Anaxilas, de quinze à quarante-deux chez Anaxandrides, de vingt-sept à cinquante-cinq chez Eubulus. Il arrive, dans cette abondante production, que certaines comédies soient calquées sans scrupule sur d'autres comédies contemporaines. On parle même de plagiat, par exemple dans le cas d'Alexis, imitateur trop fidèle d'Antiphane.

La nouvelle comédie est dominée par Ménandre. Chez lui, peu de mythologie (parmi les quatre-vingt-seize titres connus, il n'y a pas un seul titre mythologique). Ses comédies, d'après ce que nous disent les rares fragments conservés et les adaptations latines de Plaute et de Térence, mettent en scène la vie de riches Athéniens. Une circonstance qui peut nous intéresser au point de vue de la dérivation des sujets, c'est que les fables des comédies de Ménandre ressemblent beaucoup les unes aux autres : un modèle créé (ou emprunté ?) par l'auteur est repris plusieurs fois avec peu de modifications.

Dans une littérature, comme celle de l'ancienne Grèce, qui débute par le genre épique antérieur de deux siècles aux premiers ouvrages dramatiques — quoi de plus naturel que le genre dramatique naissant trouve un support et une source des sujets dans la tradition épique préexistante.

Dans une littérature, comme celle de l'ancienne Rome, qui débute par la forme dramatique, littérature dont les premiers monuments sont des tragédies et des comédies — quoi de plus naturel, dirait-on, que ces ouvrages soient profondément originaux, issus des traditions autochtones trouvant enfin leur expression littéraire. Et pourtant la réalité fut tout à fait différente. Les circonstances historiques et géographiques, la colonisation et les influences grecques aboutirent à un résultat contraire : les premières tragédies et comédies latines ne sont que des traductions des tragédies et des comédies grecques.

Tandis que dans le théâtre grec les emprunts et les interdépendances des sujets prennent des formes très variées, la littérature dramatique de l'ancienne Rome est, de ce point de vue, plus homogène. Le principal objet des discussions est le degré de fidélité ou d'originalité dont ont fait preuve les traducteurs-adaptateurs des tragédies et des comédies grecques. Le problème est d'autant plus susceptible de polémiques et de controverses que, de nos jours, on possède rarement les deux éléments de la comparaison : il manque ou bien le texte de l'original grec, ou bien le texte de l'adaptation latine, parfois les deux font défaut. Dans ces cas, on est amené à juger d'après les titres et les fragments conservés ainsi que d'après les témoignages directs ou indirects.

Quant à l'œuvre de Livius Andronicus, « fondateur de la littérature et du drame latins », on connaît les titres de huit (ou neuf) de ses tragédies et de trois de ses comédies. Pour son cadet et contemporain Nævius, la proportion des titres conservés est inverse : sept tragédies et plus de trente comédies. Leurs ouvrages sont des traductions ou des adaptations de tragédies et de comédies grecques. Cependant, Nævius apporte une innovation. Il fut le premier à avoir écrit des pièces tirées de l'histoire romaine : *Romulus* et *Clastidium*. Ce genre dramatique, *fabula prætexta*, a eu après lui quelques représentants (Pacuvius, Accius, peut-être aussi Ennius) qui puisaient dans l'histoire — légendaire ou non — de Rome et dans les événements contemporains. On ne connaît que quelques titres des *fabulæ prætextæ* ; le genre végétait dans l'ombre des ouvrages empruntés directement au théâtre grec. C'est comme poètes tragiques que se sont distingués Ennius, Pacuvius et Accius (soixante-douze titres nous sont parvenus) ; le premier traduisait surtout Euripide, les deux autres — Euripide et Sophocle.

Plaute adapta des comédies grecques dont nous savons peu de chose, sauf qu'elles appartenaient à la nouvelle comédie. Parmi ses vingt et une pièces conservées, quelques-unes ont été empruntées à Ménandre. On n'a pas de preuve que Plaute ait inventé une seule fable, un seul personnage. Pourtant il s'est permis certaines libertés avec les textes grecs, en les modifiant, les coupant et les complétant. Quant au deuxième grand maître de la comédie latine, Térence, dont l'œuvre comporte six pièces, il prenait encore plus de liberté avec les modèles grecs. Il touchait non seulement

Le théâtre de Térence vu par le XVe siècle. L'auteur latin, empruntant aux
Grecs les sujets de ses comédies, fut à son tour imité par les auteurs de la
Renaissance.

Éd. de Trechsel, Lyon, 1493

au texte, mais à la structure des comédies adaptées, en ajoutant
parfois des personnages et des scènes empruntés à d'autres pièces,
c'est-à-dire en appliquant le procédé de contamination. Mais, ce
qui est significatif, il le faisait en cachette. On cite à ce propos le
fameux incident survenu lors d'une répétition de son *Eunuque*
(~ 161) qu'il a présenté aux édiles comme une traduction de
Ménandre, sans avoir rien dit des modifications apportées. Son
ennemi, l'auteur (traducteur) comique Luscius Lanuvinus, provo-
qua un scandale en accusant Térence d'avoir « volé » deux personnages de la comédie latine *Colax* (traduite du grec). Voici la
réplique du poète attaqué : *Colax* (*Le Flatteur*) est une comédie
de Ménandre, à laquelle il emprunta, en effet, deux personnages,
sans avoir su toutefois qu'elle avait été traduite en latin. Dans
cette querelle, on se croirait plutôt entre les professionnels de la
traduction qu'entre les poètes dramatiques. On comprend mieux
pourquoi Plaute, un demi-siècle auparavant, se vantait non
seulement d'avoir emprunté ses sujets aux Grecs, mais aussi de la
fidélité avec laquelle il reproduisait ses modèles. Le principe de
l'imitation servile semble avoir ligoté les écrivains moins originaux, comme Cæcilius qui se situe chronologiquement entre Plaute
et Térence, ou Turpilius (mort vers ~ 103), dernier en date parmi
les adaptateurs de la nouvelle comédie.

Bien qu'ayant joué pendant longtemps un rôle prépondérant,
la traduction et l'adaptation n'étaient pas les seules ressources
de la comédie latine. A côté des *palliatæ* de provenance grecque,
un genre de comédie puisant ses sujets dans la vie de la population
autochtone de la Péninsule, *fabula togata*, existait au ~ IIe siècle.
On connaît soixante-dix titres des *togatæ* de trois auteurs : Titinius,
Afranius, Atta. Cependant Afranius, le plus fécond d'entre eux,
avouait (ou se vantait seulement) que ses comédies étaient des
adaptations des dramaturges grecs ou romains. La farce populaire
fabula Atellana, pratiquée depuis quelques générations, trouva
sa forme littéraire au début du ~ Ier siècle avec Pomponius et
Novius (il nous en reste une soixantaine de titres et plusieurs
fragments). Ces petites pièces bouffonnes mettent en scène le
plus souvent les personnages traditionnels de Maccus, de Bucco,

de Pappus, de Dossenus. Le nom de Maccus revenant à maintes reprises dans les titres des deux auteurs évoqués (*Maccus soldat, Maccus aubergiste, Maccus jeune fille, Maccus le fou, Maccus en exil, Les Frères Maccus*), il .y a lieu de supposer qu'il s'agit là de la comédie à personnage continu. Outre les éléments populaires et paysans, les atellanes contenaient des éléments de la mythologie « gaie ». Enfin le mime, autre espèce de farce improvisée, trouva aussi sa forme littéraire au ~ Ier siècle, grâce à Laberius ; parmi ses quarante-deux titres conservés, certains se rapportent à *togata,* mais il y en a qui rappellent *palliata* et même la comédie mythologique.

A l'époque de l'Empire, le théâtre romain avait connu un déclin dont il ne se releva plus. Les ouvrages dramatiques datant de cette période avaient été écrits, dans la plupart des cas, sans qu'on envisageât leur réalisation théâtrale. Parmi les plus célèbres citons *Thyeste* de Varius, *Médée* d'Ovide, et surtout les neuf tragédies de Sénèque, destinées à la lecture et à la récitation, qui devaient faire fortune dans les temps modernes. Toutes, elles reprennent les sujets grecs exploités par Eschyle, Sophocle et Euripide. Une seule tragédie, *Octavie* (attribuée autrefois à Sénèque), ose s'inspirer de l'histoire romaine contemporaine ; elle se rapporte à l'assassinat de la femme de Néron. Horace, dans son *Épître aux Pisons*, n'avait-il pas conseillé aux poètes tragiques : « Difficilement on moissonne avec gloire au champ commun de la fiction : il est plus sûr de mettre en action quelque épisode de l'*Iliade*, que de produire le premier sur la scène une fable inconnue et sans autorité » (v. 128-130) ?

Tout compte fait, le théâtre de l'Antiquité a connu plusieurs variétés de l'emprunt et de la dérivation: l'adaptation d'ouvrages dramatiques antérieurs, la contamination, la dramatisation des fables mythologiques ou des poèmes épiques, la mise en scène des événements historiques transmis par la voie écrite ou orale, l'emploi du personnage continu, la parodie de mythes, la parodie littéraire. Ces formes de la dérivation seront reprises et multipliées dans les temps modernes.

La coupure historique entre l'Antiquité et le Moyen Age fut

Depuis Eschyle, le thème d'Œdipe hante les dramaturges et les metteurs en scène. *Œdipe* de Sénèque dans une mise en scène « dépouillée » de Peter Brook, avec John Gielgud (National Theatre London).

Theater Heute, mai 1968

assez décisive, la rupture dans les traditions de l'art théâtral assez
profonde, pour que la tâche de rechercher des liens entre le drame
antique et le drame médiéval soit ingrate et vouée aux résultats
piteux. Il existe toutefois un trait d'union, notamment la langue
latine. A travers la liturgie des chrétiens occidentaux elle est
devenue la langue des premières tentatives pré- ou parathéâtrales
qui aboutirent au drame liturgique, d'abord en latin, ensuite en
langues vulgaires. Les témoignages concernant l'Europe occiden-
tale sont assez tardifs. Tandis que Byzance a connu dès le VIᵉ
siècle les représentations religieuses, genre de mystères issus de la
liturgie, la première preuve de l'existence des formes liturgiques
préthéâtrales en Occident date de la fin du IXᵉ siècle (le trope du
moine Tutilon de Saint-Gall). Le Xᵉ siècle apporte le plus ancien
drame liturgique, *Depositio et Visitatio Sepulcri* d'Ethelwold (entre
965 et 975). La même époque a vu naître les pièces latines de
Hrotsvitha ou Roswitha, religieuse de Gandersheim, inspirée
de Térence, mais lui substituant des fables hagiographiques.
Enfin, au cours du XIIᵉ siècle apparaissent les premiers drames
religieux en langues nationales (*Sponsus* en France, *La Vie de
Thomas Becket* en Angleterre).

Un usage courant fait distinguer le théâtre médiéval religieux
du théâtre profane. Cette grande division est plus ou moins
valable pour les pays de l'Europe chrétienne où le théâtre a eu
l'occasion de se manifester au cours du Moyen Age. Elle a des
inconvénients, surtout pour l'étude des genres dramatiques, parce
que les deux groupes s'interpénètrent profondément, mais elle
facilite beaucoup notre tâche. Le drame religieux, aussi bien
à son état rudimentaire que dans ses stades développés, mettant en scène des sujets qui ont déjà existé sous d'autres formes
d'expression verbale, est dérivé *a priori*. Sans avoir à nous en
occuper d'une façon détaillée, rappelons les principales formes
et les principales sources du théâtre sacré au Moyen Age. Il
y a donc le drame liturgique et le drame semi-liturgique, il y a le
mystère et le miracle, il y a aussi des variantes nationales, comme
la *lauda* et la *sacra rappresentazione* italiennes, l'*auto* espagnol,
le *pageant* anglais, la *szopka* polonaise. La Bible (surtout le Nou-

veau Testament, et dans celui-ci principalement la Résurrection
et la Nativité), l'hagiographie, les Évangiles et sermons apocryphes
sont les principales sources du drame religieux médiéval ; mais,
dans certains genres, par exemple le miracle, les sujets ont été
empruntés aussi à la littérature narrative et à la légende populaire.
C'est que, avec le temps, l'élément laïque se fit de plus en plus
sentir dans le théâtre religieux.

La situation est bien différente dans le domaine du théâtre
profane. Par définition, son répertoire n'est pas assujetti aux
sources ecclésiastiques ; il a donc plus de liberté dans l'inspiration qu'il trouve principalement dans la vie quotidienne et dans
la tradition populaire, c'est-à-dire paysanne et bourgeoise. Nous
nous arrêterons pour examiner brièvement le théâtre français,
puisqu'il dispose du plus grand nombre des textes dramatiques
conservés jusqu'à nos jours. Passons en revue, avec Gustave
Cohen [11], les principaux ouvrages du drame profane médiéval.
Ceux du XIIIe siècle ne sont pas nombreux : *Le Jeu de la feuillée*
et *Le Jeu de Robin et Marion* d'Adam de la Halle, *Le Jeu du pèlerin,
Le Garçon et l'aveugle*. Leurs sources littéraires ne sont pas connues, sauf quelques éléments de la mythologie celtique dans la
première de ces pièces. En revanche, le théâtre profane du siècle
suivant a largement puisé dans la littérature narrative. Parmi les
trois moralités du manuscrit 617 de Chantilly, une est inspirée du
Miroir de vie et de mort de Robert de l'Omme, une autre n'est
que la dramatisation du *Pèlerinage de vie humaine* de Guillaume
de Diguleville (lequel inspira aussi le *Pilgrim's Progress* de Bunyan).
Les *Miracles de Notre-Dame* du XIVe siècle (au nombre de quarante), bien qu'appartenant au théâtre religieux, ont presque toujours
une fable d'origine profane ; il convient donc de traiter à part
leurs sources non religieuses qui appartiennent à la littérature
narrative : épopée, roman, conte, légende, histoire de France.
Enfin *Grisélidis* est l'adaptation scénique d'un conte latin de
Pétrarque, qui fut à son tour inspiré de la dernière nouvelle du

---

[11]   *Le Théâtre en France au Moyen Age*, II. *Le théâtre profane*, Paris, Rieder,
1931 ; *Le Théâtre en France au Moyen Age*, Paris, P.U.F., 1948.

Décaméron de Boccace. Quant à l'œuvre dramatique d'Eustache Deschamps, ses deux dialogues, *Maître Trubert et Antroignart* et *Les Quatre Offices de l'hôtel du roi*, paraissent ne pas avoir de source littéraire directe ; sa *Geta*, au contraire, n'est qu'une traduction de l'élégie dramatique latine de Vital de Blois (celle-ci imitée de l'*Amphitryon* de Plaute).

L'abondance et la diversité des ouvrages du théâtre profane au XVᵉ siècle amènent G. Cohen à y distinguer six groupes principaux : la comédie scolaire latine, le mystère à sujet profane, le monologue dramatique, la moralité, la sottie, la farce. Le théâtre scolaire en latin, d'inspiration antique, poursuit son chemin traditionnel, jalonné de manuscrits à partir du XIIᵉ siècle. Les mystères à sujets profanes puisent dans l'Antiquité grecque (*L'Histoire de la destruction de Troie la Grand* de Jacques Milet empruntée à Guido della Colonna), dans l'histoire (*Le Mystère de Saint Louis*), mais aussi dans les événements contemporains (*Le Mystère du siège d'Orléans*, vers 1439). Les monologues dramatiques qui nous sont parvenus, tout en semblant être des compositions originales, contiennent des allusions historiques et littéraires, ainsi que la parodie des textes liturgiques (dans les sermons joyeux). De nombreuses moralités puisent leurs sujets dans la Bible, dans le genre épique ou romanesque, dans les chroniques historiques et dans la légende, elles mettent aussi en scène, au moyen de l'allégorie, les événements contemporains (*Le Concile de Bâle, La Paix de Péronne, La Destruction de Liège*). D'autres moralités, comme *Bien avisé, mal avisé, L'Homme juste et l'homme mondain* de Simon Bougoinc, *L'Homme pécheur*, transposent, d'une façon plus ou moins originale, mais toujours dans le dessein d'édifier, le vieux thème de la tentation. La sottie est un genre fugace. Jouée le plus souvent comme « lever de rideau », elle répond surtout aux nécessités de l'actualité politique et locale et s'inspire des événements publiques et des scandales du jour. Ainsi, dans le recueil d'Émile Picot [12] et dans le recueil Trepperel [13] on en

---

[12] *Recueil général des sotties*, Paris, Firmin Didot, t. 1-3, 1902-1912.
[13] Eugénie DROZ, *Le Recueil Trepperel*, I. *Les sotties*, Paris, E. Droz, 1935.

trouve peu qui semblent être issues de sources littéraires. Quant
aux farces, nombreuses au XVe siècle et particulièrement dans la
première moitié du XVIe siècle (l'histoire du théâtre et du répertoire
médiévaux en France se prolonge jusqu'à 1548), on a retrouvé
l'origine narrative de plusieurs d'entre elles. Nous reviendrons
tout à l'heure à cette question. Il faut dire toutefois que le chef-
d'œuvre du théâtre comique médiéval, la farce de *Maître Pierre
Pathelin*, garde jalousement le secret de sa source comme celui
de sa paternité. Malgré les efforts assidus de plusieurs chercheurs [14], on n'est pas arrivé à y trouver autre chose que des allusions, des échos, des réminiscences littéraires, quelques situations
et quelques motifs partagés avec d'autres ouvrages de la même
époque. Par contre, la fameuse farce a inspiré en peu de temps des
imitations en France (*Le Nouveau Pathelin, Le Testament de Pathelin,
Le Savetier Calbain*) et en Espagne.

Si l'on prend l'exemple de Pierre Gringore, poète du début du
XVIe siècle, on constate que — parmi ses ouvrages dramatiques
non contestés — seul *Le Jeu du Prince des Sots et Mère Sotte*, satire
au service des desseins politiques de Louis XII et de sa lutte contre
le pape Jules II, a pu se passer de sources écrites, tandis que la
Sotye nouvelle des croniqueurs est, sauf son côté d'actualité, « un
tissu d'allusions historiques » (Louis XI, Charles VIII) puisées
aux sources écrites et orales, et son mystère *La Vie de Monseigneur
Saint Louis* fut tiré des chroniques historiques.

Après cet aperçu chronologique du théâtre médiéval français,
essayons une appréciation quantitative, et choisissons à cet effet
la farce qui est le plus important des genres dramatiques profanes.
P. Toldo, dans ses « Études sur le théâtre comique français du
Moyen Age et sur le rôle de la nouvelle dans les farces et dans les
comédies » [15], évoque les nombreuses affinités entre la farce et
les genres narratifs. Sa parfaite connaissance de la nouvelle française
et italienne de l'époque lui permet d'établir d'innombrables liens

---

[14]   Cf. Louis Cons, *L'Auteur de la farce de Pathelin*, Princeton–Paris, Princeton University Press–P.U.F., 1926 ; Richard T. Holbrook, *Guillaume
Alecis et Pathelin*, Berkeley, University Press, 1928.

[15]   *Studi di Filologia Romanza* (Torino), t. 9, fasc. 25, 1902, pp. 181-369.

entre celles-ci et le théâtre comique en France. Cependant, quand
on examine de près ses développements qui concernent soixante-
treize farces, on constate que Toldo arrive à définir la source
exacte dans dix-sept cas (dix farces inspirées des nouvelles, sept —
des fabliaux). Un auteur allemand, August Beneke, dresse une
table des farces françaises conservées et arrive au nombre de
cent huit [16]. Dans onze cas seulement il enregistre l'existence
d'une source (nouvelle, monologue ou fabliau). Il faut dire que
Beneke est extrêmement prudent, une grande partie de son étude
étant consacrée à réfuter les sources insuffisamment motivées par
ses prédécesseurs ; mais — chose symptomatique — tout en con-
testant la validité de certaines dépendances littéraires directes,
il insiste, dans plusieurs cas, sur la préexistence d'une tradition
orale commune à la nouvelle et à la farce. Si l'on prend en considération les sources orales (qui sont pleinement valables du
point de vue de la dérivation), si l'on y ajoute les trois imitations
de la farce de Pathelin ainsi qu'une farce à personnage continu
(maître Mimin), on dépasse facilement le nombre de trente farces
dérivées parmi les cent huit du répertoire de Beneke [17].

En donnant ces chiffres il convient de mettre l'accent sur leur
caractère provisoire et accidentel. C'est le hasard qui a déterminé

---

[16]   *Das Repertoir und die Quellen der französischen Farce*, Weimar, F. Roltsch,
1910. Le *Répertoire du théâtre comique en France au Moyen Age* de L. PETIT
DE JULLEVILLE (Paris, L. Cerf, 1886) réunit les farces et les sotties au nombre
de cent quarante-huit, dont Beneke considère quatre-vingt-dix-neuf comme
farces proprement dites.

[17]   Depuis, on a retrouvé bon nombre de farces oubliées. Le *Recueil de farces
françaises inédites du XVe siècle*, publié par Gustave COHEN (Cambridge,
Mass., The Mediaeval Academy of America, 1949), en contient cinquante-
trois ; bien qu'il y ait parmi elles, comme le reconnaît l'éditeur lui-même, quelques sotties et moralités, son recueil contient une quarantaine de farces.
Le Recueil Trepperel, II. *Les farces*, publié par Eugénie DROZ et Halina LE-
WICKA (Genève, E. Droz, 1961) en contient huit. Barbara C. BOWEN, dans
son étude *Les Caractéristiques essentielles de la farce française et leur survivance
dans les années 1550-1620* (Urbana, University of Illinois Press, 1964), fait
le bilan des recherches de ses prédécesseurs et dresse une liste de cent trente-six
farces, sans compter quatorze « dialogues » et quatre « débats » (qui « sans
être vraiment dramatiques, montrent plusieurs aspects farcesques »).

la quantité de farces parvenues jusqu'à nous, c'est le hasard qui a déterminé la quantité de textes narratifs connus — sources éventuelles de farces. Et il ne faut pas oublier qu'il y a plus de textes médiévaux perdus que de textes conservés. Si l'on admet que, parmi les textes perdus, la proportion des farces dérivées ne diffère pas sensiblement de celle que nous venons d'évoquer, si l'on ajoute que la tradition orale avait joué un rôle considérable dans la formation du drame médiéval — et quant aux sources orales, on n'en connaît qu'une petite partie — il ne sera pas imprudent de formuler l'hypothèse que plus de la moitié des pièces du répertoire profane, non seulement en France, mais en Europe, ont des sujets puisés aux sources littéraires, écrites ou orales. En y ajoutant la totalité ou la quasi-totalité du théâtre religieux, on aura l'idée de la prépondérance du répertoire dramatique dérivé au cours du Moyen Age.

L'humanisme et la Renaissance ayant vu le jour en Italie, c'est sur la Péninsule qu'il faut chercher les premières tragédies et comédies humanistes, d'abord en latin, puis, dès le début du XVIe siècle, en langue vulgaire. Sans tenir compte de nombreux adaptateurs, plus ou moins fidèles, de la comédie de la Rome antique, nous nous pencherons sur quelques auteurs connus pour leur originalité.

L'unique comédie de Bibbiena, *La Calandria*, considérée, en raison de la liberté d'inspiration, comme une des plus originales du théâtre de la Renaissance, doit pourtant le ressort dramatique des jumeaux aux *Ménechmes* de Plaute et plusieurs éléments de l'intrigue au *Décaméron*. L'Arioste qui, dans sa jeunesse, écrivit une tragédie sur Thisbé et donna des traductions de Plaute et de Térence (non conservées), se fit connaître dans le métier dramatique comme auteur de cinq comédies. Malgré ses efforts en vue de se détacher de l'imitation classique, le poète n'abandonne pas, dans *Le Coffret* (*La cassaria*), les thèmes chers à la comédie latine, il puise dans *L'Eunuque* de Térence et dans *Les Captifs* de Plaute pour sa comédie *Les Supposés* (*I suppositi*) tout en la situant dans l'époque contemporaine, et son *Nécromant* (*Il negromante*) est tissu d'éléments provenant de plusieurs pièces de Térence et (dans sa forme définitive) de *La Calandria* de Bibbiena. Ce n'est que dans la dernière comédie de l'Arioste, *Lena*, que les sources classiques sont peu visibles. Si l'on considère le théâtre de Machiavel, seule *La Mandragore* n'a pas de modèle direct (sauf quelques éléments tirés de la légende populaire et du *Décaméron*). Sa comédie *Clizia* est calquée sur la *Casina* de Plaute, tandis qu'*Andria* n'est qu'une adaptation de Térence. Le théâtre de Pietro Aretino (il a écrit cinq comédies et une tragédie) est, dans la première moitié du XVIe siècle, le plus indépendant des sources littéraires classiques ou contemporaines. Sauf une seule pièce, *Le Maréchal* (*Il marescalco*), imitée de la *Casina* de Plaute et de *Clizia* de Machiavel, ses comédies, tout en utilisant dans l'intrigue des motifs généralement connus à l'époque, se distinguent par l'observation de la réalité contemporaine. L'unique tragédie de l'Arétin, *Horace* (*La Orazia*), est tirée de Tite-Live.

Quant aux nombreux auteurs tragiques de la Renaissance italienne, ils trouvaient leurs sujets beaucoup plus souvent chez Sénèque que chez les poètes grecs. S'il y a eu, vers le milieu du siècle, un auteur inventant lui-même les fables de ses tragédies, G.-B. Giraldi Cinthio, il leur donnait d'abord la forme narrative. C'est sans doute de ses nouvelles, publiées ultérieurement dans le recueil *Hecatommithi*, qu'il tira les thèmes des sept parmi ses neuf tragédies. Nous voilà en présence d'un des premiers auteurs adaptant à la scène ses propres récits, phénomène qui allait s'amplifier au cours des siècles (deux autres tragédies de Giraldi Cinthio ont des sujets antiques : *Didone* est tirée de Virgile, *Cléopâtre* de Plutarque).

Le théâtre humaniste s'est manifesté dans les autres pays d'Europe avec un retard plus ou moins prononcé. Nous examinerons brièvement l'exemple français.

L'histoire de la tragédie française ne commence qu'au milieu du XVIe siècle, mais son avènement fut préparé de longue date par le mouvement humaniste : traductions et adaptations de textes anciens, apparition de tout un répertoire néo-latin dans la première moitié du siècle. La tragédie en langue française a trouvé dans l'Antiquité non seulement ses formes, mais aussi ses sujets

(souvent par l'intermédiaire du théâtre italien). *Cléopâtre captive*
d'Étienne Jodelle, *César* de Jacques Grévin, *Antigone* de Robert
Garnier sont les plus connues parmi les tragédies à l'antique. Tout
en conservant les formes imitées de l'Antiquité, la tragédie française
utilise volontiers des sujets religieux. La Bible est donc la seconde
source abondamment exploitée par les poètes tragiques de la
Renaissance : *Abraham sacrifiant* de Théodore de Bèze, *Saül
le furieux* de Jean de La Taille, *Les Juives* de Garnier représentent,
parmi tant d'autres, la tragédie biblique du XVIe siècle. En dehors de l'Ancien Testament, des sujets religieux sont puisés dans
l'hagiographie (*Saint Jacques, Céciliade, Sainte Agnès* de Tro-
terel). L'histoire nationale (*Chilpéric II, Mérovée*), même l'histoire
contemporaine, française et étrangère, inspirent également les
auteurs de tragédies. *L'Écossaise ou le Désastre* d'Antoine de
Montchrestien (1601) met en scène le supplice de Marie Stuart ;
bien que la pièce vît le jour quatorze ans seulement après les
événements, le jeune auteur eut recours aux sources imprimées
datant de 1588 et de 1597 [18]. Les auteurs tragiques français
puisent également dans la littérature non dramatique : ancienne,
italienne, française et même anglaise. Le Breton et Poullet empruntent leurs sujets à Apulée, Chasteauvieux et Flacé à Bandello,
Veins au Tasse, tandis que l'Arioste non seulement fournit à Robert Garnier le sujet de *Bradamante*, mais inspire également des
poètes mineurs, comme Billard, Montreux, J. Thomas, Bautes.
Le recueil de Jacques Yver *Printemps* servit de source à plusieurs
auteurs dramatiques [19]. On trouve donc dans la tragédie française de la Renaissance des sujets antiques et bibliques, l'histoire
ancienne et contemporaine, des sujets empruntés à la littérature

---

[18] Cf. Gustave LANSON, « Les sources historiques de la *Reine d'Escosse* »,
Revue Universitaire, 15 mai 1905, pp. 395-408 ; Frances A. YATES, « Some
New Light on *L'Écossaise* of Antoine de Montchrétien », *The Modern Lan-
guage Review* (Cambridge), July 1927, pp. 285-297.
[19] Cf. Raymond LEBÈGUE, *La Tragédie française de la Renaissance*, 2e éd.,
Bruxelles, Office de Publicité, 1954, et « L'influence des romanciers sur les
dramaturges français de la fin du XVIe siècle », *Bibliothèque d'Humanisme et
Renaissance* (Genève), t. 17, 1955, pp. 74-79.

narrative, on y trouve de tout sauf des sujets inventés. Jean Vau-
quelin de la Fresnaye a pu affirmer dans son *Art poétique* (publié
en 1605, mais rédigé entre 1570 et 1580) :

> Au tragique argument pour te servir de guide,
> Il faut prendre Sophocle et le chaste Euripide,
> Et Sénèque Romain ; et si notre échafaud
> Tu veux remplir des tiens, chercher loin ne te faut
> Un monde d'arguments : car tous ces derniers âges
> Tragiques ont produit mille cruelles rages.
> Mais prendre il ne faut pas les nouveaux arguments:
> Les vieux servent toujours de sûrs enseignements.

La situation ne diffère pas beaucoup dans le domaine de la
comédie, cet autre genre dramatique imité des anciens. L'inspiration thématique originale est presque aussi rare dans la comédie
que dans la tragédie. Le genre comique a deux sources principales :
la comédie latine et la comédie humaniste italienne. Le plus important des auteurs comiques français, Pierre de Larivey (il a laissé
neuf comédies), ne fit que traduire ou plutôt adapter, en francisant
les personnages et l'atmosphère, les comédies italiennes. La plus
célèbre de ses pièces, *Les Esprits*, est une adaptation de l'*Aridosio*
de Lorenzino de Médicis (dérivé à son tour de Plaute et de Térence). *La Reconnue* de Rémy Belleau est une imitation de la
Casina de Plaute. Même *Les Contents* d'Odet de Turnèbe, considérés comme une des plus originales comédies de l'époque, doivent
beaucoup à Piccolomini, à l'Arioste et même à *La Célestine* de
Rojas. *Le Négromant* de Jean de La Taille et *Les Desguisés* de Jean
Godart ne sont que des adaptations de l'Arioste. Parmi les comédies régulières de la Renaissance il y en a à peine quelques-unes
dont la source est difficile à préciser, comme dans le cas d'*Eugène*
d'Étienne Jodelle, d'ailleurs solidement implanté dans la tradition
médiévale [20].

Sources livresques d'un théâtre qui est resté livresque, peuvent

---

[20]   Dans son étude « La comédie française de la Renaissance » (*Revue
d'Histoire Littéraire de la France*, 1897, pp. 366-392 ; 1898, pp. 220-264,
554-603 ; 1899, pp. 571-608 ; 1900, pp. 263-283) Pierre TOLDO s'occupe en
détail du problème des sources, particulièrement des sources italiennes.

répliquer ceux qui considèrent la tragédie et la comédie de la
Renaissance française comme un pur amusement des lettrés,
comme un répertoire sans scène et sans public. Mais les faits
recueillis par Raymond Lebègue, les tableaux chronologiques
qu'il a dressés d'après les documents provenant de différentes
régions de la France, démentent cette opinion. Le nombre d'ouvrages dramatiques représentés dépasse largement celui d'ouvrages
imprimés, qui est déjà assez important : une centaine de tragédies
et une vingtaine de comédies en langue française dans la période
1573-1609 [21]. Et tout ce répertoire, publié et joué, a, sauf de rares
exceptions, le caractère dérivé.

Quant à l'Allemagne du siècle de la Réforme, prenons, à titre
d'exemple, le plus fécond représentant de la littérature bourgeoise,
Hans Sachs, auteur de plus de deux cents pièces de théâtre. On ne
s'étonnera pas de voir l'influence du drame humaniste dans ses
tragédies et comédies, dont il empruntait les sujets à l'Antiquité,
à la Bible ou aux légendes épiques médiévales. Mais les sources
littéraires prédominent jusque dans la partie la plus populaire de
sa production dramatique, dans ses « jeux de carnaval » (Fastnachtspiele) au nombre de quatre-vingt-cinq. D'après Eugen
Geiger [22], trente-neuf d'entre eux ont des sujets empruntés à la
littérature narrative : quatorze au Décaméron, huit au recueil
de Johannes Pauli Schimpf und Ernst (1522), quelques-uns aux
Fastnachtspiele du siècle précédent, à l'histoire romaine, etc.
Hélène Cattanès va encore plus loin dans ses estimations : « Y a-t-il
des pièces qui soient entièrement de l'invention de Hans Sachs ?
Oui, quelques-unes, dont le sujet est emprunté directement à la
vie ou dicté par une expérience personnelle, mais elles sont bien
peu nombreuses », et elle n'en cite que sept [23]. Sa liste des farces
du poète-cordonnier, avec l'indication des sources, permet de con-

[21] R. LEBÈGUE, La Tragédie française de la Renaissance, et « Tableau de la
comédie française de la Renaissance », Bibliothèque d'Humanisme et
Renaissance, t. 8, 1946, pp. 278-344.
[22] Hans Sachs als Dichter in seinen Fastnachtspielen im Verhältnis zu seinen
Quellen betrachtet, Halle a. S., Buchdruckerei des Waisenhauses, 1903.
[23] Les « Fastnachtspiele » de Hans Sachs, Strasbourg [1923], p. 38.

clure que cinquante-sept parmi les quatre-vingt-cinq sont des pièces dérivées dans notre acception du mot.

Mais il faut traverser la Manche et les Pyrénées si l'on veut rencontrer les deux génies les plus puissants de la Renaissance tardive, Shakespeare et Lope de Vega.

La littérature concernant les sources de Shakespeare doit décourager tout profane par son abondance. Cependant, en se limitant aux données incontestables (ou qui paraissent telles à la plupart des spécialistes) et en les schématisant quelque peu, on arrive aux conclusions assez instructives du point de vue de notre recherche. Voici le résultat du « recensement » que nous avons essayé de faire.

Parmi les trente-sept pièces attribuées habituellement à Shakespeare (chaque partie de *Henri VI* et de *Henri IV* étant considérée séparément), trente-deux sont des ouvrages dérivés. Si, pour simplifier, on prend en considération la PRINCIPALE source écrite de chacun d'eux (certains en ont plusieurs), on peut distinguer trois groupes. D'abord les pièces, au nombre de dix-neuf, dont les sujets sont tirés des textes historiques ou pseudo-historiques. Tous les *Henri*, les deux *Richard* et *Jean* — drames qu'on appelle chroniques historiques — ont été puisés chez les chroniqueurs du XVIe siècle, particulièrement chez Holinshed. Ce dernier a fourni également le sujet de *Macbeth*, du *Roi Lear* et (en partie) de *Cymbeline*. L'histoire de *Hamlet* a été puisée chez Saxo Grammaticus. Plutarque, dans la traduction anglaise de Thomas North, a servi de source aux tragédies antiques : *Jules César, Antoine et Cléopâtre, Coriolan, Timon d'Athènes*. On rattachera encore à ce groupe *Titus Andronicus*.

Le second groupe est constitué par des pièces dont les sujets ont été puisés par Shakespeare dans les ouvrages littéraires non dramatiques : récits romanesques, contes, nouvelles, poèmes narratifs. Ces pièces sont au nombre de onze : *Les Deux Gentilshommes de Vérone, Le Marchand de Venise, Beaucoup de bruit pour rien, Comme il vous plaira, La Nuit des rois, Tout est bien qui finit bien, Roméo et Juliette, Troïlus et Cressida, Othello, Périclès, Le Conte d'hiver*. Shakespeare s'est inspiré des auteurs italiens (Bandello,

Boccace, Giraldi Cinthio, l'Arioste), mais il a aussi adapté des romans et des poèmes anglais contemporains (Lodge, Riche, Brooke, Greene).

C'est en troisième place que viennent les comédies de Shakespeare ayant comme source un autre ouvrage dramatique. Il s'agit de *La Comédie des erreurs* (inspirée des *Ménechmes* de Plaute) et de *Mesure pour mesure* (dont la source directe est *Promos et Cassandra* de G. Whetstone, pièce dérivée d'une nouvelle de Giraldi Cinthio). On pourrait rattacher à ce groupe deux ouvrages de Shakespeare déjà énumérés dans les groupes précédents. C'est le cas de *La Nuit des rois* qui a pu être tirée aussi bien d'un conte de Barnaby Riche que d'une des trois comédies italiennes intitulées *Inganni*. C'est aussi le cas de *Hamlet*, si l'on tient compte de l'existence supposée d'un ouvrage intermédiaire, *Pré-Hamlet*, bien que cette question n'ait pas été résolue définitivement.

Il ne reste donc que cinq pièces de Shakespeare, sur trente-sept, qui n'ont pas trouvé leur place dans aucun groupe de pièces dérivées. Ce sont celles dont l'intrigue principale n'a pas de source certaine (*La Mégère apprivoisée*, *Peines d'amour perdues*, *Les Joyeuses Commères de Windsor*), ou bien dont les sources sont extrêmement diverses et multiples (*Le Songe d'une nuit d'été*, *La Tempête*).

Quelle leçon a-t-on à tirer de ce tableau de la prédominance de sujets dérivés chez un écrivain aussi original, aussi indépendant et spontané que Shakespeare ? Cela démontre que l'adoption d'un sujet préexistant n'entrave pas fatalement l'invention d'un auteur, cela prouve aussi que parmi les génies les plus incontestables il y en a qui, pour déployer leur force créatrice, préfèrent avoir un point de départ fixe, une trame donnée d'avance. Et on ne dira jamais assez que c'est la façon de traiter la fable préexistante, que c'est la manière de transformer le schéma thématique initial qui déterminent le résultat artistique et témoignent de la vraie originalité d'un dramaturge.

Un exemple analogue, quoique moins frappant, est offert par l'œuvre de Lope de Vega. Moins frappant, parce que le caractère dérivé de la production du dramaturge espagnol peut être motivé,

au moins partiellement, par sa fécondité incroyable. L'histoire
(ou la légende) littéraire prétend que Lope de Vega a écrit, pendant soixante ans, mille cinq cents comédies et quatre cents
autos sacramentales. On connaît les titres de sept cent vingt-six
de ses comédies et de quarante-sept *autos*. Plus de quatre cent
cinquante comédies nous sont parvenues, ce qui est un nombre
assez considérable pour qu'un « recensement » pareil à celui
qu'on vient de faire pour Shakespeare soit impossible dans le
cadre de cette étude. D'ailleurs, la totalité de la production con-
servée de Lope de Vega n'a pas été suffisamment étudiée, et les
répétitions des thèmes et des situations sont fréquentes d'une
comédie à l'autre. On peut néanmoins dégager les grandes lignes
de l'inspiration thématique de l'auteur espagnol.

Autos sacramentales sont puisés le plus souvent dans les para-
boles de l'Évangile. Parmi les comédies de Lope de Vega, un
nombre important est inspiré de la Bible (surtout de l'Ancien
Testament) et des vies des saints. Mais c'est l'histoire qui est la
source préférée du dramaturge : l'histoire nationale, depuis les
luttes contre les Romains jusqu'aux événements contemporains,
mais aussi l'histoire de différents pays, y compris la Hongrie
et la Russie. Dans ses pièces historiques Lope de Vega s'appuie
sur les chroniques et sur les traditions locales, parfois exploitées
avant lui, il mélange l'histoire avec la légende qui s'entremêlent
déjà dans les sources auxquelles il puise. C'est le cas, par exemple,
de *Fuenteovejuna* ou du *Cavalier d'Olmedo*. Un certain nombre
de ses comédies ont des sujets mythologiques. Une partie assez
importante de sa production dramatique est dérivée de la littérature narrative : poèmes épiques, romans de chevalerie, contes
orientaux, nouvelles italiennes (Boccace, Giraldi Cinthio, Bandello). Même son propre roman lui servit de point de départ
d'une comédie pastorale, *La Arcadia*. Enfin, il y a chez l'auteur
du *Chien du jardinier* des pièces sans source historique ou littéraire directe, des comédies inspirées principalement des mœurs
contemporaines et de la vie quotidienne ; mais elles sont beaucoup moins nombreuses que les comédies dérivées. Ayant manifesté une prodigieuse faculté d'invention, non seulement dans

l'arrangement de motifs empruntés, mais aussi dans la création des fables originales, Lope de Vega n'en a pas moins témoigné d'une prédilection sensible pour les sujets préexistants.

Avec Lope de Vega nous avons fait une intrusion assez profonde dans le XVIIᵉ siècle. Comment se présente, d'une façon générale, la situation dans le théâtre espagnol au cours du *Siglo de Oro* ? La prédominance des pièces dérivées y est tellement marquée que c'est sur le critère des sources littéraires que Charles Vincent Aubrun fonde son classement de la comédie espagnole de cette époque. « Ainsi, ni la chronologie des faits, ni la nature des sujets, ni la variété des thèmes, ni les modalités de la forme, ni les fins recherchées par l'auteur, ne permettent de classer utilement les comédies. La seule méthode plausible consisterait à tenir compte des sources littéraires où elles se nourrissent. La nouvelle comédie est, en effet, le réceptacle de la culture littéraire contemporaine dans sa totalité »[24]. Aubrun distingue onze types des sources auxquelles puisait la comédie de cette période : la pastorale, le livre de chevalerie, le *romancero* (récits épico-lyriques), le *refranero* (sous forme de proverbes), l'histoire (chroniques), la Bible et l'hagiographie légendaire ou historique, la nouvelle et le roman, la mythologie, les miscellanées (traités de cosmographie, récits de découvertes, etc.), la littérature contemporaine (allusions satiriques et échos de la vie littéraire), enfin le théâtre (refontes de pièces antérieures).

Examinons encore brièvement un phénomène théâtral italien qui a marqué aussi bien la seconde moitié du XVIᵉ siècle que le XVIIᵉ siècle et exercé une influence plus ou moins grande à travers l'Europe, la *commedia dell'arte*. Même si l'improvisation jouait un rôle important dans le dialogue et dans le jeu, le scénario d'une pièce était un élément stable autour duquel se déployait, en l'absence d'un auteur individuel, l'ingéniosité collective des comédiens. Ce scénario était rarement de leur propre cru. Voici les conclusions auxquelles est arrivé un auteur des plus compétents dans le domaine de la *commedia dell'arte* : « Les sujets des scé-

---

[24] *La Comédie espagnole (1600-1680)*, Paris, P.U.F., 1966, p. 8.

narios étaient puisés aux sources les plus diverses : nouvelles, comédies antiques, comédies littéraires contemporaines, œuvres littéraires populaires, faits historiques. Les auteurs espagnols furent également mis à contribution, aussi bien pour les scénarios comiques que pour ceux d'un caractère tragique. [...] Si un acteur avait assisté à une représentation théâtrale qui lui avait plu, il en reconstruisait l'action de mémoire, en tenant compte de la composition de sa troupe et des goûts du public devant lequel jouait celle-ci ; il modifiait, supprimait, rajoutait et soulignait ceci ou cela selon les circonstances. [...] La *Commedia dell'arte* s'était donc délivrée de l'emprise de l'auteur et de sa volonté unique, mais elle ne put s'émanciper complètement de la littérature, et ses sujets reflétaient visiblement l'influence de l'élément littéraire, bien que les sujets littéraires qui s'introduisaient dans la Comédie improvisée fussent obligés de s'adapter au caractère particulier de celle-ci [...] » [25].

Les troupes de comédiens *dell'arte* avaient souvent recours aux mêmes sources que les auteurs de la comédie « régulière » et même de la tragédie humaniste : Plaute et Térence, Boccace et Bibbiena, le Tasse et l'Arioste. Seulement, les prototypes littéraires étaient traités plus librement et adaptés aux exigences d'un autre public. L'intrusion de l'élément littéraire se fit sentir jusqu'aux parties « improvisées », un grand nombre de tirades, indépendamment de la trame principale, étant empruntées par les comédiens à différents ouvrages contemporains.

Pour envisager le théâtre du XVIIe siècle dans son aspect typiquement classique, il faut revenir au domaine français. Nous nous ferons grâce des théories classiques sur l'imitation, la vérité et la vraisemblance, théories qui, bien que ne constituant pas un système homogène, expliquent dans une grande mesure l'inclination des auteurs tragiques pour les sujets empruntés ; nous nous bor-

---

[25] Constant MIC, *La Commedia dell'arte ou le théâtre des comédiens italiens des XVIe, XVIIe et XVIIIe siècles*, Paris, Éd. de la Pléiade, 1927, pp. 71-72. En évoquant l'ouvrage de MIC[LACHEVSKI], en 1953, Silvio d'Amico l'appelle « autore della monografia, fino ad oggi, più accurata e completa sulla Commedia dell'arte ».

nerons à présenter l'œuvre des trois auteurs dramatiques les plus
illustres, Corneille, Racine et Molière, pour finir par quelques
remarques synthétiques concernant le répertoire théâtral du
Grand Siècle français.

Pierre Corneille débuta par des pièces dont les sources thématiques gardent leur secret jusqu'à nos jours. Parmi ses premiers
ouvrages dramatiques, précédant *Le Cid*, il y en a sept dont les
sujets semblent avoir été inventés par l'auteur ou pris dans la vie.
Ce sont, il faut le dire, des comédies (*Mélite, La Veuve, La Galerie
du Palais, La Suivante, La Place Royale, L'Illusion comique*), mais
on trouve dans le même groupe *Clitandre* que Corneille a nommé
tragédie et que nous appellerions aujourd'hui mélodrame. En
revanche, tout le reste de son œuvre dramatique (où la tragédie
prédomine) a le caractère dérivé. On peut y distinguer quatre
groupes. Les plus nombreux sont les ouvrages dont les sujets
ont été empruntés aux historiens grecs et latins (*Cinna, Rodogune,
Héraclius, Nicomède, Pertharite, Sertorius, Othon, Agésilas, Attila,
Pulchérie, Suréna*). Les pièces de Corneille composées à partir
d'un autre ouvrage dramatique sont au nombre de sept (*Médée,
Le Cid, Le Menteur, La Suite du Menteur, Théodore, Don Sanche
d'Aragon, Œdipe*). Cinq autres pièces constituent des cas mixtes,
où les sources historiques s'entremêlent visiblement avec l'inspiration des ouvrages dramatiques préexistants (*Horace, Polyeucte,
La Mort de Pompée, Sophonisbe, Tite et Bérénice*). Enfin, deux
tragédies de Corneille, *Andromède* et *La Conquête de la toison d'or*,
ont des sujets mythologiques empruntés aux poètes latins. Telle
est la situation thématique de trente-deux pièces qui ont été
écrites intégralement par Pierre Corneille.

Jean Racine éprouvait un tel besoin de justifier la vérité historique ou le caractère dérivé de ses pièces que leurs sources sont
d'habitude indiquées par lui-même dans ses préfaces, et, ce qui
importe davantage, elles n'ont pas été démenties par la critique
et l'histoire littéraires.

Parmi les douze pièces de Racine il y en a quatre qui se rattachent
à la mythologie grecque : *La Thébaïde, Andromaque, Iphigénie*
et *Phèdre*. Dans chacune de ces tragédies, l'auteur reconnaît

sa dette envers Euripide. L'histoire ancienne a servi de source à quatre autres tragédies de Racine : *Alexandre le Grand* (« le sujet en est tiré de plusieurs auteurs, mais surtout du huitième livre de Quinte-Curce » — déclare-t-il dans sa préface), *Britannicus* (« j'avais copié mes personnages d'après le plus grand peintre de l'Antiquité, je veux dire d'après Tacite », « il n'y a presque pas un trait éclatant dans ma tragédie dont il ne m'ait donné l'idée »), *Bérénice* (d'après Suétone) et *Mithridate* (parmi ses inspirateurs le poète cite Florus, Plutarque, Dion Cassius et Appien). De quelle manière les sources historiques sont adaptées à sa dramaturgie, c'est une autre question ; par exemple dans *Mithridate* il situe dans une seule journée les événements qui se sont déroulés au cours de vingt-six ans. Deux tragédies de Racine, *Esther* et *Athalie*, sont tirées de l'Ancien Testament. Une seule, *Bajazet*, est fondée sur un fait divers exotique et assez récent ; il est intéressant de voir comment le poète, toujours soucieux de révéler ses sources, le fait dans la préface de *Bajazet* : « Quoique le sujet de cette tragédie ne soit encore dans aucune histoire imprimée, il est pourtant très véritable. C'est une aventure arrivée dans le Sérail il n'y a pas plus de trente ans. M. le comte de Cézy était alors ambassadeur à Constantinople. Il fut instruit de toutes les particularités de la mort de Bajazet ; et il y a quantité de personnes à la cour qui se souviennent de les lui avoir entendu conter, lorsqu'il fut de retour en France. M. le chevalier de Nantouillet est du nombre de ces personnes. Et c'est à lui que je suis redevable de cette histoire, et même du dessein que j'ai pris d'en faire une tragédie ». Il reste enfin, dans l'œuvre dramatique de Racine, une comédie, *Les Plaideurs*. Bien qu'elle mette en scène les gens du Palais contemporains au dramaturge, celui-ci affirme en avoir puisé le sujet dans *Les Guêpes* d'Aristophane.

Le caractère dérivé du théâtre de Racine est manifeste. Même si l'on trouve exagérée l'opinion qu' « un de ses vers, sur quatre ou cinq, est de source livresque » [26], il faut reconnaître que pas

---

[26] Henry DE MONTHERLANT, « Références historiques » à la suite du *Cardinal d'Espagne*, Paris, Gallimard, 1960, p. 235.

une seule de ses pièces (le cas des *Plaideurs* est encore le plus
discutable, malgré la déclaration de l'auteur) n'échappe à notre
définition de l'ouvrage dérivé.

La situation est beaucoup plus complexe quand on considère
l'œuvre de Molière. Non seulement parce que celui-ci, au contraire
des auteurs tragiques contemporains, ne se vantait pas de ses
emprunts et dissimulait les prototypes de ses comédies, mais
aussi parce que leurs sources présumées sont extrêmement multiples, hétéroclites et mélangées. Les innombrables recherches et
trouvailles des moliéristes ont élucidé bon nombre de problèmes,
mais l'origine de certaines pièces reste embrouillée ce qui rend
très difficile la tâche de les systématiser. Il a fallu, pour les besoins
de notre étude, discerner les pièces de Molière où une seule source
littéraire (ou à la rigueur deux sources) est prédominante au point
de vue de la genèse de cette pièce, il a fallu trancher en même
temps si le rôle de cette source est assez important pour qu'on
puisse tenir ladite comédie pour dérivée. En simplifiant quelque
peu certains cas, nous sommes arrivé au résultat suivant. Parmi
les trente-deux pièces de Molière (ou attribuées généralement
à Molière), dix-sept, c'est-à-dire une bonne moitié, peuvent être
considérées comme pièces dérivées, sept ne sont pas conformes aux
critères de la dérivation, tandis que la situation de huit comédies
reste intermédiaire ou indécise : leurs sources sont trop nombreuses
et l'invention du dramaturge pour les modeler en une trame homogène a été trop décisive pour que la dérivation soit leur caractère
propre.

Commençons par la partie dérivée de l'œuvre moliéresque. Si
l'on envisage ses sources au point de vue des genres littéraires,
il est facile de constater que c'est dans le théâtre des autres que
l'auteur-acteur-directeur trouvait le plus souvent les thèmes de
ses propres pièces. La comédie italienne fut une source privilégiée,
surtout au début de sa carrière dramatique (*Le Médecin volant,
L'Étourdi, Le Dépit amoureux, Dom Garcie de Navarre* et, plus tard,
Monsieur de Pourceaugnac). Plaute et Térence, inspirateurs de
la comédie humaniste, tiennent aussi une place importante ;
seulement, chez Molière, les thèmes des auteurs latins furent

profondément remaniés (*L'École des maris*, *Amphitryon*, *L'Avare*, *Les Fourberies de Scapin*), sans dire qu'ils étaient parfois empruntés par l'intermédiaire des dramaturges français, comme Larivey ou Rotrou, et mélangés avec des trames d'une autre provenance. Des farces antérieures du répertoire de Molière fournirent l'intrigue de ses deux comédies, *L'Amour médecin* et *Le Médecin malgré lui*, tandis que *La Critique de l'École des femmes* est un acte inspiré des controverses sur sa propre pièce (lequel, disons en passant, engendra à son tour bon nombre de polémiques, quelques-unes sous la forme des comédies). Le sujet de *La Princesse d'Élide* fut emprunté à la comédie contemporaine de Moreto *El desdén con el desdén* (elle-même une refonte de Lope de Vega), et avec *Dom Juan* Molière reprit une légende à la mode, mise en scène avant lui en Espagne, en Italie et en France ; ce sont les tragi-comédies de Dorimond et de Villiers qui paraissent l'avoir inspiré directement. Les sources non dramatiques de ses comédies sont beaucoup plus rares. *La Jalousie du Barbouillé* semble tirer son sujet d'une nouvelle de Boccace, *Psyché* a une fable mythologique, tandis que le thème de *Mélicerte* est emprunté au roman de Mlle de Scudéry *Le Grand Cyrus*. Notons encore que *Le Médecin malgré lui*, mentionné déjà comme dérivé d'une autre pièce, a pu, selon certains, avoir sa source dans un fabliau français (*Le Vilain Mire*) ou dans un conte italien.

Outre les dix-sept pièces dérivées, il y a huit comédies de Molière qui ne paraissent pas correspondre entièrement à cette notion. Certaines d'entre elles ont un sujet très répandu à l'époque, ce qui permet d'évoquer une grande quantité de sources possibles et probables (*Sganarelle*, *L'École des femmes*, *Le Mariage forcé*, *Le Sicilien*, *Les Amants magnifiques*). Dans d'autres cas, les sources connues n'inspirèrent que quelques éléments de l'intrigue ou quelques traits secondaires (*Le Tartuffe*, *George Dandin*). Il reste *L'Impromptu de Versailles* qui, mettant en scène la répétition d'une pièce par la troupe de Molière et parodiant ses rivaux, est une comédie DÉRIVÉE pour nous, mais pour l'auteur et pour ses contemporains n'était qu'une image de leur vie réelle.

Il y a enfin sept pièces de Molière qui se situent hors de nos critères de la dérivation : *Les Précieuses ridicules, Les Fâcheux, Le Misanthrope, Le Bourgeois gentilhomme, La Comtesse d'Escarbagnas, Les Femmes savantes* et *Le Malade imaginaire*. Les sources littéraires y sont très vagues, la satire des mœurs contemporaines détermine l'affabulation même, des personnages de premier plan sont pris sur le vif. Et même si l'on y trouve quelques faits divers de la vie littéraire, ils ne sont pas d'origine livresque, mais reflètent des polémiques actuelles.

On remarquera, en analysant ce classement sommaire de son théâtre, que dans le groupe non dérivé se trouvent quatre des plus grandes comédies de Molière : *Le Misanthrope, Le Bourgeois gentilhomme, Les Femmes savantes* et *Le Malade imaginaire*. Mais par ailleurs il faut tenir compte de ce que, parmi les pièces incontestablement dérivées, il y a *Dom Juan* et *L'Avare*, et parmi celles où, à défaut d'une source principale, plusieurs sources secondaires peuvent être évoquées, il y a *L'École des femmes* et *Le Tartuffe*. L'équilibre semble donc rétabli même sur le plan qualitatif.

En ce qui concerne la totalité de la production dramatique française du Grand Siècle, on peut s'en remettre aux estimations de Henry Carrington Lancaster qui, dans le dernier volume de son ouvrage monumental, donne une vue d'ensemble des sources littéraires du répertoire théâtral [27]. Ses appréciations, qui sont l'aboutissement de recherches présentées dans les huit volumes précédents, méritent d'être citées intégralement. En y renvoyant le lecteur intéressé, nous nous bornerons à en tirer quelques éléments essentiels.

Lancaster examine le problème sous trois aspects : l'origine des sources, leur appartenance aux genres littéraires, l'espèce des pièces dérivées. Il passe d'abord en revue les principales sources étrangères — grecques, latines, bibliques et hagiographiques, italiennes, espagnoles — en différenciant leur influence selon les périodes. Quant au domaine français comme source de pièces de théâtre, il met l'accent sur le fait que leurs sujets ont été puisés

---

[27] *A History of French Dramatic Literature in the Seventeenth Century*, Part V, *Recapitulation 1610-1700*, Baltimore, Johns Hopkins Press, 1942. Ch. III « Literary Influences », pp. 25-35. Voir aussi pp. 6-8 et 145.

de préférence dans la littérature contemporaine, aussi bien narrative que dramatique. Examinant la même question sous l'angle
du genre littéraire, et non de la langue des sources exploitées,
Lancaster enregistre les tendances suivantes. Dans la période
1610–1634, quand la tragi-comédie et la pastorale prédominaient
dans le répertoire français, les sources les plus fréquentes furent
les romans et les nouvelles, en second lieu les ouvrages dramatiques
et la poésie, enfin l'histoire. Dans la période 1635-1651, avec
l'accroissement de la tragédie et la disparition de la pastorale,
l'histoire dominait parmi les sources, devant le drame, la littérature narrative et la poésie. Ce rangement des sources est resté
à peu près valable pour la seconde moitié du siècle, sauf que le
drame s'est placé avant l'histoire [28]. Enfin, Lancaster reconsidère
les choses au point de vue de l'espèce des pièces dérivées (pasto-
rales, tragi-comédies, tragédies, comédies). Mais ce qui importe
plus, ce sont ses conclusions générales concernant les sources
du théâtre français au XVIIe siècle et la manière dont les auteurs
dramatiques les exploitaient.

« The most extensive direct influence was that of works written
in French, plays, novels, tales, etc. Latin literature came next,
then Greek. The influence of all three was felt from time to time
throughout the century. Spanish influence was exerted chiefly be-
tween 1629 and 1670. Despite the fact that *Le Cid, Venceslas,*
and *Saint Genest* have Spanish sources, it was exerted chiefly
upon comedy. [...] Italian influence was limited largely to the
pastoral, where it was dominant, to a few comedies and tragedies
produced by French actors, and to the Théâtre Italien. Biblical and
hagiographical writings inspired a great many amateur plays, but
were chiefly of value in the use made of them in a few tragedies
written around 1640 and around 1690. [...] While French plays
were occasionally close adaptations of others written in a foreign
tongue or in French, most of the dramatists altered freely the

---

[28] Dans ces appréciations, H. C. Lancaster ne prend pas en considération
les sources bibliques et hagiographiques. Précédemment (p. 7), il a évalué
à neuf pour cent les pièces françaises de la période 1610-1700 qui ont des
sujets nettement religieux.

material they borrowed. This always happened when the source
was not a play, or when the foreign play imitated was written in
accordance with different ideas of structure, manners, or dramatic
effects from those favored by Frenchmen. It is easy to illustrate
this statement by citing the well-known examples of *Le Cid*, *L'École
des femmes*, and *Phèdre* » [29].

Il est hors de doute que la majeure partie des ouvrages dramatiques français du XVIIe siècle a le caractère dérivé. Ce qu'il
y a de nouveau par rapport aux siècles précédents, c'est la présence d'une source abondante — le roman moderne, qui exerce,
dès cette époque, une influence thématique de plus en plus grande.
Le roman pastoral d'Honoré d'Urfé *L'Astrée* en est l'exemple ;
il inspira, au cours du XVIIe siècle, trente-cinq ouvrages dramatiques dont la plupart virent le jour dans les années 1625-1635 [30].

Au XVIIIe siècle, la littérature narrative — romans, contes et
nouvelles — continue d'être une des sources préférées des auteurs
dramatiques. Clarence D. Brenner, qui a étudié le problème des
adaptations théâtrales de contes, est arrivé aux résultats intéressants, surtout en ce qui concerne La Fontaine, Marmontel et
Voltaire [31]. Il a enregistré, pour le XVIIIe siècle, quatre-vingt-onze
adaptations de quarante contes de La Fontaine (sans inclure
douze adaptations de ses fables). Parmi ses contes, *Le Faucon*
a eu le plus de succès, avec huit adaptations. Quant à Marmontel,
chacun de ses vingt-deux contes fut transposé à la scène ; ils ont
inspiré, dans les années 1761-1799, quatre-vingt-onze pièces. Son
Connaisseur, par exemple, a eu douze adaptations. Les contes de
Voltaire furent portés à la scène, dans la période 1765-1797,
vingt-sept fois. Les adaptations des contes de ces trois auteurs,
identifiées par Brenner (au XVIIIe siècle seulement), font au total

---

[29]   *Ibid.*, p. 145.
[30]   O.-C. REURE, *La Vie et les œuvres de Honoré d'Urfé*, Paris, Plon, 1910,
pp. 297-301.
[31]   *Dramatizations of French Short Stories in the Eighteenth Century. With
Special Reference to the « Contes » of La Fontaine, Marmontel, and Voltaire*,
Berkeley–Los Angeles, University of California Press, 1947.

deux cent neuf pièces. Ce qui n'épuise pas, bien entendu, les sources narratives des pièces de théâtre ; on doit tenir compte des nouvelles de plusieurs autres auteurs, des fabliaux et des contes du Moyen Age, des contes orientaux et des romans contemporains. En parcourant la liste des ouvrages dramatiques du XVIIIe siècle on est frappé également par une quantité de sujets historiques et même mythologiques. Mais le nombre global des pièces représentées ou publiées s'est accru à tel point par rapport aux siècles précédents que l'appréciation quantitative du répertoire théâtral dérivé devient très difficile. Nous nous contenterons donc d'examiner l'œuvre des principaux et des plus originaux auteurs dramatiques français du XVIIIe siècle, depuis Lesage jusqu'à Beaumarchais.

Lesage dramaturge est arrivé à créer des œuvres originales à travers les traductions et les adaptations de textes espagnols. Ses débuts dramatiques ne sont que des libres traductions ou imitations des ouvrages de Rojas Zorrilla, de Lope de Vega et de Calderón. Sa première pièce originale, *Crispin rival de son maître*, a, comme point de départ, une comédie de Hurtado de Mendoza. Seule *La Tontine* paraît avoir un sujet inventé. Sa grande comédie *Turcaret* est vraisemblablement tirée de sa pièce antérieure, *Les Étrennes*, qui ne fut jamais jouée et dont le texte est perdu. Ayant passé, à partir de 1712, au service des théâtres de la Foire, Lesage leur a donné, seul ou avec des collaborateurs, une centaine de pièces de toute espèce. Plusieurs sont dérivées de la littérature narrative (contes orientaux), d'autres ont le caractère des parodies (visant surtout les opéras et le répertoire des grands théâtres) ; bien que la majeure partie en soit inspirée des mœurs de l'époque, l'intrigue est souvent puisée dans le théâtre italien tandis que les personnages continus (Arlequin, Pierrot) déterminent le caractère dérivé de plusieurs d'entre elles.

Ajoutons que les pièces foraines de Lesage reflètent d'une façon assez adéquate la situation thématique du théâtre de la Foire en général.

L'œuvre dramatique de Marivaux est peut-être d'inspiration la plus personnelle et originale qu'il y ait eu dans tout le XVIIIe

siècle français. Il y a des corrélations entre son œuvre de romancier
et son œuvre de dramaturge (mais rarement au niveau de l'affabulation) [32], on retrouve, dans ses pièces de théâtre, de nombreuses
analogies et réminiscences littéraires, mais la majorité de ses
comédies a des sujets non empruntés. Et pourtant, parmi les
trente-sept ouvrages dramatiques de Marivaux, quelques-uns
peuvent être considérés comme dérivés : la tragédie historique
Annibal (qui doit son existence à Plutarque), *L'Ile de la Raison*
(inspirée des *Voyages de Gulliver* de Swift fraîchement traduits
en français), *La Nouvelle Colonie* et *La Colonie* (on y voit l'influence
d'Aristophane), et, dans une moindre mesure, *Le Père prudent et
équitable, Le Prince travesti, La Fausse Suivante, Le Jeu de l'amour
et du hasard* (qui rappelle, par la situation, quelques pièces contemporaines que Marivaux connaissait sans doute), *Le Triomphe
de l'amour* (canevas emprunté aux sources françaises aussi bien
qu'à *L'Arcadie* de Philip Sidney), *L'École des mères* (dont le point
de départ est *L'École des femmes* de Molière), *La Méprise* (où
Marivaux reprend le thème des *Ménechmes* de Plaute), *Le Legs*
(l'intrigue « financière » suggérée par *Le Testament* de Fonte-
nelle), *La Joie imprévue* (inspirée d'une pièce de Panard et Favart),
enfin *L'Épreuve*. D'ailleurs l'appréciation des sources est, dans le
cas de Marivaux, une tâche extrêmement délicate. Lucette Des-
vignes-Parent qui a consacré un ouvrage richement documenté
aux influences anglaises dans son œuvre de théâtre, dresse un bilan
imposant : « 24 reprises de situations dramatiques […] ; plus de
20 reprises de texte recensées ; plus de 20 motifs, thèmes et détails,
5 scènes, 7 canevas, reconnaissables sous leur physionomie nouvelle ». Mais en même temps elle insiste sur « le modernisme de
l'utilisation des sources » : « la conception de Marivaux renie
les modalités de l'imitation, admet dès le départ la nécessité d'une
intervention à part entière, commande de considérer les suggestions offertes par une œuvre comme des matériaux disponibles,

---

[32] Cf. Jean ROUSSET, « Marivaux ou la structure du double régistre », dans
Forme et signification. Essais sur les structures littéraires de Corneille à Claudel,
Paris, J. Corti, 1962, pp. 45-64.

détachables [...]. Le motif emprunté n'est pas, pour lui, joyau unique [...]. Il est prétexte, il est occasion, il est point de départ » [33].

Quant à Voltaire, il écrivit, depuis l'âge de dix-neuf ans jusqu'à sa quatre-vingt-troisième année, plus de cinquante ouvrages dramatiques qui sont peu appréciés aujourd'hui, mais qui jouèrent à l'époque un rôle de premier ordre grâce au prestige de leur auteur et à son influence comme théoricien de l'art théâtral. La grande majorité de la production dramatique de Voltaire est constituée par des ouvrages dérivés. Il a puisé ses sujets dans la mythologie (reprenant les thèmes exploités par plusieurs dramaturges), dans l'histoire antique, dans l'histoire de France, dans les légendes et l'histoire d'Orient, même dans la Bible (*Saül*). Parmi ses autres pièces dérivées, *La Prude* est une libre imitation d'une comédie de Wicherley, *Nanine* est tirée du roman de Richardson *Paméla*, *L'Orphelin de la Chine* doit son sujet à une pièce chinoise, *Tancrède* est inspiré de l'Arioste. Il n'y a qu'une dizaine d'ouvrages dramatiques de Voltaire (surtout des comédies) qui ne dérivent pas directement des sources littéraires ou historiques, notamment *L'Indiscret, Les Originaux, L'Enfant prodigue, L'Envieux, La Femme qui a raison, L'Écossaise, Le Droit du seigneur.*

Théoricien et créateur du drame bourgeois en France, Denis Diderot emprunta l'intrigue de sa première pièce, *Le Fils naturel,* à Goldoni (*Il vero amico*). Il en résulta toute une « affaire ». On lui avait reproché cet emprunt si vivement, jusqu'à l'accuser de plagiat, qu'en écrivant *Le Père de famille* Diderot a voulu éviter toute apparence de similitude avec quelque pièce que ce fût (Goldoni n'a-t-il pas écrit *Il padre di famiglia* ?). Sa « petite tragédie en prose », *Les Pères malheureux,* est dérivée d'*Eraste* de Gessner, tandis que la dernière pièce (posthume) de Diderot, *Est-il bon ? Est-il méchant ?* est un portrait caricatural de lui-même.

S'il s'agit de l'autre représentant du drame bourgeois, Sedaine, son *Philosophe sans le savoir* est sorti entièrement de l'imagination de l'écrivain. Presque tout le reste de sa production dramatique

---

[33] *Marivaux et l'Angleterre. Essai sur une création dramatique originale,* Paris, Klincksieck, 1970, pp. 295, 491.

a le caractère dérivé. L'intrigue de *La Gageure imprévue* est tirée d'une nouvelle de Scarron, tandis que *Maillard* et *Raimond V* sont des pièces historiques. Mais c'est comme auteur de nombreux livrets d'opéras-comiques que s'illustra Sedaine aux yeux de ses contemporains. Dans ce genre, dont il fut le véritable créateur, il exploita des sources très variées : histoire, contes, fables, fabliaux, pièces de théâtre françaises et anglaises.

En terminant le XVIIIᵉ siècle français évoquons Beaumarchais qui, grâce à ses deux chefs-d'œuvre, est considéré comme un des fossoyeurs de l'Ancien Régime. Comment se présente l'aspect thématique de son œuvre ? La source de sa première pièce, *Eugénie*, est discutable, bien que l'auteur l'indique lui-même dans son *Essai sur le genre dramatique sérieux* (« la petite nouvelle espagnole du comte de Belflor, dans *Le Diable boiteux* »). Sa pièce suivante, *Les Deux Amis ou le Négociant de Lyon*, fut inspirée des « circonstances du jour » c'est-à-dire d'un fait divers : malversations et spéculations perpétrées ou favorisées par le contrôleur général des finances, le fameux abbé Terray. *Le Barbier de Séville* est passé par une ou deux formes antérieures — si la parade présumée par E. Lintilhac paraît n'être qu'une légende, l'existence de l'opéra-comique non joué est un fait incontestable [34] — avant de devenir l'œuvre maîtresse de Beaumarchais. *La Folle Journée ou le Mariage de Figaro* constitue la suite du *Barbier*. Enfin, dans son drame *La Mère coupable* Beaumarchais a mêlé les principaux personnages des deux comédies précédentes. Selon les paroles de l'auteur, ces trois pièces représentent successivement « la turbulente jeunesse du comte Almaviva », « les fautes de son âge viril » et « le tableau de sa vieillesse ». L'opéra de Beaumarchais *Tarare*, avec la musique de Salieri, fut inspiré d'un conte persan. Quelques-unes de ses parades, jouées au début de sa carrière (elles ne furent publiées qu'un siècle plus tard), mettent en scène des personnages traditionnels de la *commedia dell'arte*.

Pour compléter l'image fragmentaire du XVIIIᵉ siècle, nous

---

[34] Cf. E. J. ARNOULD, *La Genèse du « Barbier de Séville »*, Dublin–Paris, Dublin University Press–Minard, 1965.

nous tournerons vers l'Allemagne qui prit à cette époque un
essor littéraire sans précédent, et dont les grands auteurs dramatiques de la seconde moitié du siècle — Lessing, Goethe et Schiller — exercèrent une influence considérable dans toute l'Europe.

« Le fait est que c'est une grande avance pour le poète de
traiter une histoire et des caractères connus. Il peut omettre ainsi
cent détails froids et insignifiants, qui, sans cela, seraient indispensables à l'intelligence de l'ensemble ; et plutôt il se fera comprendre de ses auditeurs, plutôt il pourra les intéresser » [35]. Bien
qu'auteur de ce précepte, Lessing était loin de le suivre dans sa
propre création dramatique. Si dans quelques pièces de jeunesse —
Le Jeune Érudit, Damon, Le Libre Penseur, Le Trésor, Le Misogyne
— on trouve l'imitation de Molière, de Holberg, de Plaute ou de
Saint-Foix, ses grands drames bourgeois — *Miss Sarah Sampson,
Minna von Barnhelm, Emilia Galotti* — ainsi que *Nathan le Sage,*
sont des œuvres originales et non dérivées (sauf des réminiscences
littéraires et certaines analogies dans les situations). Notons toutefois qu'à l'époque de ses drames bourgeois Lessing écrivit également une tragédie en un acte, *Philotas*, inspirée de Sophocle, et
les fragments d'un *Faust* non achevé.

Il en est tout autrement s'il s'agit de l'œuvre dramatique de
Goethe. Non seulement les pièces dérivées (deux tiers environ)
y prédominent numériquement, mais c'est parmi elles qu'on
trouve les ouvrages les plus remarquables du dramaturge. Dans
son *Faust* il reprend le personnage historique et légendaire à la
fois, exploité avant lui par la littérature et par la tradition populaire. *Gœtz de Berlichingen* et *Egmont* sont puisés dans les sources
historiques. Les *Seelendrama* de Goethe, *Iphigénie en Tauride*
et *Torquato Tasso*, reflétant ses rapports avec Charlotte von Stein,
sont pourtant issus de sources littéraires (Euripide) ou historiques (ouvrages biographiques sur le Tasse). L'intrigue de *Clavigo*
est tirée des *Mémoires* de Beaumarchais sur l'affaire Goëzman qui
venaient de paraître.

Avec Friedrich Schiller on est en plein épanouissement du

---

[35]   [G. E.] LESSING, *Laocoon*, éd. cit., p. 91.

drame historique. Sauf deux de ses pièces juvéniles non dérivées, *Les Brigands* et *Intrigue et amour*, son œuvre de dramaturge est d'inspiration historique (bien que le poète prenne toutes ses libertés avec l'histoire) : *La Conjuration de Fiesque, Don Carlos,* la trilogie *Wallenstein, Marie Stuart, La Pucelle d'Orléans, Guillaume Tell,* enfin le drame inachevé *Démétrius.* Il faut réserver une place à part à *La Fiancée de Messine* où Schiller reprend un thème connu depuis l'Antiquité grecque, peut-être sous l'inspiration de la ballade de Goethe *La Fiancée de Corinthe.* Rappelons encore les libres adaptations d'Euripide, de Shakespeare, de Racine, de Gozzi, données par le poète allemand.

Le théâtre français du XIXe siècle, nous l'aborderons par un genre populaire qui s'était répandu après la Révolution pour marquer fortement le premier tiers du siècle : le mélodrame. La plupart des mélodrames de cette époque ont des sources littéraires bien déterminées. La production du maître incontestable du genre, Guilbert de Pixérécourt, fut étudiée de ce point de vue par Willie G. Hartog [36]. L'auteur anglais est parvenu à identifier les sources de quarante-trois parmi ses cinquante-trois mélodrames. Quelles sont ces sources ? Les romans français (dont sont tirés seize mélodrames), les romans étrangers (sept), l'histoire (dix), les ouvrages dramatiques (sept), l'histoire contemporaine (trois). Il ne reste que dix mélodrames dont Hartog n'a pas retrouvé l'origine [37]. On doit souligner que les mélodrames de Pixérécourt ont eu une diffusion énorme, avec une moyenne d'environ quatre cents représentations. Les plus grands succès furent obtenus par ceux qui avaient été tirés d'un roman célèbre ou d'un épisode historique connu ; par exemple *Le Pèlerin blanc, Cœlina, La Femme à deux maris, Tékéli, Le Chien de Montargis, L'Homme à trois visages* ont été joués, chacun, entre mille et quinze cents fois, à Paris et en province.

[36] *Guilbert de Pixérécourt, sa vie, son mélodrame, sa technique et son influence,* Paris, H. Champion, 1913.
[37] Les sources de deux d'entre eux ont été identifiées depuis par David-Owen EVANS, *Le Drame moderne à l'époque romantique (1827-1850)*, Paris, P.U.F., 1937, p. 51.

Les cheveux rebroussés, les sourcils levés et une grimace transforment Ernst
Busch en Méphistophélès.

Deutsches Theater, Berlin, 1957.

Quant à l'ensemble des mélodrames de l'époque, retenons
l'opinion de Hartog : « [...] si l'on recherche les sources des
centaines de mélodrames qu'on a joués à Paris de 1789 à 1835,
on trouvera qu'une grande partie de ces pièces ne sont autre
chose que des romans changés en drame, ou des faits historiques
reproduits sur la scène. [...] Ce n'est pas seulement du roman
moderne que les auteurs de mélodrames se servent. Ce qu'il leur
faut, c'est l'aventure sensationnelle et ils en cherchent dans l'épopée, dans la Bible, et même dans les journaux contemporains ! » [38].

En examinant une production théâtrale aussi variée et abondante
que celle d'Eugène Scribe qui écrivit, avec des collaborateurs,
trois cent soixante ouvrages dramatiques de toute espèce (comédies, vaudevilles, drames, mélodrames, livrets d'opéra, d'opéra-
comique et de ballet), dont la moitié dans les années 1815-1830,
on se rend compte qu'il puisait ses sujets et son inspiration dans
toutes les sources possibles, sources littéraires, historiques et
légendaires. Seulement la manière de les utiliser et l'apport de
l'invention de l'auteur (ou de ses collaborateurs) varient sensiblement d'une pièce à l'autre. Scribe a écrit par exemple plusieurs
pièces historiques, comme *Bertrand et Raton* ou *Le Verre d'eau*,
mais — soucieux surtout du métier et de la technique dramatiques — il était toujours prêt à subordonner l'histoire à l'ingéniosité de l'intrigue.

D'ailleurs, la façon de traiter les données historiques est un
problème de premier ordre pour le drame romantique. L'histoire
y est, en effet, une source d'inspiration privilégiée. Avant de
passer au romantisme français, disons un mot sur l'œuvre dramatique de Byron qui l'avait précédé chronologiquement. Seul son
poème dramatique *Manfred* échappe aux critères de la dérivation. *Marino Faliero, Les Deux Foscari* et *Sardanapale* ont des
sources historiques, *Caïn* et *Le Ciel et la terre* sont d'inspiration
biblique, tandis que *Werner* est tiré de *Kruitzner* de Harriet Lee.
Il va sans dire que l'élément autobiographique est partout présent

---

[38] *Op. cit.*, pp. 79-80.

et que la fantaisie du poète transforme profondément les données initiales.

Presque tout le théâtre de Victor Hugo, sauf son *Théâtre en liberté* et deux autres pièces posthumes, appartient au genre historique. Mais doit-il être considéré tout entier comme dérivé, suivant les critères qui sont appliqués dans cette étude ? Tenant compte de l'extrême liberté avec laquelle Hugo traitait l'histoire, de sa discrétion en ce qui concerne les sources utilisées, de son besoin irrésistible de se projeter dans ses drames, il faut dire que la question n'est pas facile à résoudre et qu'elle nécessite une réponse nuancée. Il y en a, parmi ses pièces, qui sont incontestablement dérivées, par exemple *Amy Robsart* (drame historique tiré du *Château de Kenilworth* de Walter Scott), *Iñez de Castro* (dont l'histoire mi-légendaire a une riche tradition littéraire), *Cromwell, Marie Tudor*. Il y en a qui ont été construites à partir de quelques faits historiques ou autour des personnages empruntés à l'histoire, la fable étant dans une grande partie imaginée par l'auteur (*Hernani, Marion de Lorme, Lucrèce Borgia*). Enfin, dans les drames comme *Ruy Blas* ou *Les Burgraves* il n'y a d'historique que le fond et l'inspiration (mis à part le problème des sources littéraires supplémentaires, plus ou moins hypothétiques). Il n'est pas sans intérêt de constater que les titres des pièces, comme ils viennent d'être énumérés dans les trois groupes, correspondent à peu près à leur ordre chronologique, ce qui témoignerait d'une certaine évolution dans la manière de traiter l'histoire par le poète. Notons encore que Victor Hugo tira de *Notre-Dame de Paris* un livret d'opéra, *La Esmeralda*.

C'est par ses drames historiques — *Henri III et sa cour, Christine, Charles VII chez ses grands vassaux, La Tour de Nesle* — qu'Alexandre Dumas père assura, avec Victor Hugo et même avant lui, les premières victoires du théâtre romantique en France. Mais il donna en même temps des drames d'inspiration moderne, comme *Antony*. Auteur de plusieurs autres pièces sur des personnages historiques — *Kean, Caligula, Catilina* — , il les fit alterner avec des pièces à sujets modernes, dérivées et non dérivées. Depuis 1845, Dumas adapte pour la scène ses romans, seul ou avec des collaborateurs, et fait jouer, avec beaucoup de succès, *Les Mousquetaires, La Reine Margot, Le Chevalier de Maison-Rouge, Monte-Cristo, La Guerre des femmes, La Jeunesse des mousquetaires, Le Comte de Morcerf, Villefort, La Dame de Monsoreau, Le Prisonnier de la Bastille, Les Mohicans de Paris.*

L'œuvre dramatique d'Alfred de Vigny n'est pas abondante. Ses essais de jeunesse furent des tragédies historiques, il débuta au théâtre avec des adaptations de Shakespeare qui jouèrent d'ailleurs un certain rôle dans la bataille romantique en France. La première pièce originale de Vigny qui fut représentée, *La Maréchale d'Ancre*, a un sujet historique. Son acte *Quitte pour la peur* paraît ne pas être dérivé, bien que l'écrivain parle dans son *Journal* de la source de son inspiration : une anecdote racontée par la princesse de Béthune (anecdote de provenance littéraire peut-être ?). Enfin, la dernière pièce de Vigny et la seule à avoir survécu à son auteur, *Chatterton,* reprend l'histoire tragique du poète anglais ; mais, ce qui nous intéresse davantage, c'est que ce sujet est passé par un stade intermédiaire narratif, ayant été utilisé d'abord dans *Stello.*

Si l'on se penche, pour compléter la pléiade des grands romantiques français, sur l'œuvre d'Alfred de Musset dramaturge, on remarque un fait significatif. Chez ce poète doué d'une fantaisie et d'un pouvoir d'inspiration aussi considérables, poète qui, par surcroît, n'était pas ligoté par les exigences de la scène, ses échecs auprès des directeurs de théâtre ayant éloigné de lui tout souci p'une réalisation éventuelle de ses ouvrages dramatiques — il y a, sur une vingtaine de pièces, huit qui sont dérivées. Et non pas les moins importantes. *André del Sarto* et *Lorenzaccio* sont des drames historiques puisés dans des sources écrites déterminées (à part cela, *Lorenzaccio* dérive d'un texte de George Sand, *Une conspiration en 1537*). Le sujet de *Barberine* est emprunté à une nouvelle de Bandello (cette comédie a eu une première version dramatique intitulée *La Quenouille de Barberine*), celui de *Carmosine* est dérivé du *Décaméron. On ne saurait penser à tout* développe la comédie de Carmontelle *Le Distrait, La Quittance du diable* est tirée d'un fragment de *Redgauntlet* de Walter Scott, *L'Âne et le ruisseau* doit sa fable à *L'Amant malgré lui* de Carmontelle, tandis que dans *Louison* Alfred de Musset semble reprendre le sujet d'une de ses nouvelles antérieures.

Nous avons signalé la place privilégiée des sujets historiques (plus ou moins dérivés) dans le théâtre romantique français. Il n'en reste pas moins vrai qu'un nombre assez important de drames à sujets modernes virent le jour à la même époque. Quel est leur état au point de vue de la dérivation ? David-Owen Evans, qui a étudié le problème dans son ouvrage déjà cité, examine cent soixante-sept pièces provenant de la période 1827-1849. Parmi ces ouvrages dramatiques à sujets modernes, soixante-sept (c'est-à-dire quarante pour cent) ont des sources littéraires identifiées par Evans[39]. C'est le roman français contemporain qui fournit le plus grand nombre des sujets (les deux tiers). Rien que *Les Mystères de Paris* d'Eugène Sue ont inspiré, pendant quelques années, huit pièces.

Afin d'élargir notre aperçu de l'époque romantique, jetons un coup d'œil sur le domaine slave. Alexandre Pouchkine n'était pas un dramaturge fécond, mais ce qu'il donna sous forme dramatique est presque entièrement dérivé. En écrivant *Boris Godounov* le poète a utilisé l'ouvrage historique de Karamzine et des vieilles chroniques. Trois parmi ses quatre « petites tragédies » ont le caractère dérivé : *Mozart et Salieri* est inspiré d'une légende connue, *Le Convive de pierre* met en scène le personnage de don Juan, *Le Festin au temps de peste* est tiré d'une tragédie de John Wilson. Enfin la *Roussalka* doit son sujet à la pièce de K. F. Hensler *Das Donauweibchen* ainsi qu'à la tradition folklorique russe. Les ouvrages dramatiques de Pouchkine ne furent représentés qu'après sa mort. De son vivant, ce sont ses poèmes et récits les plus célèbres, transposés en pièces ou en ballets, qui ont vu les feux de la rampe. Cette vague d'adaptations de Pouchkine, embrassant aussi l'opéra, se prolongea jusqu'au XXᵉ siècle.

L'ami du grand poète russe et son cadet de dix ans, Nicolas Gogol, eut un penchant prononcé pour la satire et la comédie de mœurs. Ni l'*Hyménée* ni *Les Joueurs* n'ont de source littéraire

[39] *Op. cit.*, pp. 50-52.

directe. Quant au fameux *Révizor*, c'est Pouchkine qui en a fourni
la fable (en réponse à l'imploration de son ami : « faites-moi une
grâce, donnez-moi un sujet, drôle ou non, mais une anecdote
purement russe ») ; cependant on remarque non sans raison que
le motif sinon le thème du révizor n'était pas inconnu dans la
littérature russe de l'époque et on rapproche cette comédie de
celle de Vassili Kapnist *La Chicane*. *Révizor* inspira à Gogol
deux « prolongements » dramatiques : *La Sortie d'un théâtre* et
Le Dénouement du « Révizor ». Rappelons que des pièces et des
opéras furent tirés de ses récits et représentés de son vivant.

Entre les grands poètes romantiques polonais, c'est Juliusz
Słowacki qui fit preuve d'un attachement le plus persévérant à la
forme dramatique. Parmi une vingtaine de ses pièces (dont quelques-unes sont restées inachevées) il n'y a que deux qui ont des
sujets contemporains : *Kordian* (qui, évoquant les événements
historiques, est en partie dérivé) et *Fantazy*. Dans quelques-uns
de ses drames historiques (*Marie Stuart, Béatrice Cenci*) Słowacki
reprend les thèmes d'une notoriété universelle, tandis que tous
les autres se rattachent au passé de son pays, depuis les temps
fabuleux jusqu'au XVIIIe siècle ; l'histoire, la légende et la littérature populaire ont joué un rôle essentiel dans leur genèse thématique. D'ailleurs, certains de ses drames avaient été ébauchés
d'abord sous forme de poèmes non dramatiques.

Le répertoire bibliographique des pièces françaises du XVIIIe
siècle enregistre plus de onze mille titres [40]. La liste des pièces
créées, rien que dans les théâtres parisiens, pendant la première
moitié du XIXe siècle, en contient plus de quatorze mille et,
pendant les années 1851-1875, plus de huit mille quatre cents [41].
Pour les périodes postérieures, l'inventaire serait encore plus

[40] Clarence D. BRENNER, *A Bibliographical List of Plays in the French Language 1700-1789*, Berkeley, 1947.
[41] Charles Beaumont WICKS, *The Parisian Stage. Alphabetical Indexes of
Plays and Authors*, University of Alabama Press, t. 1 (*1800-1815*), 1950 ;
t. 2 (*1816-1830*), 1953 ; t. 3 (Ch. B. WICKS and Jerome W. SCHWEITZER,
1831-1850), 1961 ; t. 4 (*1851-1875*), 1967.

étendu. Une évaluation quantitative des pièces dérivées — si l'on
voulait prendre en considération toute la production dramatique
française — devient presque impossible, alors que le choix des
auteurs à analyser est de plus en plus difficile et arbitraire. En
attendant les résultats des recherches plus systématiques dans ce
sens, il faut se résigner à signaler quelques auteurs plus ou moins
typiques et à faire état de certaines tendances générales qui se
sont déjà manifestées avant 1850 et s'accentueront davantage
pendant la seconde moitié du siècle.

Ce qui est caractéristique de cette période, c'est l'apparition de
toute une branche de l'activité dramatique exploitant pour le
théâtre les romans à succès. Si, dans les siècles précédents, plusieurs auteurs, même les plus illustres, puisaient les sujets de leurs
pièces dans des œuvres romanesques, le phénomène nouveau consiste dans ce que les grands succès du roman sont portés à la scène
par des auteurs peu connus, par des spécialistes de l'adaptation ;
le nom du romancier figure ou non en tant que coauteur, mais c'est
le TITRE du roman célèbre qui est mis en vedette afin d'attirer
le public. Les adaptations de romans de Zola peuvent être citées
en exemple, mais aussi les adaptations de romans étrangers,
comme celle de *Quo vadis ?* de Henryk Sienkiewicz qui a remporté
un grand succès à Paris en 1901 [42].

N'oublions pas que le phénomène, très répandu dans la seconde
moitié du XIXe siècle, des pièces signées de deux ou même trois
auteurs (l'un d'eux fournit d'habitude l'intrigue, l'autre la développe en écrivant les dialogues) est souvent l'indice des ouvrages
dérivés. Quelquefois il s'agit d'une collaboration effective, et alors
l'intrigue exploitée en commun ne correspond pas exactement
à notre notion de SUJET EMPRUNTÉ ; mais dans bien des cas les
couples de noms d'auteurs figurant sur les affiches et dans les
éditions des pièces indiquent que l'un d'eux est l'auteur d'un
récit ou d'une nouvelle qui servit de trame à l'ouvrage dramatique.
L'application de plus en plus rigoureuse du droit d'auteur oblige
les dramaturges à adopter ce procédé.

[42] Cf. Maria KOSKO, *Un « best-seller » 1900. Quo vadis ?*, Paris, J. Corti,
1960.

On doit tenir compte de ce que, le répertoire théâtral étant beaucoup plus abondant qu'autrefois et l'espace de temps écoulé moins grand, le champ de la littérature dramatique du siècle dernier n'a pu être labouré par des chercheurs aussi profondément que celui des époques précédentes. Et les dramaturges ayant rarement l'habitude de dévoiler leurs prototypes thématiques (on est loin de l'ancienne Rome ou même du XVIIe siècle français), bon nombre de sources resteront cachées pendant longtemps. Ainsi, beaucoup de pièces considérées comme non dérivées ne sont telles qu'en apparence.

Il reste à signaler la survivance du théâtre historique. Bien que les dramaturges du mouvement réaliste et naturaliste soient tournés en principe vers la peinture de la société contemporaine, les pièces historiques ne disparaissent pas de la scène française et constituent une partie non négligeable du répertoire.

En passant aux auteurs dramatiques qui ont marqué le théâtre français de la seconde moitié du XIXe siècle, nous évoquerons d'abord Eugène Labiche dont l'œuvre est un exemple particulièrement éloquent du phénomène de la collaboration. « Le plus gai auteur théâtral du Second Empire » en fut aussi le plus fécond : il fit représenter cent soixante-treize pièces, mais quelques-unes seulement portent son nom solitaire. Toutes les autres ont été écrites avec des collaborateurs qui sont au nombre de quarante-neuf. Leur apport littéraire n'est pas facile à préciser. L'un d'eux écrivit que Labiche « a besoin de n'importe lequel de ses confrères qui lui ramasse des pavés dont il fera des dalles, des cailloux dont il fera des perles ». Selon plusieurs critiques, le rôle des « associés » de Labiche consistait principalement à l'aider à trouver un sujet. Il est extrêmement difficile de dépister les sources des comédies et des vaudevilles qui sont le fruit des collaborations aussi nombreuses. Ces sources, on les connaît dans quelques cas seulement. Notons par parenthèse qu'il y a parmi les pièces de Labiche quelques parodies littéraires, par exemple *Traversin et couverture* raillant le drame de Lamartine *Toussaint Louverture*.

Émile Perrin, administrateur de la Comédie Française, avait

l'habitude de dire : « Une année Dumas, une autre Sardou, une troisième Augier, cela me suffit ». En effet, la présence de ces trois auteurs sur les scènes françaises, et européennes, se prolongea longtemps après la chute du Second Empire. Comment l'œuvre de ces trois dramaturges se présente-t-elle au point de vue de la dérivation ?

Émile Augier et Alexandre Dumas fils, représentants de ce qu'on appelle parfois le réalisme bourgeois, cherchaient leurs sujets dans les mœurs et dans la vie sociale de l'époque. Augier a écrit, dans sa première période, quelques pièces stylisées à l'antique ou se réfugiant dans le décor du XVIe, du XVIIe et du XVIIIe siècle, mais aucune d'elles n'est une pièce historique au sens propre. Il est cependant à noter que quatre ouvrages dramatiques écrits en collaboration avec Jules Sandeau — *La Chasse au roman, La Pierre de touche, Le Gendre de Monsieur Poirier* et *Jean de Thommeray* — sont des adaptations, parfois assez libres, de romans ou de nouvelles de celui-ci, et que *Le Fils de Giboyer* d'Augier, comédie politique à clefs, constitue la suite de ses *Effrontés*, les deux pièces étant liées par le personnage principal. Parmi une vingtaine d'ouvrages dramatiques d'Alexandre Dumas fils il y en a deux qui sont des adaptations de ses romans antérieurs : *La Dame aux camélias* et *Diane de Lys*. Un autre roman de Dumas, *Affaire Clémenceau*, fut porté à la scène par A. d'Artois.

Quant à Victorien Sardou, il y a dans son œuvre une dizaine de pièces plus ou moins historiques ; *Théodora, Thermidor, Madame Sans-Gêne* sont parmi les plus connues. Les sources de ses autres pièces seraient peut-être restées cachées, si le dramaturge n'avait pas été, à plusieurs reprises, accusé du plagiat. Menacé de procès par un confrère s'estimant plagié, Sardou a répondu dans son livre *Mes plagiats ! Réplique à Mario Uchard* (1882). En prévenant qu'il se limite aux accusations qui ont fait du bruit en leur temps (« autrement, il faudrait passer en revue tout mon répertoire »), le dramaturge évoque et discute les sources d'inspiration thématique de ses onze pièces : *Les Pommes du voisin, Les Pattes de mouche, Nos intimes !, Maison-Neuve, Oncle Sam, Les Ganaches, Patrie !, Fernande, Andréa, Daniel Rochat,*

Divorçons. Il s'agit parfois d'un élément de la fable, parfois d'une idée générale. Sa « défense » repose d'ailleurs sur un critère strictement légal : « [...] c'est un droit acquis à l'auteur dramatique de trouver les éléments d'une pièce dans une légende, un récit, une chronique, un fabliau, une nouvelle à la main, un fait divers, etc., dont l'auteur est inconnu, ou mort sans héritiers, et qui se trouve, par conséquent, dans le domaine commun ». Se défendant d'avoir imité dans *Nos intimes !* le vaudeville de Rougemont *Le Discours de rentrée*, Sardou reconnaît : « La source commune était ici une petite nouvelle, insérée dans le *Courrier des Dames*, t. XXIII, nᵒˢ 17, 25, septembre 1832, auteur inconnu. J'avais lu cette nouvelle dans mon enfance, le souvenir m'en était resté et m'avait inspiré le dénouement de ma pièce ». Les précisions de ce genre, tout en constituant un argument contre l'imputation de plagiat, confirment le caractère dérivé de l'ouvrage dramatique en cause. On peut supposer, compte tenu de ses remarques, que peu de pièces de Sardou (il en a écrit une quarantaine) aient la fable entièrement inventée par le dramaturge.

En évoquant Labiche, Augier, Dumas fils et Sardou, nous sommes restés dans le cercle des auteurs dramatiques « professionnels ». Il serait non moins important d'envisager les grands romanciers réalistes et naturalistes par le biais de leurs aspirations théâtrales et d'adaptations de leurs ouvrages narratifs. Nous ne parlerons pas d'un Balzac, d'un Flaubert ou d'un Maupassant, dont les tentatives dramatiques ont été vouées à l'échec. Le cas des Goncourt est peut-être plus instructif. En ce qui concerne leurs deux pièces qui furent réalisées sur la scène, *Henriette Maréchal* paraît être non dérivée, tandis que *La Patrie en danger* est un drame historique. Après la mort de son frère cadet, Edmond de Goncourt songea à la transposition théâtrale de leurs (ou de ses) romans. Il en adapta lui-même trois (*Germinie Lacerteux*, *Manette Salomon* et *La Faustin*), pendant que cinq romans (*Renée Mauperin*, *Sœur Philomène*, *Les Frères Zemganno*, *La Fille Élisa* et *Charles Demailly*) furent portés à la scène par d'autres auteurs. Sans obtenir un grand succès, la plupart de ces adaptations ont exercé une influence sensible sur l'évolution du théâtre naturaliste.

S'il s'agit du chef de file du naturalisme français, Émile Zola, on retrouve les sources de cinq parmi ses sept ouvrages dramatiques (nous ne prenons pas en considération ses « pièces lyriques » c'est-à-dire livrets d'opéras et d'opéras-comiques). *Perrette,* œuvre de jeunesse, est une variation sur le thème de *La Laitière et le pot au lait* de La Fontaine. Deux comédies, *Les Héritiers Rabourdin* et *Le Bouton de rose,* ont été inspirées, l'une de *Volpone* de Ben Jonson, l'autre d'un des *Contes drolatiques* de Balzac, sans qu'on puisse parler de dérivation au sens strict. Les seules pièces de Zola qui aient eu du succès sont des refontes de ses romans : *Thérèse Raquin* (tirée du livre homonyme, étant à son tour le développement de sa nouvelle *Un mariage d'amour*)[43] et *Renée* (tirée de *La Curée* et de la nouvelle *Nantas*). Mais c'est parmi les ouvrages narratifs de Zola transposés à la scène par des hommes de métier (on a créé, du vivant du romancier, une quinzaine d'adaptations) qu'il faut chercher les vrais succès théâtraux. Certaines adaptations, particulièrement celles de William Busnach (*L'Assommoir, Nana, Pot-bouille*), ont atteint des centaines de représentations.

La plupart des romanciers de cette époque n'ont pas résisté au désir de voir leurs ouvrages portés à la scène. Ils tentaient leur chance seuls ou avec des collaborateurs, en obtenant des résultats variables. Si l'on prend comme exemple Alphonse Daudet, plusieurs adaptations de ses romans ou nouvelles — *Fromont jeune et Risler aîné, Le Nabab, Jack, Les Rois en exil, Sapho, L'Évangéliste, La Menteuse, Tartarin sur les Alpes* — portent le nom des coauteurs, tandis que les adaptations de *Numa Roumestan* ou du *Sous-préfet aux champs* sont signées de lui seul (sans parler de ce qu'il a écrit directement pour la scène).

Il est à noter que l'œuvre d'Henry Becque, le plus original des dramaturges naturalistes en France (qui d'ailleurs n'a pas publié d'ouvrages narratifs), témoigne d'une grande indépendance thématique. Outre son livret d'opéra *Sardanapale,* tiré de Byron,

[43] Notons que le roman de Zola fut adapté à la scène une nouvelle fois par Marcelle Maurette. Sa pièce *Thérèse Raquin* (1947) a été jouée par la Compagnie Marie Bell.

il peut être question tout au plus de quelques emprunts de motifs dans ses pièces de jeunesse, notamment *L'Enfant prodigue* et *Michel Pauper*. Ses œuvres qui comptent vraiment, c'est-à-dire *Les Corbeaux* et *La Parisienne*, semblent être entièrement inventées. Toutefois, on peut considérer sa comédie en un acte *La Navette* comme embryon thématique de *La Parisienne*, laquelle à son tour devait inspirer à Becque, après des années, une sorte d'épilogue, la petite scène intitulée *Veuve !*

Tout en s'écartant aussi peu que possible du domaine français, on ne saurait, quand on parle de la seconde moitié du XIXe siècle, ne pas mentionner Ibsen et Tchékhov, deux dramaturges d'une renommée mondiale qui ont exercé une influence incontestable sur le théâtre européen.

L'œuvre abondante de Henrik Ibsen, considérée du point de vue de la dérivation, se divise en deux périodes presque égales aussi bien en durée qu'en nombre de pièces écrites. La période de 1848 à 1872 est celle des ouvrages dérivés (à part quelques exceptions) dont les sujets sont empruntés à l'histoire, aux traditions populaires, aux légendes nordiques. Rappelons que *Brand* fut d'abord écrit sous forme de poème épique, que dans *Peer Gynt* le dramaturge met en scène un personnage semi-historique semi-mythique, que *César et le Galiléen* est un drame sur Julien l'Apostat. A partir de 1875, Ibsen s'adonne presque entièrement au drame social et psychologique (*Maison de poupée, Les Revenants, Un ennemi du peuple, Le Canard sauvage*) avant de subir l'influence du symbolisme et d'un certain mysticisme (*La Dame de la mer, Quand nous nous réveillerons d'entre les morts*) ; les pièces de cette période ont rarement le caractère dérivé, bien que des motifs propres à Ibsen soient repris d'un ouvrage à l'autre.

En ce qui concerne le théâtre de Tchékhov, la ligne de partage y est différente. Ses petites comédies en un acte sont, presque toutes, tirées de ses récits antérieurs (*Sur la grand'route, Le Chant du cygne, Le Tragédien malgré lui, La Noce, Le Jubilé* ; *L'Ours* est considéré comme une refonte du vaudeville de Pierre Berton *Les Jurons de Cadillac*). Par contre, ses pièces à grand souffle n'ont pas le caractère dérivé ; c'est le cas de ses œuvres de jeunesse

(*Platonov, Ivanov*) aussi bien que de ses drames les plus célèbres de la dernière période, *La Mouette, Les Trois Sœurs* et *La Cerisaie*. Quant à *L'Oncle Vania*, Tchékhov y reprend la trame de sa pièce antérieure, *Le Sauvage* (*L'Esprit des bois*), qui fut représentée sans avoir été incluse par l'auteur dans ses œuvres complètes.

Dans la multitude d'auteurs dramatiques français de la période 1890-1914 (la plupart étaient fournisseurs des théâtres de boulevard) nous avons choisi quatre dont chacun représente une tendance littéraire différente et un style dramatique particulier : théâtre comique, théâtre intimiste, théâtre néo-romantique et théâtre historique d'aspiration populaire.

Georges Courteline, auteur débordant de gaieté, publiait ses contes et récits dialogués qu'il transposait ensuite en comédies, le plus souvent seul, parfois avec des collaborateurs. C'est de cette façon que s'est formée la majeure partie de son répertoire. Citons, parmi les comédies de Courteline issues de ses récits, *Lidoire, Boubouroche, Les Gaietés de l'escadron, Un client sérieux, Hortense, couche-toi !, Une lettre chargée, Messieurs les ronds-de-cuir*. Il a aussi écrit, avec Pierre Veber, deux comédies (*L'Affaire Champignon* et *Blancheton père et fils*) d'après *Les Tribunaux comiques* de Jules Moinaux, son père. Notons finalement que dans *La Conversion d'Alceste* Courteline a pastiché Molière, et que son roman *Les Linottes* a été transposé en opérette.

Les pièces intimistes et familiales de Jules Renard, d'ailleurs toutes autobiographiques, sont au nombre de cinq. Une seule d'entre elles, *Le Pain de ménage*, est née directement sous forme dramatique, sans passer par des stades intermédiaires. Les autres — *Le Plaisir de rompre, Poil de Carotte, Monsieur Vernet, La Bigote* — dérivent de ses romans, récits ou dialogues livresques. S'il s'agit de trois farces paysannes — *La Demande* (en collaboration avec Georges Docquois), *Huit jours à la campagne* et *Le Cousin de Rose* — elles sont tirées des nouvelles de Jules Renard. A l'exception d'une seule pièce, tout son théâtre est donc dérivé [44].

---

[44] Nous avons présenté les phases successives de la formation de chaque pièce de Jules Renard — depuis l'événement biographique, par la forme non

Le théâtre en vers d'Edmond Rostand fait usage des sources légendaires, historiques et même bibliques. Dans *La Princesse lointaine* le poète reprend et transforme la légende amoureuse du troubadour Jaufré Rudel (exploitée, avant lui, par L. Uhland, H. Heine et R. Browning). *La Samaritaine* est inspirée du Nouveau Testament. C'est sur des personnages historiques que se trouvent centrés *Cyrano de Bergerac* et *L'Aiglon*. La pièce inachevée *La Dernière Nuit de don Juan* reprend le mythe connu. *Les Romanesques* et *Chantecler* sont les seules pièces de Rostand non dérivées, si l'on n'y tient pas compte de quelques éléments de satire littéraire.

Malgré son intérêt pour les problèmes sociaux et son attitude active à l'égard des événements contemporains, c'est dans le passé que Romain Rolland puisait les sujets de son théâtre. L'Antiquité et, surtout, la Renaissance, plus ou moins historiques, sont la source de ses drames de jeunesse (*Orsino, Empédocle, Baglioni, Caligula, Niobe, Siège de Mantoue, Jeanne de Piennes, Savonarole*) non publiés et parfois inachevés [45]. Quant à ses « tragédies de la foi », *Saint-Louis* est fondé sur des faits historiques, tandis que *Aërt* se déroule aux Pays-Bas fantastiques. *La Montespan* et *Les Trois Amoureuses* ont leur source dans le XVIIᵉ siècle français. Son « théâtre de la Révolution » compte huit pièces : *Les Loups, Le Triomphe de la Raison, Danton, Le 14 Juillet*, et, après un long intervalle, *Le Jeu de l'amour et de la mort, Pâques fleuries, Léonides, Robespierre*. Mettant en scène certains épisodes historiques, ces drames, échelonnés sur quatre décennies (1898-1938), reflètent l'évolution des opinions de l'auteur, ainsi que celle de l'historiographie française concernant l'époque de la Révolution. Il n'y a que trois pièces de Romain Rolland non historiques et non dérivées : drame social contemporain *Les Vaincus*, pièce sur la guerre des Boers *Le temps viendra*, et fantaisie satirico-politique *Liluli*.

dramatique jusqu'à l'état définitif — dans notre thèse *Jules Renard i jego teatr*, Wrocław–Warszawa–Kraków, Ossolineum, 1966 (résumé en français).
[45] Cf. Zofia KARCZEWSKA-MARKIEWICZ, *Teatr Romain Rollanda*, Wrocław, Ossolineum, 1955 (résumé en français).

Romain Rolland nous a fait dépasser largement la césure de la première guerre mondiale. Si l'on envisage le théâtre français du dernier demi-siècle, la difficulté de faire une sélection parmi les nombreux auteurs dramatiques se trouve aggravée encore par le manque de recul. Même si l'on élimine *a priori* les producteurs de pièces à succès, le problème du choix n'en reste pas moins compliqué. Nous nous proposons d'examiner brièvement, sous l'angle de la dérivation, l'œuvre dramatique de cinq écrivains très différents, mais qui sont représentatifs de leur époque et qui jouissent d'un grand prestige littéraire : Claudel, Giraudoux, Montherlant, Sartre et Camus.

Il n'est pas facile d'appliquer les critères de la dérivation, qui se sont montrés efficaces jusqu'ici, au théâtre de Paul Claudel, théâtre qui échappe d'ailleurs aux définitions, aux tentatives de systématisation, de classement et même d'un simple rangement chronologique. Il est rare qu'on y trouve une fable, une intrigue ou un sujet dérivés, parce que, à vrai dire, il y a rarement dans l'œuvre de Claudel, débordante de lyrisme, une intrigue dramatique au sens traditionnel. D'autre part, il y a des corrélations thématiques constantes entre ses pièces et ses écrits non dramatiques, poésies ou essais. Bien que les événements et les personnages historiques apparaissent dans plusieurs de ses pièces, on peut difficilement parler des drames historiques de Claudel ; *Le Livre de Christophe Colomb* et *Jeanne d'Arc au bûcher* sont peut-être les plus proches de cette notion. Une liberté absolue à l'égard des données de l'histoire contraste avec la précision et la sûreté de sa documentation. Il faut cependant signaler un phénomène très caractéristique de Claudel dramaturge. Quelques-unes de ses pièces — *Tête d'or, La Ville, Protée, Le Soulier de satin* — ont deux versions, et même trois dans le cas de *L'Annonce faite à Marie* (qui est d'ailleurs une refonte de *La Jeune Fille Violaine* ayant elle-même deux rédactions). Ces versions différentes continuent parallèlement leur carrière non seulement dans les éditions de ses œuvres, mais parfois aussi sur la scène. Il s'agit donc d'une espèce particulière de dérivation. Rappelons aussi que Claudel a écrit une trilogie — *L'Otage, Le Pain dur, Le Père humilié* — avec plusieurs personnages communs. Citons enfin, parmi ses pièces dérivées, la « moralité » biblique *L'Histoire de Tobie et de Sara* (au reste, la Bible est présente, d'une façon plus ou moins directe, dans beaucoup de ses ouvrages) et *Le Ravissement de Scapin* inspiré de Molière.

En revanche, le cas de Jean Giraudoux est peu compliqué, au moins quand il s'agit de constater si telle ou telle pièce est dérivée ou non. A tel point qu'on est tenté de dresser une liste laconique de ses drames avec l'indication de la source principale. La voici. *Siegfried* — roman de Giraudoux *Siegfried et le Limousin*. *Amphitryon 38* — mythologie grecque. *Judith* — Ancien Testament. *Tessa* — pièce anglaise contemporaine. *La guerre de Troie n'aura pas lieu* — Antiquité grecque. *Supplément au voyage de Cook* — relation du capitaine Cook et *Supplément au voyage de Bougainville* de Diderot. *Électre* — Antiquité grecque. *L'Impromptu de Paris* — *L'Impromptu de Versailles* de Molière. *Ondine* — récit de Friedrich de la Motte Fouqué. *Sodome et Gomorrhe* — Ancien Testament. *Pour Lucrèce* — histoire romaine. Cette énumération ne peut donner, bien sûr, aucune idée des rapports entre la source préexistante et l'ouvrage de Giraudoux, rapports qui varient énormément. Il y a d'une part *Tessa*, simple adaptation d'une pièce anglaise (tirée elle-même d'un roman de Margaret M. Kennedy), d'autre part des pièces comme *L'Impromptu de Paris* où l'acte de Molière n'a été que le point de départ, *Sodome et Gomorrhe* où les noms et les situations bibliques n'ont servi que de prétexte, *Pour Lucrèce* où l'héroïne de Tite-Live (et de plusieurs dramaturges avant Giraudoux) est devenue une Aixoise de l'époque de Napoléon III. On aperçoit l'absence, sur notre liste chronologique, de quatre titres : *Intermezzo, Cantique des cantiques, L'Apollon de Bellac* et *La Folle de Chaillot*. Ce sont les seules pièces non dérivées de Giraudoux.

Montherlant dramaturge a une préférence marquée pour les personnages historiques. *La Reine morte, Malatesta, Port-Royal, Le Cardinal d'Espagne, La Guerre civile* en offrent une riche galerie. Il faut leur ajouter les personnages légendaires qu'il a exploités dans *Pasiphaé* et dans *Don Juan*. Une de ses pièces, *Fils de personne*, est passée par le stade narratif ; l'auteur avoue qu'il a écrit d'abord un roman, détruit par la suite. *Demain il fera jour* constitue la suite, « l'acte final » de *Fils de personne*. *L'Embroc* est l'adaptation d'un texte dialogué[46]. En somme, dix pièces de Montherlant ont des sources préexistantes, tandis que six sont non dérivées. Nous rangeons parmi ces dernières *Le Maître de Santiago* où tout — décor, atmosphère — est parfaitement historique, excepté la fable. D'ailleurs, Montherlant ne dissimule pas ses sources historiques ; bien au contraire, il les étale et même les discute dans ses préfaces, notes et articles. Comme Racine, il prend soin de rassurer son public : « tout cela est dans la chronique et dans l'histoire : je n'ai rien inventé » (*Malatesta*), ce qui ne l'empêche pas de prendre des libertés les plus osées dans l'arrangement des faits empruntés. Enfin, ce qui doit frapper chez ce dramaturge-romancier, c'est qu'il y a peu de rapports thématiques entre ces deux domaines de son activité.

Le théâtre tient une place non négligeable dans l'œuvre de Jean-Paul Sartre. Sur ses onze ouvrages dramatiques, cinq ont le caractère dérivé. *Bariona*, pièce écrite et représentée dans un stalag (elle ne fut publiée, sous forme ronéotypée, qu'en 1962), est une variation sur le thème de la Nativité (« il s'agissait simplement — écrit l'auteur — de trouver un sujet qui pût réaliser, ce soir de Noël, l'union la plus large des chrétiens et des incroyants »). *Les Mouches* reprennent le mythe d'Oreste. Dans *Le Diable et le bon Dieu* Sartre met en scène le personnage de Gœtz de Berlichingen, exploité par Goethe. *Kean* est une adaptation assez libre du drame de Dumas père. Enfin *L'Engrenage*, conçu d'abord comme scénario d'un film, se rattache thématiquement aux *Mains sales*.

Les quatre ouvrages dramatiques d'Albert Camus sont plus ou moins dérivés. *Caligula* fut inspiré de Suétone. Pour ce qui concerne *Les Justes*, l'auteur insistait à plusieurs reprises sur l'authenticité des personnages et des événements (« tous mes personnages ont réellement existé et se sont conduits comme je

---

[46] Cf. Jacques ROBICHEZ, *Le Théâtre de Montherlant*, Paris, S.E.D.E.S., 1973.

le dis », « les événements retracés dans *Les Justes* sont historiques, même la surprenante entrevue de la grande duchesse avec le meurtrier de son mari. Il faut donc juger seulement de la manière dont j'ai réussi à rendre vraisemblable ce qui était vrai »). Il eut recours aux nombreux livres sur le mouvement révolutionnaire en Russie, particulièrement aux mémoires de Boris Savinkov ; il garda le nom réel de son héros Kaliayev. Même *Le Malentendu* est tiré d'une fable préexistante. On trouve dans la tradition populaire et dans la littérature (cf. notamment la pièce polonaise de K. H. Rostworowski *Une surprise, histoire authentique en quatre actes*, 1929, ou la pièce d'un auteur yougoslave Risto Krle *L'argent porte malheur*) le thème de la mère qui, après avoir commis un meurtre, apprend que c'était son propre fils qu'elle avait assassiné. Mais ce qui nous intéresse davantage, c'est que Camus, avant de l'utiliser pour sa pièce, avait inséré ce fait divers dans *L'Étranger*, Meursault le lisant dans sa prison sur un lambeau de journal. *L'État de siège*, sans être une adaptation de *La Peste*, n'en doit pas moins son existence à ce roman et développe le même thème (il y a aussi la question de l'utilisation du canevas élaboré antérieurement par Jean-Louis Barrault). En plus de ses ouvrages dramatiques originaux, Camus a adapté pour le théâtre le roman dialogué de William Faulkner *Requiem pour une nonne* et *Les Possédés* de Dostoïevski, il a aussi récrit (ou « rafraîchi » selon ses propres paroles) la comédie de Larivey *Les Esprits*.

Nous nous en sommes tenus aux dramaturges d'avant 1950. Notons toutefois, à titre d'exemple, que les pièces d'Eugène Ionesco *Victimes du devoir, Amédée ou comment s'en débarrasser, Tueur sans gages, Le Rhinocéros* sont passées par la forme narrative (v. son recueil de récits *La Photo du colonel*), et qu'*En attendant Godot* de Samuel Beckett a sa source dans son roman inédit *Mercier et Camier*, sans parler d'autres interdépendances thématiques entre son œuvre de romancier et celle de dramaturge [47].

[47] John FLETCHER, « Sur un roman inédit de Samuel Beckett », *Annales* de la Faculté des Lettres et Sciences Humaines de Toulouse, t. 1, fasc. 3, novembre 1965 (*Littératures XII*), pp. 139-154. Cf. aussi, du même auteur, la thèse de

S'il s'agit du théâtre non français de la première moitié de notre siècle, nous en choisirons trois auteurs dramatiques venant de différents points de l'Europe : Italie, Espagne et Allemagne.

La carrière théâtrale de Luigi Pirandello est peu commune. Après avoir écrit, pendant une vingtaine d'années, des romans et des nouvelles, il aborda assez tard la création dramatique. Et c'est dans son œuvre narrative qu'il trouvait les sujets de son théâtre. Dans la période de 1910 à 1920 ses pièces sont presque exclusivement dérivées ; à partir de 1920 des fables inventées alternent avec des sujets dérivés, mais ce sont toujours ses propres nouvelles (parfois deux ou trois pour former une pièce) ou les épisodes de ses romans qu'il exploite. Manlio Lo Vecchio Musti a décelé, parmi les quarante-quatre pièces de Pirandello, trente-deux qui dérivent de ses récits [48]. Il y aurait trop de titres à citer. Disons seulement que si *Henri IV* a un sujet original, c'est parmi les pièces dérivées que se placent *Chacun sa vérité*, *Ce soir on improvise* et *On ne sait comment*. Quant à l'idée des *Six personnages en quête d'auteur*, elle couvait pendant des années dans deux nouvelles de Pirandello, *La tragedia d'un personaggio* et *Colloqui coi personaggi*. D'après le recensement de Jean-Michel Gardair, vingt-huit pièces du grand Sicilien sont tirées de son œuvre narrative, tandis que quinze sont originales par rapport à ses récits et romans [49].

Il y a peu de dérivation dans le théâtre de Federico Garcia Lorca qui comprend neuf pièces, sans compter ses farces pour marionnettes et ses ouvrages inachevés. Dans *Mariana Pineda* le poète met en scène un personnage historique maintes fois chanté dans les romances populaires. *Noces de sang* et *La Maison de Bernarda Alba*, drames dans lesquels Garcia Lorca a exprimé l'essence même de la mentalité espagnole, avaient été inspirés, au dire de l'auteur, des faits divers. Ses autres pièces semblent être

doctorat de l'Université de Toulouse *Technique et méthodes littéraires dans l'œuvre de Samuel Beckett* (dactylographiée).

[48] *L'opera di Luigi Pirandello*, Torino, Paravia, 1939, pp. 151-174.

[49] *Pirandello. Fantasmes et logique du double*, Paris, Larousse, 1972, pp. 17-21, 85.

non dérivées, bien que le sujet de *Doña Rosita* lui ait été suggéré par un poète ami.

La production dramatique de Bertolt Brecht est abondante et extrêmement variée. Les pièces originales y voisinent avec des adaptations plus ou moins libres, il arrive aussi à Brecht de reprendre et de retravailler les sujets exploités déjà par lui-même ; d'ailleurs il considère sa tâche de l'auteur dramatique en fonction du théâtre et de la mise en scène. Ses pièces sont en grande partie dérivées. Essayons de les ranger d'après les types de la dérivation.

L'esprit dialectique de Brecht lui a dicté des pièces étant la contrepartie d'autres pièces. Dans *Baal* il récrit presque tableau par tableau, mais dans un esprit de controverse, le drame de Hanns Johst *Le Solitaire* ; dans *L'Importance d'être d'accord* il prend le contre-pied de sa pièce précédente, *Le Vol des Lindberghs*, pour démystifier l'aviateur ; dans *Sainte Jeanne des abattoirs* il parodie *Faust* aussi bien que *La Pucelle d'Orléans*. Quelques pièces de Brecht mettent en scène des événements et des personnages historiques, directement (*Galileo Galilei, Les Jours de la Commune*) ou par le truchement d'une parabole (*La Résistible Ascension d'Arturo Ui*). Il transpose à la scène des ouvrages narratifs : *La Mère* d'après le roman de Gorki, *Schweik* d'après le roman de Hašek, *Maître Puntila et son valet Matti* d'après les récits finnois de Hella Wuolijoki. *Mère Courage et ses enfants*, « chronique de la guerre de Trente Ans », est inspirée des romans de Grimmelshausen. Le théâtre constitue une source thématique non moins importante : *L'Opéra de quat'sous* est une refonte de *L'Opéra du gueux* de John Gay, *Les Fusils de la mère Carrar* sont inspirés de J. M. Synge, *Le Cercle de craie caucasien* est fondé sur une pièce chinoise du XIIIᵉ siècle (adaptée, avant Brecht, par Klabund) [50], *Celui qui dit oui, celui qui dit non* a sa source dans le *nô* japonais *Taniko*. Enfin *Schweik dans la deuxième guerre mondiale* est une suite du premier *Schweik* de Brecht. Le dramaturge allemand faisait aussi des adaptations de pièces étrangères

[50] Il est à noter que ce sujet a été d'abord exploité par Brecht dans un récit, *Der Augsburger Kreidekreis* (écrit en 1940).

où son empreinte est si décisive qu'on les considère parfois comme pièces originales ; c'est surtout le cas d'*Antigone* de Sophocle, d'*Édouard II* de Marlowe, de *Coriolan* de Shakespeare et de *L'Officier de recrutement* de Farquhar.

Si l'on ne tient pas compte des adaptations qui viennent d'être mentionnées, la production dramatique de Bertolt Brecht comporte une trentaine d'ouvrages dont quinze au moins — et des plus célèbres — sont dérivés.

Notre analyse du répertoire théâtral dérivé s'est concentrée, à partir du Moyen Age, sur l'histoire du drame français, avec des digressions en vue d'inclure quelques représentants des grands domaines dramatiques, surtout italien, allemand, anglais, espagnol et russe. Il ne serait peut-être pas sans intérêt d'ajouter à ce tableau une aire culturelle très limitée, un domaine théâtral très restreint au point de vue de la quantité d'ouvrages existants et de leur diffusion. Nous avons choisi dans ce dessein un théâtre des plus modestes et des moins connus, le théâtre basque. Il s'est manifesté sur un territoire peu étendu et parmi une population peu nombreuse, composée en majeure partie de pâtres. Il est resté jusqu'à nos jours un théâtre vraiment populaire et rustique. Les textes des pièces basques n'ont été ni publiés ni traduits avant le XXᵉ siècle. C'est au début de ce siècle que G. Hérelle a répertorié les manuscrits qui sont conservés, pour la plupart, à la Bibliothèque Nationale à Paris et aux Bibliothèques de Bordeaux et de Bayonne ; ils ne datent pas d'avant le XVIIIᵉ siècle [51]. Voici les conclusions numériques qu'on peut tirer de ce registre. Les *tragéries* (tragédies) basques sont au nombre de cinquante-trois (la quantité de manuscrits est supérieure, plusieurs pièces ayant été conservées dans différentes versions). Elles sont tirées, sans exception, des sources bien déterminées : Ancien et Nouveau Testament, vies des saints, Antiquité grecque, chansons de geste, histoire de France, romans d'aventure et légendes historiques.

---

[51]   *Canico et Beltchitine. Farce charivarique traduite pour la première fois du basque en français d'après le manuscrit unique de la Bibliothèque de Bordeaux et accompagnée d'une notice sur le théâtre basque et d'un commentaire par* G. *Hérelle*, Paris–Bayonne–San Sebastian, 1908.

Les comédies et les farces carnavalesques qui empruntent leurs sujets à la chronique scandaleuse du village ou reprennent des thèmes populaires dont les sources n'ont pu être définies, sont au nombre de dix-sept. On les joue rarement seules, elles accompagnent d'habitude les pièces sérieuses. Parmi les soixante-dix pièces du théâtre basque répertoriées par G. Hérelle, les trois quarts présentent donc le caractère dérivé ; et ce, dans une société extrêmement close, où la culture littéraire était de prédominance orale.

*

Au bout de ce périple hâtif à travers les grandes étapes du théâtre européen, périple dont le dessein était de démontrer, dans un raccourci, à quel point le répertoire dramatique dépend des sources écrites ou orales non dramatiques, on se demande s'il n'est pas possible de refaire l'histoire du théâtre en insistant sur l'inverse, c'est-à-dire en recherchant dans le drame la source des sujets exploités ensuite sous d'autres formes littéraires.

Évidemment, ce phénomène se manifeste dans toutes les époques. Aristophane n'a-t-il pas été imité par les conteurs du Moyen Age ? Boisrobert, dans ses *Nouvelles héroïques et amoureuses*, n'a-t-il pas transposé les pièces de Tirso de Molina et de Calderón ? Le procédé de reprendre la matière des comédies espagnoles n'était pas rare dans la littérature narrative française du XVIIe siècle [52]. Plusieurs romans, au XIXe siècle, ont été inspirés des mélodrames. Combien de fois une pièce, faute d'un théâtre accueillant, se trouve transformée, sous la plume du même auteur, en roman. C'était le cas de *Madeleine* de Zola qui en a tiré son roman *Madeleine Férat*, c'était aussi le cas des *Hommes de lettres* des Goncourt, écrits d'abord pour la scène, récrits ensuite et publiés sous forme de roman (titre définitif *Charles Demailly*). En contrepartie du phénomène de la mise en scène des romans à succès on peut évoquer celui, d'ailleurs beaucoup moins courant, de la « mise

[52] Cf. Alexandre CIORANESCU, article cité p. 70, note 73.

en roman » des pièces à grand succès. *Théodora* de P. Botzarès
tirée du drame de Sardou, les romans de M. Luguet issus de
pièces d'Eugène Brieux, en sont des spécimens très typiques.
Enfin, *L'Opéra de quat'sous* entraîna Brecht lui-même à écrire
Le Roman de quat'sous. Il est vrai que chez certains écrivains, tel
Romain Rolland, les thèmes abordés dans leurs drames de jeunesse
sont repris dans leurs romans, essais ou ouvrages biographiques
ultérieurs. Il est aussi à noter que bon nombre de romanciers
(Balzac entre autres) empruntent certains traits de leurs personnages aux héros des pièces qu'ils ont eu l'occasion de voir —
mais ce phénomène dépasse les limites de notre étude.

On pourrait citer d'autres exemples des poèmes, contes ou
romans dérivés de pièces de théâtre. Il est cependant incontestable que ce procédé est rare si on le compare à la multiplicité
et à la régularité des emprunts que font les dramaturges dans le
vaste réservoir de thèmes constitué par les ouvrages littéraires
ou paralittéraires non dramatiques.

D'ailleurs, le chemin suivi par les thèmes, les fables ou les
intrigues n'est pas toujours un chemin direct et sans sinuosités.
Nous avons maintes fois signalé le phénomène de la contamination de deux ou plusieurs sources, par exemple d'une chronique
historique et d'un ouvrage dramatique antérieur. Il n'est pas
rare qu'une seule œuvre inspire plusieurs dramaturges de différents pays et de différentes époques, sans qu'ils aient nécessairement eu connaissance de leurs ouvrages respectifs. Il y a des
situations où le cheminement des thèmes à travers les siècles est
plus complexe. En voici un exemple. *La Marmite (Aulularia)* de
Plaute et *Les Adelphes* de Térence (les deux comédies étant imitées
de modèles grecs) sont les sources principales auxquelles eut
recours Lorenzino de Médicis pour écrire son *Aridosio*. C'est en
reprenant cette pièce que Larivey a donné *Les Esprits*. Ceux-ci
furent exploités en partie par Molière, lui ayant inspiré deux
scènes de *L'Avare*, tandis que toute la comédie de Larivey fut
refondue, quelques siècles plus tard, par Camus. Il y a des cas où
un sujet fait le va-et-vient d'un genre littéraire à l'autre, où une
pièce trouve son inspiration dans un roman, lui-même dérivé

d'un ouvrage dramatique (par exemple le drame de Pixerécourt *Le Pèlerin blanc* tiré d'un roman de Ducray-Duminil qui fut inspiré de la comédie de Marsollier *Les Deux Petits Savoyards*). Il arrive aussi que le même auteur retravaille un thème à plusieurs reprises et sous différentes formes ; c'est le cas de Yacine Kateb dont le poème *Nedjma* fut l'embryon de la pièce *Le Cadavre encerclé* avant d'aboutir à l'expression romanesque.

Nombre d'auteurs dramatiques manifestent une tendance à reprendre des sujets notoires et maintes fois exploités, des sujets qui ont déjà leur propre existence LITTÉRAIRE, parfois pour la faire continuer, d'autres fois pour écrire CONTRE la tradition [53]. On a consacré des volumes à retracer l'histoire littéraire (où le drame tient une place privilégiée) des grands mythes et des légendes qui sont souvent incarnés dans un personnage célèbre, comme don Juan ou Faust. Les Antigone, les Guillaume Tell, les Roméo et Juliette, les Inès de Castro, les Christophe Colomb, les Marie Stuart, les Mazeppa ont été nombreux et combien différents d'un pays à l'autre, d'un auteur dramatique à l'autre.

Prenons un personnage-sujet particulièrement populaire en France, celui de la pucelle d'Orléans. Le comte de Puymaigre, qui a consacré un petit livre à *Jeanne d'Arc au théâtre*, remarque : « On lui a fait débiter de la prose de drame, déclamer des alexandrins de tragédie, chanter des vers d'opéra : on l'a fait gesticuler dans des pantomimes, galoper dans des cirques, on lui a même fait fredonner des couplets de vaudeville » [54]. L'auteur mentionne, rien que pour la France, une cinquantaine d'ouvrages mettant sur la scène Jeanne d'Arc, et son inventaire est loin d'être complet, sans dire qu'il ne va que jusqu'à 1890. Pour les années 1890-1910, nous avons trouvé dans le catalogue par titres de la Bibliothèque Nationale quarante ouvrages dramatiques français dont le titre commence par « Jeanne d'Arc ». Le chercheur hollandais Jan Joseph Soons ajoute vingt-trois ouvrages à la liste de Puymaigre

[53] Cf. Raymond TROUSSON, « Servitude du créateur en face du mythe », *Cahiers de l'Association Internationale des Études Françaises*, n° 20, 1968, pp. 85-98.
[54] *Jeanne d'Arc au théâtre, 1439-1890*, Paris, A. Savine, 1890, pp. 1-2.

10*

(avant 1890) et dresse une liste de cent quarante-cinq pièces consacrées à Jeanne d'Arc de 1890 à 1926 [55], ce qui élève à plus de deux cents le nombre d'ouvrages dramatiques français ayant pour sujet la pucelle d'Orléans. Et c'est en dehors des limites géographiques ou chronologiques de ces recensements que se trouvent les Jeanne d'Arc de Shakespeare, de Schiller, de Shaw, de Claudel, de Maxwell Anderson, d'Audiberti, d'Anouilh, etc.

Si l'on considère un autre personnage-sujet, beaucoup plus récent, à savoir Casanova, la bibliographie de J. Rives Childs enregistre quatre-vingt-neuf ouvrages littéraires inspirés de la personne ou des *Mémoires* du célèbre aventurier vénitien, dont quarante-huit destinés à la scène (sans compter neuf films) [56].

Le phénomène de la dérivation de la littérature dramatique, que nous avons examiné par époques, pourrait donc être reconsidéré suivant l'évolution des grands thèmes. On pourrait aussi l'étudier d'après les genres, sous-genres ou espèces dramatiques. Il y en a qui ont le caractère dérivé par principe. Nous passerons en revue quelques-uns d'entre eux.

Le théâtre historique occupe une place de choix dans le répertoire dramatique dérivé de toutes les époques. Bien que la quantité de pièces historiques par rapport aux autres change et semble être moins grande aujourd'hui que dans le passé, l'histoire est loin de disparaître de nos scènes [57]. Signalons une variété particulière du théâtre historique, la pièce biographique. Elle met sur la scène les personnages qui, sans avoir nécessairement joué un rôle dans l'histoire politique, ont mérité leur place dans l'histoire de la civilisation : philosophes (plusieurs pièces consacrées à Socrate), artistes, savants, écrivains et jusqu'aux dramaturges (Plaute,

---

[55] *Jeanne d'Arc au théâtre*, Purmerend, J. Muusses, 1929.
[56] *Casanoviana*, Vienna (Austria), Chr. M. Nebehay, 1956.
[57] Cf. les travaux de Kalikst MORAWSKI : « Le théâtre historique en France après 1918 », *Roczniki Humanistyczne* (Lublin), t. 4, 1953, fasc. 2 (paru en 1956), pp. 261-296 ; *Le Théâtre historique moderne en France*, Warszawa, P.W.N. [1963] ; « Quelques aspects de la tragédie historique moderne en France », *Zagadnienia Rodzajów Literackich* (Łódź), t. 7, 1964, n° 1 (12), pp. 57-71, 1965, n° 2 (13), pp. 88-101.

Pierre Gringore, Molière, Goldoni, Goethe, Schiller, Byron, Pouchkine, Musset, Büchner, Tchékhov, Maïakovski ont été, entre autres, portés à la scène). S'appuyant sur les ouvrages biographiques, sur les témoignages des contemporains, sur les documents ou la tradition, les auteurs de ces pièces font souvent usage, dans le dialogue, des textes originaux, de la correspondance, des ouvrages littéraires de leurs personnages ; ces emprunts textuels constituent un niveau supplémentaire de la dérivation.

L'histoire contemporaine, les événements de fraîche date sont la source de ce qu'on appelle parfois le théâtre-document. Le genre n'est pas nouveau (cf. *Le Mystère du siège d'Orléans*, tiré probablement du journal du siège, quelques années après les événements), mais il revêt dernièrement une forme spéciale, se servant des documents à l'état brut. Il en était question dans la première partie de notre étude. Citons aussi quelques pièces récentes basées sur des documents judiciaires : *Chant public devant deux chaises électriques* d'Armand Gatti, *En cause J. Robert Oppenheimer* de Heinar Kipphardt, *L'Instruction* de Peter Weiss, *L'Homme dans une cabine de verre* de Robert Shaw, ainsi que des pièces sur l'assassinat du président Kennedy.

Les problèmes concernant les adaptations de la littérature romanesque méritent d'être étudiés dans une double perspective historique : il y a d'une part la chronologie des ouvrages narratifs ayant subi une transposition théâtrale, d'autre part on devrait suivre l'évolution du procédé d'adaptation qui a un passé très riche. Une farce anonyme *L'Abbesse et ses sœurs* a été tirée de *Pantagruel*, au XVIe siècle. Quatre siècles plus tard, en 1968, Jean-Louis Barrault présente un spectacle rabelaisien dont les dialogues sont tirés de *Gargantua et Pantagruel*. *Manon Lescaut* de l'abbé Prévost a été portée à la scène, depuis le XVIIIe siècle, une quinzaine de fois. Nous avons déjà parlé des adaptations théâtrales de romans à succès au XIXe siècle. Il est à souligner à quel point les grands animateurs de théâtre du XXe siècle tiennent à adapter, seuls ou avec des collaborateurs, les grandes œuvres romanesques, parmi lesquelles le roman russe occupe une place de première importance. Citons, parmi tant d'autres, les adaptations et les mises en scène des romans de Dostoïevski et de Tolstoï par Némirovitch-Dantchenko, des *Frères Karamazov* par Jacques Copeau, du *Crime et Châtiment* et de *Madame Bovary* par Gaston Baty, de *La Guerre et la Paix* par Erwin Piscator, des œuvres de Kafka par Jean-Louis Barrault. Dans les années cinquante, l'abondance des adaptations théâtrales et cinématographiques, mais aussi la médiocrité de certaines d'entre elles, finirent par provoquer une vague de protestations. Répondant à la question posée par Claude Cézan, « quels chefs-d'œuvre voudriez-vous préserver d'une adaptation », plusieurs écrivains ont parlé de Marcel Proust. Voici la réponse d'André Maurois : « *A la recherche du temps perdu*. Mais là, heureusement, je crois qu'il n'y a pas de danger ... » [58]. Et quelques années plus tard, en 1966, le poète italien Attilio Bertolucci entreprenait une adaptation théâtrale du cycle proustien, intitulée *Giardini in una tazza di tè*, tandis qu'en 1970 Luchino Visconti en préparait une adaptation cinématographique.

Évoquons encore un genre dramatique dérivé par principe, la parodie. Elle a une belle tradition, depuis Aristophane jusqu'à nos jours. On parodiait sur la scène non seulement les mythes, l'histoire, les personnalités célèbres, mais aussi les ouvrages littéraires et dramatiques de l'époque, en s'en prenant surtout aux confrères qui avaient eu du succès. Dans certains pays et à certaines époques la parodie et le pastiche ont pris un essor considérable. Par exemple en France la parodie est devenue, depuis la fin du XVIIe siècle, un genre théâtral autonome. Les recherches de G. L. van Roosbroeck ont permis d'identifier plus de sept cents parodies dramatiques au cours du XVIIIe siècle (beaucoup d'autres étant perdues) [59]. Entre les auteurs parodiés il y a les plus grands, aussi bien ceux du siècle précédent, comme Corneille et Racine, que les contemporains — Voltaire, Rousseau et Beau-

[58]   *Les Nouvelles Littéraires*, 5 mars 1959.
[59]   Cf. Valleria Belt GRANNIS, *Dramatic Parody in Eighteenth Century France*, New York, Institute of French Studies, 1931.

marchais. Sur cinquante-six ouvrages dramatiques de Voltaire, vingt-cinq furent parodiés, inspirant une cinquantaine de pièces. Notons en passant que, selon la *Correspondance* de Grimm, on comptait une douzaine de parodies de l'opéra de Beaumarchais *Tarare*, jouées à Paris entre le mois de mai et le mois d'août 1787.

L'inventaire bibliographique de Seymour Travers qui enregistre les parodies théâtrales en France de 1789 à 1914, contient 1225 titres [60]. Cette lecture est très instructive en ce qui concerne la vie théâtrale de l'époque et la popularité de certains auteurs et de certains ouvrages. Victor Hugo, par exemple, y tient une place de premier ordre. Voici quelques titres des parodies de *Marie Tudor* : *Marie-Crie-Fort, Marie Dortu, Marie tu dors et Londres est dans les fers, Marie, tu ronfles, Marie, tu dors encore ! Marie, dors-tu ?* Et *Les Burgraves* ont inspiré, l'année même de leur représentation, huit parodies dont *Les Hures-graves, Les Buses graves, Les Boules graves, Les Barbus-graves, Les Bûches graves, Les Burgs infiniment trop graves.* Les parodies des drames d'Alexandre Dumas fils sont non moins nombreuses. Parmi celles de *La Dame aux camélias* citons *La Dame aux cobéas, Malguerite ou la Dame aux pissenlits, Madame Camélia devant Sébastopol, La Môme aux camélias, Le Monsieur au caméla.* Sa pièce *La Femme de Claude* déclencha une orgie de calembours dans les titres des ouvrages parodiques (*La Femme d'eau chaude, La Flamme de Claude, L'Infâme de Claude,* etc.), aussi bien que *Francillon* dont on note, l'année même de sa création, plusieurs parodies, entre autres *Franc-chignon, Fransouillon, Farcillon, Franlichon, Frantrognon. Chantecler* d'Edmond Rostand, représenté en 1910, a inspiré, la même année, douze parodies théâtrales.

Quant à l'importance quantitative de la parodie et du pastiche par rapport à la totalité des pièces jouées durant la même période, nous estimons qu'en France, au XVIIIᵉ et au XIXᵉ siècles, les ouvrages parodiques représentent cinq pour cent du répertoire.

[60] *Catalogue of Nineteenth Century French Theatrical Parodies*, New York, King's Crown Press, 1941.

Ce qui n'est pas négligeable pour une forme plutôt secondaire entre les genres dramatiques dérivés.

*

Les données que nous avons rapportées dans ce chapitre et les appréciations auxquelles nous nous sommes livré à titre d'exemple permettent, nous semble-t-il, de conclure qu'une bonne moitié de la production dramatique et, ce qui s'ensuit, du répertoire des théâtres européens depuis l'Antiquité jusqu'à nos jours est constituée par des pièces dérivées, au sens qui a été défini au départ. Des recherches plus approfondies sur le théâtre de différents pays et de différentes époques permettront d'aboutir à des résultats plus complets et plus précis.

Pour élargir le champ de l'observation et étendre nos conclusions, il faudrait aller au-delà de l'Europe, surtout vers les vieilles traditions théâtrales de l'Orient. Le profane en la matière qui aborde ces régions est frappé d'apercevoir à quel point le répertoire dramatique des pays de l'Asie est riche de thèmes et de personnages puisés dans le domaine épique. Le théâtre indien est fondé, en majeure partie, sur les récits mythologiques du *Râmâyana* et du *Mahâbhârata*. Il est intéressant de constater que ces ouvrages épiques restent une source inépuisable pendant des siècles et jusqu'à l'époque contemporaine. Autre phénomène remarquable, c'est que l'influence de ces deux grands poèmes ne se limite pas à l'Inde ; le théâtre des pays de l'Indochine et de l'Indonésie y puise abondamment ses sujets, sans abandonner les légendes locales. Le théâtre chinois, tout en reflétant la vie quotidienne, empruntait ses thèmes, depuis les temps les plus anciens, aux légendes bouddhiques et profanes et aux événements historiques. Dans certaines traditions théâtrales, notamment celle de Pékin, les intrigues étaient souvent calquées sur des pièces antérieures ou sur des romans connus. Certains genres dramatiques régionaux sont dérivés de chansons populaires. Quant au théâtre japonais, il est issu de la récitation épique. Le drame chanté et dansé du *nô* tire ses sujets des chroniques historiques, des romans et des légendes locales. Même le *kabuki*, genre plus moderne, plus populaire et plus réaliste, ne se contente pas de la peinture des mœurs ; il emprunte ses héros et ses héroïnes à l'histoire et aux légendes et puise ses sujets dans les formes théâtrales antérieures, notamment dans le *nô*. Tous ces faits ont été suffisamment mis en lumière par ceux qui s'occupent des théâtres d'Asie, pour qu'on puisse affirmer que la dérivation thématique en constitue un des caractères typiques. Ce serait la tâche d'une étude spécialisée que de préciser les rapports entre le répertoire dérivé et le répertoire non dérivé dans le théâtre de l'Extrême-Orient, de l'Inde et dans celui des civilisations islamiques.

Nous nous en sommes tenu dans nos considérations à un seul domaine de l'art du spectacle, le théâtre dramatique. Une investigation pareille serait à faire pour tous les autres genres spectaculaires. Il semble cependant que, pour ce qui est des spectacles dotés d'affabulation, le phénomène de la dérivation, c'est-à-dire de leur dépendance thématique des sources littéraires et paralittéraires, est aussi courant (et, dans certains genres spectaculaires, même plus courant) que dans le drame. Signalons brièvement quelques domaines proches du théâtre dramatique.

L'opéra européen naquit, au seuil du XVIIe siècle, sous le signe des anciens « qui, selon une opinion répandue, chantaient sur la scène les tragédies toutes entières » (c'est ainsi que s'expliquait Jacopo Peri, auteur d'*Euridice* jouée en 1600 à Florence). Pendant deux siècles, le genre fut sous la domination des thèmes puisés dans la mythologie et dans l'histoire ancienne, souvent par l'intermédiaire de la tragédie contemporaine. Les innombrables Orphée, Ariane, Thésée, Daphné, Hercule, Médée, Coriolan, Pompée et Bérénice faisaient retentir les salles de théâtre de leurs airs et récitatifs. Iphigénie seule inspira une vingtaine d'opéras, tragédies lyriques ou drames lyriques. Vers la fin du XVIIIe siècle, les sujets modernes, tirés de la littérature contemporaine, empruntés à la légende, à la poésie et au drame se firent de plus en plus fréquents dans l'opéra, ils envahirent le répertoire des XIXe et XXe siècles. Les adaptations de romans célèbres (*Madame Bovary, La Chartreuse de Parme,* etc.) et d'ouvrages drama-

tiques (*Wozzeck* d'Alban Berg, *Peer Gynt* et *Le Révizor* de Werner
Egk, *Les Mamelles de Tirésias* et *La Voix humaine* de Francis
Poulenc, *Les Caprices de Marianne* d'Henri Sauguet) manifestent
leur présence sur les scènes lyriques jusqu'à l'époque contemporaine. D'ailleurs, il n'y a qu'à parcourir les titres des opéras
à partir du XVIIᵉ siècle, il n'y a qu'à considérer les sujets mis en
musique par les plus célèbres créateurs dans ce domaine, Lulli,
Rameau, Gluck, Haendel, Haydn, Mozart, Rossini, Donizetti,
Berlioz, Wagner, Gounod, Verdi, Tchaïkovsky, pour se convaincre
que l'écrasante majorité des livrets d'opéra a le caractère dérivé.

L'oratorio, genre apparenté à l'opéra, repose presque entièrement
sur des sujets dérivés, leur source principale étant la Bible. L'opérette et la comédie musicale, issues de l'opéra comique, font preuve
d'une certaine originalité thématique. Cependant les auteurs de
livrets puisent abondamment dans l'histoire, dans la légende et
dans les ouvrages littéraires préexistants ; la parodie y tient une
place importante. Le *musical*, celui de provenance américaine
et celui de provenance anglaise, s'inspire de plus en plus régulière-
ment des sujets consacrés par le roman, par le théâtre dramatique
et par l'opéra ; *Kiss me Kate*, *My Fair Lady*, *Carmen Jones*, *West
Side Story*, *Man of la Mancha*, *Oliver*, *Canterbury Tales*, sont des
exemples choisis parmi les plus grands succès du *musical*.

S'il s'agit du ballet, genre de spectacle qui se passe de la parole,
les historiens et les théoriciens font une distinction entre la danse
pure ou non figurative et le ballet d'action. Le problème est
loin d'être propre à notre siècle, il existait dès les débuts du ballet
comme genre spectaculaire. N'opposait-on pas le *Ballet de la
reine Catherine de Médicis en l'honneur des ambassadeurs de Pologne* (décrit par Brantôme) au *Ballet de la défense du paradis*
(1572), celui-là dénué d'action, celui-ci, par contre, doté d'une
riche affabulation ? Si l'on admet que « le ballet oscille perpétu-
ellement entre ces deux pôles : narration chorégraphique et géo-
métrie plastique » (M.-Fr. Christout), il faut dire que la plupart
des ouvrages appartenant au premier de ces types, c'est-à-dire au
ballet d'action, ont des sujets dérivés. Il n'est pas facile de déterminer le thème de certains ballets des siècles passés, dont on ne pos-

C'est Gilgamesh, héros du poème sumérien du ~ IIIe millénaire, qui inspira Henryk Tomaszewski, animateur du Théâtre de Pantomime de Wrocław.

Photo G. Wyszomirska

sède ni l'argument ni aucune description. Mais ceux dont l'affabulation est connue, au moins sommairement, rendent évident le
fait que les sources thématiques du ballet — mythologie, légende
chevaleresque, histoire, tous les genres littéraires et dramatiques —
sont aussi variées que celles du drame ou de l'opéra et que dans
les ballets d'action (ouvrages chorégraphiques figuratifs) la proportion des fables dérivées est plus forte que dans les formes
théâtrales se servant de la parole.

La tâche d'évaluer l'ampleur de la dérivation thématique dans
le domaine de la pantomime, genre que l'absence de la parole
rapproche du ballet, mérite d'être entreprise, bien qu'elle présente de sérieuses difficultés. Les produits de l'art de la pantomime,
rarement fixés par écrit et rarement transmis aux générations
suivantes, sont fluides et difficiles à apprécier. D'ailleurs, les manifestations de pantomime revêtent des formes très diverses. Il y
en a qui se bornent à l'imitation des actions et des comportements
humains les plus élémentaires (on l'a vu chez les plus grands
mimes), et alors il peut difficilement être question de la dérivation
thématique. Par contre, si l'on considère les formes plus développées, notamment celles qui étaient répandues en France dans
la première moitié du XIXᵉ siècle ou qui sont pratiquées par
certaines troupes contemporaines (par exemple celle du mime
polonais Tomaszewski), c'est-à-dire la pantomime en tant que
genre institutionalisé, donnant des spectacles complets — il faut
dire que les faits historiques, la mythologie, la Bible, les sujets
littéraires connus y sont largement exploités. La notoriété du sujet
aide à communiquer au public l'affabulation d'un spectacle privé
de parole (notons que certains auteurs et animateurs de la pantomime avaient jugé utile d'y introduire partiellement la parole,
ce qui a donné des formes mixtes).

Quant à l'art du cinéma, relativement jeune mais dont la production est extrêmement abondante, la question des sources
thématiques se présente sous différents aspects. Inspiré, à ses débuts, de la pantomime (il n'y a qu'à lire les scénarios des pantomimes d'un Cuvelier pour voir des analogies frappantes avec
les premiers films muets), le cinéma se tourna assez vite vers des

sources écrites pour trouver dans la littérature, dans l'histoire, etc. des sujets plus complexes, répondant mieux aux besoins des longs métrages. Évoquons, à titre d'exemple, la longue carrière d'un genre cinématographique particulier, le « film épique » à grand spectacle qui, né vers 1907 en Italie, s'est surtout développé aux États-Unis. Les scénarios en sont tirés de la Bible, de la mythologie ou de l'histoire ancienne, avec une préférence marquée pour certains personnages, comme Jules César, Cléopâtre, Salomé, Néron. Quant aux adaptations d'ouvrages romanesques, rappelons seulement que parmi les trente-cinq films de Jean Renoir, au moins quinze sont inspirés des œuvres littéraires préexistantes (Zola, Maupassant, Mérimée, Flaubert, Mirbeau, Gorki), et qu'il y a des réalisateurs, tel Robert Bresson, dont presque tous les films sont dérivés. On pourrait citer une quantité de romans d'une renommée mondiale maintes fois portés à l'écran (*David Copperfield, Les Misérables, Anna Karénine, Ben Hur*), et il en est de même pour les ouvrages dramatiques : *Hamlet* seul a été filmé plus de quarante fois [61].

L'art du cinéma ayant subi, dans les dernières décennies, des changements profonds, le phénomène de la dérivation est à considérer sous un angle nouveau. Certains films sont des paraphrases très libres d'ouvrages littéraires (parfois adaptés auparavant d'une façon fidèle), plusieurs cinéastes refusent le scénariste et le scénario au sens traditionnel pour concevoir et réaliser leur film comme une création profondément personnelle et individuelle (film « écrit et réalisé par ... »), il se forme, enfin, entre romanciers et cinéastes, un style spécifique de collaboration qui réaffirme l'inter-

---

[61]   Jean-A. KEIM note qu' « en 1937, en France et en Allemagne, plus de 60% des films étaient tirés de pièces de théâtre ou de romans » (*Un nouvel art : Le cinéma sonore*, Paris, A. Michel, 1947, p. 66). « Sur dix films importants, il y en a huit qui représentent des pièces de théâtre transposées au cinéma » (Jean-Michel RENAITOUR, *Où va le cinéma français ?*, Paris, Éd. Baudinière [1937], p. 332). De 1910 à 1934, sept cent trente-six films réalisés en Allemagne étaient des adaptations de pièces de théâtre allemandes. Cf. Jean KIEHL, *Les Ennemis du théâtre. Essai sur les rapports du théâtre avec le cinéma et la littérature 1914-1939*, Neuchâtel, A La Baconnière, 1951.

dépendance de ces deux genres tout en situant leurs rapports sur un plan entièrement nouveau [62]. Néanmoins, les ouvrages narratifs et dramatiques restent toujours une source thématique privilégiée, et il y a des années où plus de la moitié de la production cinématographique a le caractère dérivé.

Le problème de la dérivation thématique se pose dans la plupart d'autres genres de spectacle, avec ou sans parole — théâtre d'ombres, fête, cortège, « son et lumière », jeu de figurines — , la littérature et l'histoire y jouant un rôle prépondérant. Même quand les manifestations de ce genre trouvent l'inspiration directe dans les arts plastiques, elles rejoignent par cet intermédiaire la tradition littéraire ou historique, l'œuvre plastique en question étant le plus souvent inspirée d'une légende, d'un mythe, d'une chronique ou d'un ouvrage littéraire.

*

Quelles sont les raisons de la quasi-régularité et de la quasi-universalité du phénomène de la dérivation des manifestations de l'art du spectacle par rapport aux sources littéraires au sens très large ? C'est un problème complexe. Chaque genre de spectacle et chaque époque ont leurs propres raisons pour présenter sur la scène des sujets connus, des grands mythes, d'autres ouvrages littéraires ou des faits historiques. Il est aussi des causes d'une portée plus générale, des causes d'ordre psychologique et artistique, sociologique et économique, idéologique et politique, il est des facteurs agissant au-delà d'une seule période ou d'une seule aire culturelle.

Notre aperçu historique a été centré sur le théâtre dramatique, mieux que les autres domaines spectaculaires exploré au point de vue des rapports avec la littérature non dramatique, depuis les considérations de Lessing (*Hamburgische Dramaturgie*, 1767-68), celles de Goethe et de Schiller (*Briefwechsel über epische und*

---

[62]   Cf. le numéro spécial de *La Revue des Lettres Modernes* (36-38, été 1958), intitulé « Cinéma et roman. Éléments d'appréciation », et l'article de Michel Décaudin, « Roman et cinéma » (*Revue des Sciences Humaines*, octobre-décembre 1961, pp. 623-628).

dramatische Dichtung, 1797) [63], jusqu'au livre de Willi Flemming
Epik und Dramatik (1955), en passant — pour ne s'en tenir qu'à
la pensée critique allemande — par Friedrich Spielhagen (*Neue
Beiträge zur Theorie und Technik der Epik und Dramatik*, 1898),
par Ernst Hirt (*Das Formgesetz der epischen, dramatischen und
lyrischen Dichtung*, 1923) et par Robert Petsch (*Wesen und Formen
der Erzählkunst*, 1934, *Wesen und Formen des Dramas*, 1945).
Même lorsqu'on se borne au domaine dramatique, il n'est pas
facile de trouver un dénominateur commun, un facteur universellement valable qui déterminerait et expliquerait l'ampleur,
quantitative et qualitative, de la dérivation thématique dans les
ouvrages destinés à être représentés.

Les anciens Grecs, par exemple, considéraient leur mythologie
comme seule source digne d'un travail littéraire, même s'il était
permis au poète d'apporter toutes les modifications possibles
aux aventures de leurs dieux ou héros. Les Romains se piquaient
d'imiter tout ce qui venait de leur sœur aînée, la Grèce ; à tel
point que certains dramaturges prétendaient copier les Grecs
plus qu'ils ne le faisaient en réalité. Pour les auteurs médiévaux,
créer à partir de zéro aurait été singer Dieu ; ils mettaient leur
point d'honneur à ne pas inventer les sujets de leurs pièces. Les
humanistes de la Renaissance européenne, en s'inspirant des
modèles latins ou italiens, ne tenaient pas à l'originalité absolue
de leurs œuvres ; il leur suffisait d'être les premiers dans leur
langue. Pour les tragiques du XVIIe et du XVIIIe siècle, la provenance historique de leurs sujets était garant de la « vérité » et de
la « vraisemblance », recherchées à tout prix pour des raisons

---

[63] « Der Epiker und Dramatiker sind beide den allgemeinen poetischen
Gesetzen unterworfen, besonders dem Gesetze der Einheit und dem Gesetze
der Entfaltung; ferner behandeln sie beide ähnliche Gegenstände und können
beide alle Arten von Motiven brauchen; ihr großer wesentlicher Unterschied
beruht aber darin, daß der Epiker die Begebenheit als *vollkommen vergangen*
vorträgt, und der Dramatiker sie als *vollkommen gegenwärtig* darstellt » (cit.
d'après Johann Wolfgang GOETHE, *Über Kunst und Literatur. Eine Auswahl*,
herausgegeben und eingeleitet von Wilhelm Girnus, Berlin, Aufbau-Verlag,
1953, p. 410).

doctrinales. A partir du XVIIIe siècle, nous l'avons vu, les causes de la dérivation se multiplient et s'entremêlent de plus en plus.

Il est à remarquer, d'autre part, le côté pratique de ce phénomène. Du point de vue du métier d'écrivain, on ne saurait sous-estimer le facteur de la « facilité », éprouvée par certains auteurs, de traiter un sujet donné d'avance. Mais ce qui est vrai pour tel écrivain, ne l'est pas pour tel autre qui préfère donner libre cours à son imagination, inventer tout, en commençant par la fable. Prenons un autre point de vue. Avec une fable empruntée on présuppose que le sujet du drame représenté soit connu du public, et l'on est obligé de tenir compte de toutes les conséquences de ce fait. Mais cela n'est valable que pour certaines époques, certaines traditions et certains genres (tragédie antique, théâtre de l'Extrême-Orient, drame liturgique médiéval, adaptations de romans à succès), tandis qu'en d'autres cas la dérivation thématique n'implique pas nécessairement la connaissance du sujet par les spectateurs.

En posant le problème sur un terrain plus large, qui dépasse les cadres de la littérature, on se demande si le phénomène de la dérivation du drame par rapport aux autres formes littéraires ne s'explique pas par le fait qu'un ouvrage dramatique est un spectacle virtuel, c'est-à-dire qu'il n'est que le point de départ d'une œuvre d'art de nature différente. Bien que formée dans le même matériau qu'un ouvrage littéraire ou paralittéraire non dramatique, à savoir la parole, une œuvre dramatique implique l'utilisation d'autres moyens d'expression, elle implique le recours à la perception sensorielle du consommateur, la coexistence et l'interpénétration des éléments expressifs verbaux et extra-verbaux, elle est destinée à être recréée continuellement dans l'espace et dans le temps. C'est donc dans l'optique des rapports entre l'ouvrage dramatique et sa réalisation théâtrale qu'il convient de considérer les rapports entre l'ouvrage dramatique et l'ouvrage littéraire préexistant.

TROISIÈME PARTIE

DANS L'UNIVERS DES SIGNES

DANS la première partie de la présente étude nous avons essayé d'introduire, sur le plan esthétique, une distinction aussi nette que possible entre la littérature et le spectacle. La deuxième partie a été consacrée à mettre en lumière le fait que la plupart des manifestations de l'art du spectacle dérivent du grand réservoir de sujets constitué par la littérature, l'histoire, la légende, etc. C'est le passage de la forme littéraire au sens le plus large du terme à la forme spectaculaire — ou, si l'on revient à notre schéma de la page 76, le passage des secteurs 1 et 2 aux secteurs 3, 4 et 5 — qui est le fil conducteur des considérations qui suivent. Ce n'est donc plus la transformation d'une donnée historique en ouvrage dramatique qui nous intéresse, mais la transformation de l'ouvrage dramatique en représentation théâtrale ; non pas la mutation d'une nouvelle en scénario, mais la mutation du scénario en film ; non pas le rapport entre un sujet historique ou littéraire et le livret d'un opéra, mais le rapport entre le livret et le spectacle de l'opéra ; non pas la métamorphose d'une fable préexistante en argument d'un ballet ou d'une pantomime, mais la métamorphose de l'argument en ballet ou en pantomime. D'un côté de cette ligne de partage il n'y a donc que la parole (sous forme écrite ou orale), de l'autre — la parole articulée accompagnée d'éléments expressifs extra-verbaux ou bien, dans le cas du ballet, de la pantomime, etc., seuls les éléments extra-verbaux. Ce passage consiste donc en changement de moyens d'expression. Et si l'on se réfère à notre définition de l'art du spectacle fondée sur les

notions d'espace et de temps, on peut dire que le phénomène
évoqué, c'est-à-dire la transmutation du matériau littéraire en
spectacle équivaut à la spatialisation de son contenu conceptuel
(bien que le résultat de ce processus ne soit jamais adéquat).

Dans l'*Interview de l'auteur par lui-même* Armand Salacrou
a écrit : « J'aime le théâtre parce qu'il donne une grossière mais
visible réalité aux créations de mon esprit, parce qu'il est un pont
entre ma pensée et les choses que ma main touche. Au moins,
que je puisse voir mes paroles correspondre à des gestes, même
si ces gestes ne sont pas dessinés avec mon corps ... »[1].

Max Frisch, romancier et dramaturge, a noté dans son *Journal*,
en avril 1948, les réflexions suivantes : « Hamlet avec le crâne
de Yorick. Quand cette scène est racontée, il faut se représenter
les deux choses, imaginer les deux, le crâne dans la main vivante
et les plaisanteries du défunt Yorick dont Hamlet se souvient.
Le récit, contrairement au théâtre, repose entièrement sur le langage, et tout ce que le narrateur peut communiquer m'atteint
sur le même plan : sur le plan de l'imagination. Le théâtre se manifeste d'une manière essentiellement autre : le crâne qui n'est
plus qu'un objet, la tombe, la bêche, tout cela, je l'ai déjà perçu
par les sens, machinalement, inévitablement, à chaque instant,
au premier plan, tandis que mon imagination, fixée tout entière
sur les paroles de Hamlet, n'a plus qu'à évoquer la vie effacée, et elle
le peut avec d'autant plus de précision que je n'en ai point d'autre
usage. Ce qui est effacé et ce qui est visible, le passé et le présent :
répartis entre imagination et perception... L'écrivain 'théâtral'
donc joue sur mes deux antennes, et il est évident que l'un, un
crâne, et l'autre, les plaisanteries d'un plaisantin, ne représentent
à eux seuls que peu de chose ; l'idée, tout ce qu'exprime cette
scène, tout ce qui nous touche dans cette scène, résulte des rapports
de ces deux images entre elles, et cela uniquement ». Le futur
auteur de *Biedermann et les incendiaires* insiste sur la solidarité
de la PERCEPTION et de l'IMAGINATION au cours d'un spectacle.
« Leur rencontre — écrit-il — , leurs rapports, le champ magné-

---

[1] *Théâtre*, Paris, Gallimard, 1949, t. 1, p. 42.

tique qui s'établit entre elles, voilà, me semble-t-il, ce que l'on pourrait appeler THÉÂTRAL » [2].

Citons aussi quelques observations de Gaëtan Picon sur la littérature et le cinéma : « Lire, c'est assister à un mouvement de création, plus qu'aux résultats de cette création : l'on ne cesse pas d'entendre les pas du langage cherchant à poser les images, et les proposant plus que les posant ; car lire est aussi participer à un mouvement qui ne s'accomplit que par nous, qui a besoin de notre intervention la plus active, puisque les images ne sont pas là, elles ne sont dans les mots que virtuellement, et elles appellent de notre part une opération qui doit refaire celle de l'écrivain. Regarder les images d'un film, au contraire, bien plus que participer au mouvement et aux structures implicites d'un *logos*, c'est en recevoir les résultats explicites : les images sont là, nous ne pouvons pas ne pas les voir. Nous n'avons pas à les imaginer, mais à ouvrir les yeux sur elles comme sur des choses perçues, à les explorer rapidement, avidement dans la seconde qui nous est impartie » [3]. Ces paroles consacrées au film pourraient être appliquées aussi bien à tout autre genre de spectacle.

En passant de la littérature au spectacle on passe donc du conceptuel, de l'imaginatif, à la perception sensible. Mais la limite n'est pas rigide. Par exemple un texte littéraire communiqué oralement contient déjà des éléments de l'interprétation sensorielle (voix du récitant, articulation, ton, diction), sans pour autant devenir spectacle. D'ailleurs, la tendance à traiter le texte littéraire comme une récitation virtuelle est très répandue, parmi les théoriciens aussi bien que dans certaines traditions culturelles. Dans la Grèce antique, les poèmes étaient écrits pour être joués, chantés ou déclamés. De même pour Hegel, « les œuvres de la poésie doivent être récitées, chantées, prononcées, en un mot représentées par une personne vivante, comme les œuvres de la musique » [4]. Ce n'est donc pas au niveau du texte que s'impose la limite entre la

---

[2] *Journal 1946-1949*, tr. par M. Besson et Ph. Pilliod, Paris, Gallimard, 1964, pp. 226-227.
[3] *Le Monde*, 11 mars 1967.
[4] *Esthétique*, textes choisis par Cl. Khodoss, Paris, P.U.F., 1962, p. 116.

littérature et le spectacle. La différence fondamentale réside dans la présence des moyens d'expression qui accompagnent la parole ou la remplacent, cela veut dire des éléments visuels susceptibles d'être communiqués dans l'espace et dans le temps à la fois. Il n'y a pas de littérature sans parole. Le spectacle peut s'en passer, mais il n'y a pas de spectacle sans effets visuels et spatio-temporels.

Le rôle du langage dans le spectacle varie selon les genres, les époques, les traditions, les styles de la mise en scène, etc. Il est essentiel dans le théâtre dramatique, beaucoup moins déterminant dans le cinéma ou dans le music-hall, minime dans le cirque, nul dans le ballet ou dans le jeu de figurines. Il est plus important dans une tragédie du XVIIe ou du XVIIIe siècle que dans une « tranche de vie » naturaliste ou dans un drame intimiste de notre siècle. Il est moins grand dans certaines traditions orientales que dans le théâtre européen. L'importance du langage s'accentue dans une mise en scène sobre et « dépouillée », elle s'efface en présence des moyens visuels superpuissants.

Cependant l'absence, même totale, de la parole dans un spectacle n'implique pas sa pauvreté « littéraire », elle ne préjuge pas de son infériorité sémantique par rapport aux spectacles parlés. Si le cinéma muet, ayant eu recours habituellement aux textes explicatifs projetés, n'est pas un exemple pleinement valable, un film contemporain créé délibérément sans paroles, comme L'Ile nue du réalisateur japonais Kaneto Shindo (1961), témoigne d'une richesse sémantique et émotive exceptionnelle. Et que d'exemples dans le domaine de la pantomime. Le Manteau, d'après Gogol, interprété par la troupe de Tomaszewski (Wrocław), est un drame achevé, à plusieurs personnages, doté d'une affabulation très riche. Si l'on veut apprécier les possibilités de la pantomime à partir du stade primaire du processus de la création, c'est-à-dire à partir du scénario, on n'a qu'à savourer le *mimodrame en deux parties* d'Albert Camus, *La Vie d'artiste* [5]. Cette pantomime fait preuve non seulement d'une abondance sémantique extraordi-

---

[5]   Publié dans *Simoun* (Oran), n° 8, avril 1953, pp. 13-20.

naire — elle contient une telle opulence des significations sous-jacentes que des dialogues surajoutés ne serviraient à rien. Alain, parlant de la forme théâtrale, est allé jusqu'à affirmer : « Dans tout art qui emploie les mots, plus la matière du mot domine, j'entends son bruit, son sifflement, son crépitement, plus l'expression est pauvre » [6].

Pour éclaircir le caractère des rapports entre les trois stades de la création auxquels est consacrée notre étude — fable pré-existante, texte dramatique et spectacle (évidemment, un de ces stades, le premier ou le deuxième, pourrait être supprimé) — rapports qui se manifestent sur le plan esthétique aussi bien que sémantique, nous avons choisi comme point de repère une forme de spectacle à mi-chemin entre le drame parlé et la pantomime, forme où les moyens d'expression verbaux et extra-verbaux constituent un mélange tout à fait spécial. C'est le théâtre indien *kathâkali*, une sorte de drame dansé ayant une vieille tradition et cultivé de nos jours dans l'état de Kerala, dans le Sud-Ouest de l'Inde [7]. Le *kathâkali* est une synthèse du théâtre dramatique, de la pantomime, du ballet et de l'opéra. Mais ce qui offre pour nous un intérêt particulier, c'est le système de corrélations spécifiques entre les valeurs significatives formant l'affabulation et les moyens de les communiquer aux spectateurs.

Il y a, au départ, une légende ancienne ou une épopée sanscrite (*Mahâbhârata*, *Râmâyana*). Un auteur contemporain en tire un dialogue qui ne compte que quelques dizaines de répliques. Ce texte n'est donc qu'un canevas très élémentaire et très incomplet par rapport à la pièce future. D'ailleurs, il n'est pas exécuté par les personnages respectifs qui devraient prononcer les paroles, mais par des tiers présents sur la scène — récitants ou chanteurs qui psalmodient les répliques avec l'accompagnement des instruments à percussion. Les acteurs jouant les personnages du drame sont d'habitude muets, leur comportement est celui des danseurs et des

---

[6] *Système des beaux-arts*, éd. cit., p. 141.
[7] La troupe du Kerala Kalâmandalam a fait une tournée en Europe en 1967.

mimes. « Le danseur, par les seuls mouvements de ses mains ou de ses yeux est capable de raconter le sujet de sa danse. Point n'est ici besoin d'une exacte synchronisation des mots, de la musique et des gestes. Mais cette synchronisation des mots, de la mesure et des mouvements existe dans d'autres passages où le danseur suit avec précision le texte littéraire. Enfin, le *kathâkali* offre une variété de pantomime dans laquelle le danseur ne se sert du texte de vers que comme point de départ. Sans s'aider des mots, il improvise ensuite toute une succession d'événements. Il se sert alors du langage de ses mains pour développer un mot de manière variée. [...] Le danseur s'abandonne pleinement à ses facultés d'imagination, et même si le vers de la poésie ne dit par exemple que 'le héros Bhima a traversé la forêt', le danseur jouit d'une entière liberté pour dépeindre la forêt dans toute sa splendeur et sa beauté. [...] Le combat de la panthère et du cobra, le mouvement du troupeau d'éléphants, les bonds du daim agile et la danse des perroquets, tout cela est recréé par l'acteur au moyen de mouvements suggestifs » [8]. Pour exprimer le contenu « littéraire » du drame, pour en communiquer la fable, l'acteur du *kathâkali* a donc recours principalement à ses mains et à son visage. Un système très développé et très précis de gestes des mains est en usage (*moudrâ*), son code étant connu des spectateurs, ce qui leur permet de suivre de longues scènes qui sont brodées en marge du texte chanté par le « chœur ». « Ainsi, après qu'un vers (*pada*) a été chanté, et que sa signification a été exprimée par la pantomime, le chanteur s'arrête et l'acteur intervient pour en interpréter le contenu littéraire, au moyen des seuls gestes et sur un fond d'instruments à percussion [...] ; un acteur imaginatif et bien entraîné peut ainsi captiver le public pendant des heures, au moyen d'une unique variation » [9].

Dans le drame du *kathâkali* la parole constitue donc un lien

---

[8] Kapila VATSYAYAN, *Le Kathâkali*, dans *Kathâkali. Le théâtre dansé de l'Inde*, Berlin, Institut International d'Études Comparatives de la Musique [1967], p. 16.

[9] *Ibid.*, p. 24.

incontestable et le plus direct entre la source épique et le spectacle théâtral. Mais elle n'est qu'un moyen tout à fait secondaire s'il s'agit de communiquer au public le sujet de la légende épique ou l'affabulation du drame représenté. (Ajoutons que la fonction communicative des mots peut être réduite à zéro dans le cas où le texte est écrit et exécuté en sanscrit, langue ignorée aujourd'hui par la plupart des spectateurs hindous.) Le rôle subalterne de la parole est confirmé par la disproportion suivante : la représentation du drame *Nala Charita*, en version abrégée pour les tournées, dure plus de deux heures, tandis que son texte n'est que de neuf pages dactylographiées. Et si l'on compare ce texte poétique avec le résumé du drame à l'usage des spectateurs étrangers, résumé qui tient compte des éléments sémantiques de la représentation autres que la parole, on constate non seulement que ce dernier nous dit plus que le texte original, mais que l'affabulation de certaines scènes n'est pas pareille dans les deux versions.

La majeure partie des informations communiquées aux spectateurs pendant le spectacle d'un drame du *kathâkali* (au moyen de la parole, du geste, de la mimique, du mouvement, du costume, du maquillage, du décor) trouve son inspiration dans la source épique qui est un ouvrage littéraire, donc un ensemble de signes linguistiques. Mais le nombre d'informations transmises par la voie du langage est minime. La plupart des signes linguistiques, tout en gardant leur valeur significative, sont transformés en signes mimiques, gestuels, etc. Concluons. Il y a eu, comme point de départ, une légende ou une épopée, un ensemble de mots c'est-à-dire de signes linguistiques. Un dramaturge en tire un dialogue, donc il crée un autre ensemble de signes linguistiques, en reproduisant et en remaniant certains éléments du premier ensemble. Cette nouvelle séquence de signes est très fragmentaire par rapport à sa source aussi bien que par rapport à une autre combinaison de signes qu'elle doit alimenter : le spectacle théâtral. Bon nombre de signes linguistiques provenant de la même source épique sont transmutés en signes non linguistiques, ils sont intégrés dans la représentation sans intermédiaire de la parole. Le résultat final, le spectacle du *kathâkali*, est un ensemble de signes de caractère

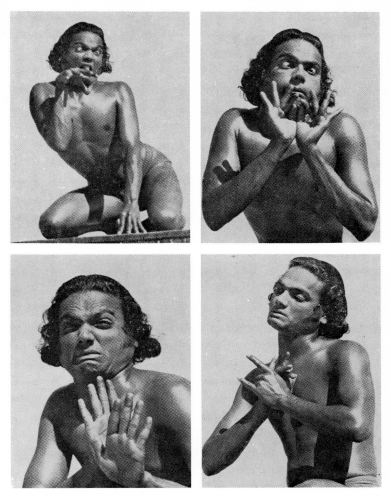

Le tigre, le serpent, le dégoût et la tristesse — interprétés par un acteur du drame dansé indien.

Kathâkali, éd. cit.

matériel et sensoriel divers, inspirés d'une même source préexistante.

Nous venons d'introduire la notion de SIGNE qui s'avère utile non seulement à l'analyse et à l'interprétation du cas évoqué. Il ne s'agit certes pas de remplacer le terme traditionnel de « moyen d'expression » par un terme nouveau de « système de signes ». Avec celui-ci on aborde une science générale des signes et son application dans la vie sociale qu'on appelle SÉMIOLOGIE. Il nous semble que la sémiologie ouvre des perspectives intéressantes en ce qui concerne l'étude des rapports entre l'ouvrage non dramatique et l'ouvrage dramatique dérivé, entre la littérature et le spectacle, et aussi entre différents genres de l'art spectaculaire.

La notion de signe, σῆμα (sêma), a fait fortune dans la philosophie et dans l'histoire des sciences. Hippocrate et les stoïciens, Platon et Aristote, saint Augustin et Occam, Descartes et Leibniz, Locke et Hegel, Humboldt et Peirce figurent parmi ceux qui s'en occupèrent avec pénétration. Elle a engendré une grande variété de disciplines — sémiotique, sémiologie, sémasiologie, sémantique, sématologie — qui changeaient de nom et de contenu sous l'influence du temps et parfois de la mode, tombaient dans l'oubli pour réapparaître sous l'impulsion d'un grand penseur. L'histoire des sciences du signe mérite d'être étudiée systématiquement. Nous nous bornerons à signaler que, parmi les termes cités ci-dessus, ceux de sémiotique et de sémiologie (ou séméiologie) avaient parcouru une carrière plus longue et plus riche que les autres. Ils furent appliqués, depuis l'Antiquité grecque, à deux domaines apparemment éloignés : la médecine et l'art militaire (la science de faire manœuvrer les troupes à l'aide de signaux). C'est en médecine qu'ils se montrèrent le plus persévérants. Dans la plupart des pays de l'Europe, tout au cours du XIXᵉ siècle et aujourd'hui encore, l'étude médicale des symptômes des maladies est appelée sémiologie ou sémiotique.

Le terme de sémiologie fit irruption dans les sciences humaines grâce à Ferdinand de Saussure ou plutôt à son *Cours de linguistique générale*, reconstitué après sa mort et publié en 1916. Rappelons les passages trop célèbres, mais qui doivent servir de point de

repère à toute tentative d'élargir le champ de recherches sémiologiques dans les sciences sociales.

« La langue est un système de signes exprimant des idées, et par
là, comparable à l'écriture, à l'alphabet des sourds-muets, aux
rites symboliques, aux formes de politesse, aux signaux militaires,
etc., etc. Elle est seulement le plus important de ces systèmes.
On peut donc concevoir UNE SCIENCE QUI ÉTUDIE LA VIE DES SIGNES
AU SEIN DE LA VIE SOCIALE ; elle formerait une partie de la psychologie sociale, et par conséquent de la psychologie générale ;
nous la nommerons SÉMIOLOGIE (du grec *sêmeîon*, 'signe'). Elle
nous apprendrait en quoi consistent les signes, quelles lois les
régissent. [...] La linguistique n'est qu'une partie de cette science
générale, les lois que découvrira la sémiologie seront applicables
à la linguistique [...]. Si l'on veut découvrir la véritable nature
de la langue, il faut la prendre d'abord dans ce qu'elle a de commun
avec tous les autres systèmes du même ordre ; [...] nous pensons
qu'en considérant les rites, les coutumes, etc... comme des signes,
ces faits apparaîtront sous un autre jour, et on sentira le besoin
de les grouper dans la sémiologie et de les expliquer par les lois
de cette science » [10].

La sémiologie postulée par le linguiste genevois n'a pas réussi,
pendant plus d'un demi-siècle, à se constituer à travers les différentes disciplines, mais les recherches sémiologiques ont fait de
grands progrès, dans les dernières décennies, surtout en linguistique et en psychologie sociale. On a essayé d'introduire les méthodes de l'analyse sémiologique dans quelques domaines constituant des répertoires de signes sociaux : la signalisation routière,
la mode, la nourriture, les gestes. On s'est beaucoup moins
occupé de la sémiologie de l'art, sauf l'art littéraire, le plus
proche de la linguistique.

Une des premières tentatives pour examiner l'art comme fait
sémiologique fut la communication de Jan Mukařovský au VIIIᵉ
Congrès International de Philosophie à Prague, en septembre
1934. Mukařovský part du principe que « tout contenu psychique

[10] *Cours de linguistique générale*, pp. 33-35.

dépassant les limites de la conscience individuelle acquiert par le fait même de sa communicabilité le caractère de signe », il affirme que « l'œuvre d'art est en même temps signe, structure et valeur », pour conclure d'une façon clairvoyante : « tant que le caractère sémiologique de l'art ne sera pas suffisamment éclairé, l'étude de la structure de l'œuvre d'art restera nécessairement incomplète. Sans orientation sémiologique, le théoricien de l'art sera toujours enclin à regarder l'œuvre d'art comme une construction purement formelle, ou même comme le reflet direct soit des dispositions psychiques, voire physiologiques de l'auteur, soit de la réalité distincte exprimée par l'œuvre, soit de la situation idéologique, économique, sociale ou culturelle du milieu donné. [...] Seul le point de vue sémiologique permettra aux théoriciens de reconnaître l'existence autonome et le dynamisme essentiel de la structure artistique, et d'en comprendre l'évolution comme un mouvement immanent, mais en rapport dialectique constant avec l'évolution des autres domaines de la culture »[11].

Toutefois, les développements du linguiste pragois ont un caractère très général. Il distingue deux fonctions sémiologiques : la fonction communicative et la fonction autonome, mais ne propose aucune méthode d'analyse sémiologique dans le domaine de l'art. Loin de traiter une œuvre d'art comme un ensemble ou une séquence de signes, il paraît la considérer comme UN signe (« toute œuvre d'art est un signe », « l'œuvre d'art a un caractère de signe », etc.).

Trois ans plus tard, c'est l'esthéticien polonais Mieczysław Wallis qui préconisa l'application de la méthode sémiologique (ou sémantique) à l'étude des œuvres d'art, notamment des spectacles de théâtre. Voici quelques extraits de sa communication au IIe Congrès International d'Esthétique et de Science de l'Art qui s'est tenu à Paris, en août 1937 : « Un grand nombre d'œuvres d'art sont des signes ou des ensembles de signes, des objets sémantiques. Les poésies, les peintures, les sculptures, les spectacles de

---

[11] *L'Art comme fait sémiologique*, dans *Actes du Huitième Congrès International de Philosophie à Prague*, Prague, Comité d'Organisation du Congrès, 1936, pp. 1065-1070.

théâtre, les films sont des objets sémantiques. Les arts se divisent
ainsi en deux groupes : ceux qui se servent de signes, les arts
sémantiques (la poésie, la peinture, la sculpture, le théâtre, le
film), et ceux qui ne se servent pas de signes, les arts asémantiques (l'architecture, la musique). Dans le groupe des arts sémantiques nous pouvons distinguer ensuite ceux qui se servent de
signes conventionnels (la poésie), les arts qui se servent de signes-
effigies (la peinture, la sculpture), et enfin les arts qui se servent
à la fois de signes-effigies et de signes conventionnels (le théâtre,
le film). [...] Un domaine tout à fait nouveau s'ouvre ici à nos
recherches : l'étude des œuvres d'art du point de vue sémantique.
Nous pouvons étudier notamment quels éléments asémantiques,
quels signes-effigies, signes conventionnels, etc., font partie des
œuvres poétiques, picturales, sculpturales, des spectacles de
théâtre et des films, et de quelle manière ces éléments sémantiques et asémantiques sont liés entre eux et organisés en différents
ensembles et couches. Nous pouvons également appeler ces
études : recherches sur la structure sémantique des œuvres d'art.
L'introduction des concepts sémantiques dans la théorie de l'art
permettra de préciser et d'approfondir un certain nombre de
théories se rapportant à ce domaine » [12].

Dans son livre publié en 1943, qui constitue un des ouvrages
fondamentaux dans l'histoire de la jeune discipline sémiologique, Eric Buyssens consacre très peu de place aux phénomènes de
l'art. Contrairement à Mukařovský et à Wallis, il exprime l'opinion
que « l'art est peu sémique ». « Son économie — continue-t-il —
est purement artistique : elle est le moyen de mettre en valeur les
éléments qui doivent produire l'émotion. Mais on chercherait en
vain une opposition de signification entre les diverses œuvres
d'un même artiste et encore moins entre le œuvres de divers
artistes : le but de l'artiste n'est pas de créer une œuvre pour
chaque émotion ou complexe d'émotions à créer ; il n'est pas né-

---

[12] *L'Art au point de vue sémantique. Une méthode récente de l'esthétique*,
dans *Deuxième Congrès International d'Esthétique et de Science de l'Art,
Paris 1937*, Paris, F. Alcan, 1937, t. 1, pp. 19–21.

cessaire non plus qu'une même émotion soit toujours traduite par les mêmes moyens. L'œuvre artistique ne remplit pas le rôle utilitaire de l'acte sémique appelant la collaboration ; c'est plutôt le témoin d'un événement psychologique »[13]. Cette dernière constatation est un pas en arrière par rapport aux thèses de Muka-řovský et de Wallis. Heureusement, elle n'est pas la seule opinion sur l'art comme fait sémiologique (ou sémique, d'après sa termino-logie) qu'on trouve dans le livre de Buyssens. Notons en passant que le linguiste belge distingue deux catégories de sémies : les sémies systématiques et les sémies asystématiques. Parmi les premières il énumère le discours, la signalisation routière ou maritime, les formules des mathématiciens, physiciens et chi-mistes, les notations commerciale, musicale et prosodique. Les sémies asystématiques sont pour lui : l'art, la publicité, la politesse, la gesticulation, les enseignes, etc. Cette distinction n'a aujourd'hui qu'une valeur historique, puisqu'on a depuis élaboré des critères de classification moins arbitraires ; si nous la rapportons ici, c'est pour souligner que tout en jugeant l'art « peu sémique », Buyssens lui réserve le rôle d'une sémie (c'est-à-dire ensemble de sèmes) distincte.

Après la Seconde Guerre mondiale, l'idée de traiter l'art comme

---

[13] *Les Langages et le discours. Essai de linguistique fonctionnelle dans le cadre de la sémiologie*, Bruxelles, Office de Publicité, 1943, p. 37. Les opinions d'Eric Buyssens sont beaucoup plus nuancées dans son livre *La Communication et l'articulation linguistique* (Bruxelles–Paris, Presses Universitaires de Bruxelles—P.U.F., 1967) qui constitue une version remaniée de son ouvrage précité. Il écrit notamment : « Lorsque le public comprend l'œuvre artistique, c'est-à-dire lorsque l'œuvre produit sur lui l'effet voulu par l'artiste, il s'établit entre l'artiste et le public une communion de sentiment : l'art se révèle après coup comme une possibilité de communication. Pour l'artiste, pareille com-munication offre un double intérêt : d'abord en faisant partager son plaisir esthétique, il en jouit davantage lui-même ; en outre, il obtient souvent des avantages sociaux en échange du plaisir qu'il procure. Ainsi l'œuvre d'art en vient à être réalisée pour le public ; l'art devient un fait sémique, alors qu'au départ il n'est essentiellement qu'une manifestation spontanée. Il faut donc attribuer à l'art une place très spéciale parmi les faits sémiques : il est essentiellement conditionné par le besoin de se manifester ; son caractère sémique est secondaire » (pp. 23-24).

un fait sémiologique gagne du terrain parmi les linguistes et les sémiologues. La littérature, art de la parole, est un champ privilégié de recherches sémiologiques qui sont poursuivies avec le plus d'ardeur en France, aux États-Unis et en Union Soviétique. En ce qui concerne les domaines de l'activité artistique autres que la littérature, les « intrusions » deviennent de plus en plus fréquentes, bien qu'elles restent peu systématiques. Il convient de noter que Roman Jakobson reconnaît depuis longtemps la peinture et le cinéma pour « langages non linguistiques », que les ouvertures de Roland Barthes sur différents domaines de l'art enrichissent ses analyses sémiologiques, que « L'art comme système sémiotique » fut un des grands thèmes du Symposium sur le signe organisé à Moscou en 1962, qu'au cours du Colloque international de sémiologie à Kazimierz (Pologne), en 1966, trois communications furent consacrées aux arts plastiques et six au cinéma, que dans le programme du Symposium international de sémiologie à Varsovie, en 1968, figuraient huit communications concernant le domaine artistique.

Cependant, la théorie du signe n'a été jusqu'ici appliquée, d'une façon systématique, à aucun domaine de l'art [14]. Quelles sont les raisons de cet état de choses ? Comment expliquer cette crainte d'aborder les régions de l'art ? La sémiologie moderne se forme à partir de la linguistique saussurienne. Mais, tandis que pour le maître genevois, « la linguistique n'est qu'une partie de cette science générale » (sémiologie), il se manifeste de nos jours une tendance inverse, à considérer la sémiologie comme une partie ou un aspect de la linguistique. Cette tendance à réduire tous les problèmes du signe au langage est peut-être la cause principale que la sémiologie s'occupe si peu des arts, en leur préférant des champs de signification où l'on trouve facilement des équivalents linguistiques.

Ce qui est plus frappant, c'est que les arts du spectacle, bien

---

[14] Signalons l'ouvrage de Jacques BERTIN, *Sémiologie graphique* (Paris–La Haye, Gauthier-Villars–Mouton, 1967) que Georges Mounin considère comme « la première théorie organique d'un système sémiologique (ou sémiotique) autre que les langues naturelles » (*Le Monde*, 16 mars 1968), mais qui

qu'ayant un champ commun avec les faits linguistiques (la parole), ont été, jusqu'à ces derniers temps, tenus presque à l'écart de l'analyse sémiologique. Nous trouvons chez Buyssens cette constatation que « la combinaison la plus riche de faits sémiques semble bien être celle qui se produit lors de la représentation d'un opéra ». Mais aux moyens scéniques d'expression (paroles, chant, musique, mimique, danse, costumes, décors, éclairage) il ajoute les réactions du public, les manifestations de la vie mondaine, sans oublier la participation du personnel du théâtre, des pompiers et des policiers. C'est donc au spectacle comme phénomène sociologique que pense Buyssens, quand il conclut : « Bref, c'est tout un monde qui se réunit et communique pendant quelques heures » [15]. Le seul genre de spectacle qui, à notre connaissance, a été abordé scientifiquement du point de vue sémiologique, est l'art du cinéma [16]. Il est à noter que plusieurs théoriciens et réalisateurs de théâtre, ainsi qu'hommes de métier, emploient le terme de « signe » en parlant d'éléments artistiques ou moyens d'expression théâtrale, ce qui prouve que la conscience ou la subconscience sémiologique est quelque chose de réel parmi ceux qui ont à s'occuper du spectacle [17]. Cela confirme en même temps le besoin d'une ouverture sémiologique sur l'art théâtral, la nécessité de considérer le spectacle du point de vue de la sémiologie.

s'occupe surtout des diagrammes et de la cartographie, sans examiner le rôle du signe graphique dans l'art.

[15] *Les Langages et le discours*, p. 56.

[16] Cf. notamment les études de Christian METZ recueillies dans son volume *Essais sur la signification au cinéma* (Paris, Klincksieck, 1968), son livre *Langage et cinéma* (Paris, Larousse, 1971) et les remarques de Jean MITRY dans *Esthétique et psychologie du cinéma* (surtout t. 1, pp. 119-148, et t. 2, pp. 436-448).

[17] Il serait intéressant de tracer une « préhistoire » de la sémiologie du spectacle. Rappelons que Charles BATTEUX a écrit, dans *Les Beaux-arts réduits à un même principe* (Paris, chez Durand, 1746) : « Toute musique et toute danse doit avoir une signification, un sens. [...] Les expressions, en général, ne sont d'elles-mêmes, ni naturelles, ni artificielles : elles ne sont que des signes » (pp. 260-261). Voici la question que se pose Denis DIDEROT dans le *Paradoxe sur le comédien* : « Et comment un rôle serait-il joué de la même manière par deux acteurs différents, puisque dans l'écrivain le plus clair [...] les mots ne sont et ne peuvent être que des signes approchés d'une pensée,

Un texte important, bien qu'assez bref, a été consacré au théâtre comme objet sémiologique par Roland Barthes. Voici les passages essentiels de son énoncé, publié sous forme d'interview dans la revue *Tel Quel*, en 1963.

« Qu'est-ce que le théâtre ? Une espèce de machine cybernétique. Au repos, cette machine est cachée derrière un rideau. Mais dès qu'on la découvre, elle se met à envoyer à votre adresse un certain nombre de messages. Ces messages ont ceci de particulier, qu'ils sont simultanés et cependant de rythme différent ; en tel point du spectacle, vous recevez EN MÊME TEMPS six ou sept informations (venues du décor, du costume, de l'éclairage, de la place des acteurs, de leurs gestes, de leur mimique, de leur parole), mais certaines de ces informations TIENNENT (c'est le cas du décor), pendant que d'autres TOURNENT (la parole, les gestes) ; on a donc affaire à une véritable polyphonie informationnelle, et c'est cela, la théâtralité : UNE ÉPAISSEUR DE SIGNES (je parle ici par rapport à la monodie littéraire, et en laissant de côté le problème du cinéma). Quels rapports ces signes disposés en contre-point (c'est-à-dire à la fois épais et étendus, simultanés et successifs), quels rapports ces signes ont-ils entre eux ? Ils n'ont pas même signifiants (par définition) ; mais ont-ils toujours même signifié ? CONCOURENT-ILS à un sens unique ? Quel est le rapport qui les unit à travers un temps souvent fort long à ce sens final, qui est, si l'on peut dire, un sens rétrospectif, puisqu'il n'est pas dans la dernière réplique et n'est cependant clair que la pièce une fois finie ? D'autre part, comment est formé le signifiant théâtral ?

d'un sentiment, d'une idée ; signes dont le mouvement, le geste, le ton, le visage, les yeux, la circonstance donnée, complètent la valeur ? » On notera qu'ALAIN, dans ses *Vingt leçons sur les beaux-arts* (1931) emploie abondamment les mots « signe », « signifier » en parlant du spectacle, de la danse, du costume, etc. (« l'échange, l'accord et le renforcement des signes », « répondre au signe par un signe concordant », « dans le feu d'artifice, il faut distinguer le signe sans concept, qui n'est que signe, et le signe qui exprime autre chose », « les mouvements humains, agissant comme signes absolus »). Antonin ARTAUD s'est également servi du terme de « signe » dans *Le Théâtre et son double* (« il me semble que sur la scène [...] le langage des mots doive céder la place au langage par signes », etc.).

Quels sont ses modèles ? [...] Toute représentation est un acte sémantique extrêmement dense : rapport du code et du jeu (c'est-à-dire de la langue et de la parole), nature (analogique, symbolique, conventionnelle ?) du signe théâtral, variations signifiantes de ce signe, contraintes d'enchaînement, dénotation et connotation du message, tous ces problèmes fondamentaux de la sémiologie sont présents dans le théâtre ; on peut même dire que le théâtre constitue un objet sémiologique privilégié puisque son système est apparemment original (polyphonique) par rapport à celui de la langue (qui est linéaire) » [18].

Ce texte, très condensé, a le mérite de poser les questions, sans aspirer à les résoudre. Il est à regretter que Roland Barthes n'ait pas développé, depuis, ses idées sur la sémiologie du théâtre.

Une autre prise de position qu'on ne saurait ignorer est celle de Georges Mounin. Dans son texte *La Communication théâtrale* l'éminent linguiste et sémiologue propose « une organisation systématique de tout ce qu'on savait de façon désordonnée sur le théâtre » et l'intégration de « toutes ces connaissances richement artisanales et toujours disparates et contradictoires dans une théorie objective possible du théâtre », et c'est parce que « la plus mince parcelle de vérité objective sur le fonctionnement du spectacle théâtral vaut infiniment plus que les grandes déclarations vaticinatoires et le pathos oraculaire qui sont souvent tout ce dont on dispose ici ». « La sémiologie du théâtre ne sera rien d'autre que la recherche enfin méthodique des règles (s'il y en a) qui gouvernent cette production très complexe d'indices et de stimuli destinés à faire participer le spectateur au maximum à un événement spécifiquement artificiel, dont on espère toujours qu'il sera pour lui hautement signifiant » [19].

*

En présentant les réflexions qui suivent, leur auteur se trouve

[18]   Cit. d'après Roland BARTHES, *Essais critiques*, Paris, Éd. du Seuil, 1964, pp. 258-259.
[19]   *Introduction à la sémiologie*, Paris, Éd. de Minuit, 1970, pp. 93-94.

dans une situation peu commode d'un défricheur (ou plutôt d'un éclaireur) obligé de partir de notions élémentaires. Il faut d'abord établir des limites. De même que pour le problème de la dérivation thématique nous nous sommes concentré sur le théâtre dramatique, nos considérations sémiologiques doivent être bornées à un domaine particulier du spectacle. Nous prendrons en considération l'art théâtral, d'ailleurs dans une acception assez large (drame, opéra, ballet, pantomime, marionnettes), en laissant de côté les autres formes spectaculaires, notamment le cinéma, le cirque ou le music-hall.

L'art théâtral est, parmi tous les arts, et peut-être parmi tous les domaines de l'activité humaine, celui où le signe se manifeste avec le plus de richesse, de variété et de densité. La parole prononcée par l'acteur a d'abord sa signification linguistique, c'est-à-dire elle est le signe des objets, des personnes, des sentiments, des idées ou de leurs interrelations, que l'auteur du texte a voulu évoquer. Mais déjà l'intonation de la voix de l'acteur, la façon de prononcer cette parole est capable d'en changer la valeur. Combien de manières de débiter les mots « je t'aime » qui peuvent signifier la passion ou l'indifférence, l'ironie ou la pitié. La mimique du visage et le geste de la main soulignent la signification des mots, la démentent, ou lui donnent une nuance particulière. Ce n'est pas tout. Beaucoup dépend de l'attitude corporelle de l'acteur et de sa position par rapport aux partenaires. Les mots « je t'aime » ont une valeur émotive et significative différente, selon qu'ils sont prononcés par une personne assise négligemment dans son fauteuil, une cigarette dans la bouche (rôle significatif supplémentaire de l'accessoire), par un homme tenant une femme dans ses bras, ou le dos tourné à la personne à laquelle ces paroles sont adressées.

Tout devient signe dans une représentation théâtrale. Une colonne en carton signifie que la scène se passe devant un palais. La lumière du projecteur dégage un trône, et nous voilà à l'intérieur du palais. La couronne sur la tête de l'acteur est le signe de la royauté, tandis que les rides et la blancheur de son visage, obtenues à l'aide des fards, et sa démarche traînante, sont autant de signes de la vieillesse. Enfin, le galop des chevaux s'intensifiant dans les coulisses est le signe qu'un voyageur s'approche.

Le théâtre se sert de la parole aussi bien que des systèmes de signification non linguistiques. Il a recours aux signes auditifs aussi bien que visuels. Il met à profit les systèmes de signes destinés à la communication entre hommes et ceux créés par le besoin de l'activité artistique. Il utilise les signes puisés partout : dans la nature, dans la vie sociale, dans les différents métiers et dans tous les domaines de l'art. Si l'on examine par curiosité la liste des arts « majeurs » et arts « mineurs », au nombre de cent, établie par Thomas Munro [20], il est facile de constater que chacun d'eux peut trouver sa place dans une représentation théâtrale, en y jouant un rôle sémantique, et qu'une trentaine d'entre eux se rattachent directement au spectacle. Pratiquement, il n'y a pas de système de signification, il n'existe pas de signe qui ne soit pas utilisable dans le spectacle. La richesse sémiologique de l'art du spectacle explique en même temps, pourquoi ce domaine a été si longtemps évité par les théoriciens du signe. C'est parce que richesse et variété veulent dire, dans ce cas, complexité.

Les signes, au théâtre, se manifestent rarement à l'état pur. Le simple exemple des paroles « je t'aime » vient de nous dire que le signe linguistique est accompagné le plus souvent du signe de l'intonation, du signe mimique, des signes du mouvement, et que tous les autres moyens d'expression, décor, costume, maquillage, bruitage, agissent simultanément sur le spectateur en qualité de combinaisons de signes qui se complètent, se renforcent, se précisent mutuellement, ou bien se contredisent. L'analyse d'un spectacle théâtral au point de vue sémiologique présente des difficultés sérieuses. Faut-il procéder aux coupes horizontales ou verticales ? S'agit-il avant tout de dégager les signes superposés de différents systèmes, ou de diviser le spectacle en unités dans son déroulement linéaire ? Mais le spectacle, ainsi que la plupart des combinaisons de signes, est communiqué dans le

---

[20] *Op. cit.*, pp. 127-129.

temps aussi bien que dans l'espace, ce qui rend l'analyse et la systématisation encore plus compliquées.

Les phénomènes de l'art théâtral pourraient être abordés, comme champ d'exploitation sémiologique, de plusieurs façons. Quelle méthode faut-il choisir ? La tâche serait sensiblement facilitée si l'on pouvait s'appuyer sur l'analyse théorique, suffisamment développée, de chaque système de signes dont se sert ou peut se servir le spectacle. Mais dans l'état où se trouvent les études sémiologiques, cela n'est pas possible. Certains domaines de l'expression artistique, comme les arts plastiques ou la musique, ne commencent qu'à être explorés par la sémiologie. Quant aux autres, spécifiquement scéniques, comme les mouvements corporels (mimique, gestes, attitudes), le maquillage ou l'éclairage, leur valeur sémantique est parfaitement appréciée et exploitée par les professionnels, mais les fondements théoriques font défaut ; les traités existants ne sont que des répertoires de caractère pure- ment pratique. Faute de bases sémiologiques assez solides pour pouvoir en tirer des conclusions sur le rôle de différents systèmes de signes dans le phénomène complexe du spectacle, nous nous sommes décidé à aborder la question par le résultat, c'est-à-dire le spectacle comme une réalité existante, en essayant de mettre un peu d'ordre dans ce désordre, ou plutôt l'apparence du dés- ordre due à la richesse de tout ce qui se déroule dans l'espace et dans le temps au cours d'une représentation théâtrale.

Il faut d'abord envisager la notion de signe. La théorie générale du signe est une science féconde qui se développe surtout au sein de la logique et de la linguistique. Pour la sémiologie, elle est un point de départ indispensable. Ce qui ne veut pas dire que la notion de signe soit claire. Au contraire, les définitions exis- tantes varient sensiblement, le terme même de signe est contesté, ou plutôt concurrencé par bon nombre de termes analogues — indice, signal, symbole, symptôme, insigne, icône, sème, information, message — qui font leur apparition non tellement pour le rem- placer que pour différencier la notion de signe selon les nombreuses fonctions qui lui incombent. Nous n'essayerons guère de créer des nomenclatures et des définitions nouvelles, pour ne pas em-

brouiller davantage la situation théorique du signe. Nous tâche-
rons d'en choisir celles qui nous paraissent les plus raisonnables et
en même temps les mieux adaptées à notre sujet, c'est-à-dire à la
sémiologie du spectacle.

1º Nous acceptons le terme de SIGNE, sans recourir aux autres
termes du même champ notionnel.

2º Nous adoptons le schème saussurien SIGNIFIÉ et SIGNIFIANT,
deux composants du signe (le signifié correspond au contenu, le
signifiant à l'expression).

3º Quant à la classification des signes, nous acceptons celle
qui les partage en SIGNES NATURELS et SIGNES ARTIFICIELS.

Ce dernier point demande quelques commentaires. La distinction citée apparaît dans le *Vocabulaire technique et critique
de la philosophie* d'André Lalande (1ʳᵉ édition, 1917). Voici
l'essentiel de ses définitions : « SIGNES NATURELS, ceux dont le
rapport à la chose signifiée ne résulte que des lois de la nature :
p. ex. la fumée, signe du feu ». « SIGNES ARTIFICIELS, ceux dont le
rapport à la chose signifiée repose sur une décision volontaire, et
le plus souvent collective » [21]. Cette distinction fondamentale
entre signes naturels et signes artificiels, adoptée par plusieurs
auteurs, repose sur un principe assez clair. Tout est signe de
quelque chose, en nous-mêmes et dans le monde qui nous entoure,
dans la nature et dans l'activité des êtres vivants. Les signes
naturels sont ceux qui naissent et existent sans participation de la
volonté ; ils ont le caractère de signes pour celui qui les perçoit,
qui les interprète, mais ils sont émis involontairement. Cette
catégorie embrasse principalement les phénomènes de la nature
(éclair = signe de l'orage, fièvre = signe d'une maladie, couleur
de la peau = signe d'une race) et les actions des êtres vivants non destinées à signifier (réflexes). Les signes artificiels
sont créés par l'homme ou par l'animal volontairement, pour
signaler quelque chose, pour communiquer avec quelqu'un. En

---

[21] Ferdinand de Saussure distingue le signe *naturel* du signe *arbitraire*.
Charles Bally oppose l'*indice* au *signe*. On emploie aussi, par opposition au
signe *naturel*, le terme de signe *conventionnel*.

modifiant un peu les définitions de Lalande, on peut affirmer
que c'est au niveau de l'émission, et non de la perception, que
se situe la différence essentielle entre signes naturels et signes
artificiels, et qu'elle est déterminée par l'absence ou l'existence
de la volonté d'émettre le signe.

Bien qu'assez nette, cette distinction ne résout pas tous les
problèmes pratiques, elle ne tranche pas certains cas limitrophes.
Prenons un exemple du signe linguistique. L'exclamation « aïe »
d'un fumeur qui s'est brûlé la main avec sa cigarette est un signe
naturel. Mais son juron prononcé à la même occasion, est-il
signe naturel ou signe artificiel ? Cela dépend de certaines circonstances, comme les habitudes linguistiques de celui qui le pro-
nonce, la présence ou l'absence des témoins. Prenons un signe
relevant de la mimique. Dans quelle mesure une grimace de
dégoût est-elle signe naturel (réflexe involontaire) ou signe artificiel (acte volontaire pour communiquer le dégoût) ?

Les signes dont se sert l'art théâtral appartiennent tous à la
catégorie de signes artificiels. Ce sont des signes artificiels par
excellence. Ils résultent d'un procès volontaire, ils sont créés le
plus souvent avec préméditation, leur but est de communiquer
à l'instant même. Émis volontairement, en pleine conscience de
communiquer, ils sont parfaitement fonctionnels. L'art théâtral
fait usage des signes puisés dans toutes les manifestations de la
nature et dans toutes les activités humaines. Mais, une fois utilisé
au théâtre, chacun de ces signes obtient une valeur significative
beaucoup plus prononcée que dans son emploi primitif. Le spectacle transforme les signes naturels en signes artificiels (l'éclair),
il a donc le pouvoir d'« artificialiser » les signes. Même s'ils ne
sont dans la vie que réflexes, ils deviennent au théâtre des signes
volontaires. Même si, dans la vie, ils n'ont pas de fonction communicative, ils l'obtiennent nécessairement sur la scène. Par
exemple, le soliloque d'un savant qui cherche à formuler ses
pensées, ou d'une personne dans un état de surexcitation ner-
veuse, se compose de signes linguistiques, donc signes artificiels,
mais sans intention de communiquer. Prononcées sur la scène,
les mêmes paroles retrouvent leur rôle communicatif, le mono-

logue du savant ou du personnage en colère n'ayant d'autre but
que de communiquer aux spectateurs ses pensées ou son état
émotif [22].

Nous venons de dire que tous les signes dont SE SERT l'art
théâtral sont des signes artificiels. Cela n'exclut pas l'existence,
dans une représentation, des signes naturels. Les moyens et les
techniques du théâtre sont trop profondément enracinés dans la
vie pour que les signes naturels en puissent être totalement éli-
minés. Dans la diction et dans la mimique d'un acteur les habitudes strictement personnelles voisinent avec les nuances créées volontairement, les gestes conscients sont entremêlés de mouvements réflexes. Les signes naturels se confondent, dans ces cas,
avec les signes artificiels. Mais les complications, pour un théoricien, vont encore plus loin. Le tremblement de la voix chez un
leune acteur jouant un vieillard est un signe artificiel. Par contre,
a voix tremblante d'un acteur octogénaire, n'étant pas crééej
volontairement, est un signe naturel aussi bien dans la vie que
sur la scène. Mais elle est en même temps un signe volontairement
et consciemment employé dans le cas où cet acteur joue un personnage très âgé. Elle ne l'est pas par la volonté de l'acteur, parce que
celui-ci ne peut pas parler autrement ; sa voix devient signe artificiel par la volonté du metteur en scène ou du directeur de théâtre
qui l'avait choisi pour ce rôle. Nous voyons donc que le choix
de l'acteur pour un rôle ou le choix de la pièce en vue d'un acteur,
choix effectué d'après son physique (expression du visage, voix,
âge, taille, constitution, tempérament, tout ce qui entre dans la notion d'emploi), est déjà un acte sémantique visant à obtenir les
valeurs les plus adéquates aux intentions de l'auteur ou du metteur
en scène. Nous nous approchons ici du problème des sujets de la
volition dans le signe théâtral, problème auquel il faudra revenir.

Après ces remarques générales concernant la notion de signe
et la spécificité du signe employé au théâtre, essayons de déterminer les principaux systèmes de signes dont fait usage une repré-

---

[22]   On rejoint ici le problème de la double fonction du langage dramatique,
analysé par Pierre Larthomas (cf. p. 66, note 68).

sentation théâtrale. La classification proposée ci-dessous est, comme tout classement, plus ou moins arbitraire. Nous avons dégagé treize systèmes de signes. On pourrait faire des coupes plus tranchées, limitant le nombre de systèmes à quatre ou cinq, on pourrait également procéder à une classification beaucoup plus détaillée. Celle que nous proposons a voulu concilier, dans la mesure du possible, les buts théoriques et les buts pratiques, pour servir à une recherche sémiologique plus approfondie et en même temps pour donner un outil provisoire à l'analyse scientifique du spectacle théâtral.

1. LA PAROLE

La parole est présente dans la plupart des manifestations théâtrales (sauf la pantomime et le ballet), bien que son rôle, par rapport aux autres systèmes de signes, varie sensiblement (cf. une lecture-spectacle et une représentation à grand spectacle). Les signes de la parole, nous les considérons dans leur acception linguistique. Il s'agit donc des mots prononcés par les acteurs au cours de la représentation. La sémiologie linguistique étant beaucoup plus développée que la théorie de n'importe quel autre système de signes, il faut se référer aux très nombreux travaux des spécialistes (qui, d'ailleurs, ne sont pas d'accord sur bon nombre de points essentiels) pour élaborer les bases d'une sémiologie de la parole dans le spectacle. Nous nous bornerons à soulever quelques questions particulières.

Signalons tout d'abord que l'analyse sémiologique de la parole devrait se situer aux différents niveaux : non seulement au niveau sémantique (concernant les mots aussi bien que les phrases et les unités plus complexes), mais au niveau phonologique, syntaxique, prosodique, etc. La surabondance, dans une réplique, des consonnes sifflantes et chuintantes (s, z, ʃ, ʒ) peut constituer, dans certaines langues, le signe de la colère, de l'irritation du personnage parlant [23]. L'ordre archaïsant des mots est le signe

---

[23] Le fameux vers de Racine : « Pour qui *sont* ces *serpents* qui *sifflent sur* vos têtes » (*Andromaque*, acte V, sc. 5).

d'une époque historique éloignée, ou d'un personnage anachro-
nique vivant en marge des habitudes linguistiques de ses contemporains. Les alternances rythmiques, prosodiques ou métriques signifient parfois les changements des sentiments ou de l'humeur. Dans
tous ces cas, il est question des supersignes (signes composés au
deuxième ou au troisième degré), où les paroles, en plus de leur
fonction purement sémantique, ont une fonction sémiologique
supplémentaire au niveau de la phonologie, de la syntaxe ou
de la prosodie. On pourrait même parler, conformément aux
opinions de certains linguistes, de différents systèmes de signes.

Voici maintenant un problème spécifiquement théâtral, celui
des rapports entre le sujet parlant et la source physique de la
parole. Contrairement à ce qui se passe dans la vie, ils ne font
pas toujours un au théâtre. Nous l'avons déjà remarqué à propos
du théâtre indien *kathâkali* ; il convient aussi de rappeler le procédé employé dans les pièces « à la muette » par les théâtres parisiens de la Foire, au XVIIIᵉ siècle, où le texte présenté sur des
pancartes était repris en chœur par le public, tandis que les acteurs
mimaient leur pièce. Mais, ce qui importe plus, c'est que cette
inadéquation a quelquefois des conséquences sémiologiques.
Dans un spectacle de marionnettes, les personnages sont représentés, au point de vue visuel, par des poupées, tandis que les
paroles sont prononcées par des artistes invisibles. Les mouvements
consécutifs de telle ou telle marionnette au cours du dialogue
signifient que c'est elle qui « parle » à ce moment, ils marquent le
prétendu émetteur de telle ou telle réplique, ils font le pont entre
la source de la parole et le personnage « parlant ». Il arrive
que le procédé du théâtre de marionnettes soit imité dans une
représentation dramatique avec des acteurs vivants, mais alors
le rôle sémiologique de ce jeu est tout à fait différent, sinon contraire. Prenons un personnage qui exécute des gestes rigides et
ne fait qu'ouvrir la bouche, tandis que ses paroles sont transmises
mécaniquement, au moyen du haut-parleur. La rupture intentionnelle entre la source naturelle de la voix et le sujet « parlant »
est le signe du personnage-pantin, du personnage-marionnette.
La séparation de la parole et du sujet parlant, expédient assez

répandu dans le théâtre contemporain grâce aux techniques modernes, prend différentes formes et peut jouer plusieurs rôles
sémiologiques : comme signe du monologue intérieur du héros,
comme signe d'un narrateur visible ou invisible, d'un personnage collectif, d'un spectre (le père d'Hamlet dans certains spectacles), etc.

Une autre question se pose quand les signes linguistiques sont
représentés dans un spectacle théâtral par leurs images graphiques,
c'est-à-dire par l'écriture. Puisque « langue et écriture sont deux
systèmes de signes distincts » (F. de Saussure), la place de celle-ci
est, selon notre classification, dans le système de signes appelé
« le décor ». Il y a toutefois des cas limitrophes, comme celui
où le mot écrit ne fait que reproduire le mot qui est en même temps
prononcé sur la scène, ce qui arrive quand on projette simultanément le texte parlé (ou chanté) ou bien la traduction du texte
d'une chanson interprétée dans une langue étrangère. C'est un
exemple assez typique de redondance : il y a deux séquences
parallèles de signes, dont les signifiés correspondants sont identiques, tandis que les signifiants sont différents ; dans le cas d'une
même langue, cette différence ne concerne que la forme d'expression
(parole-écriture), dans le cas d'une traduction, elle concerne aussi
le code linguistique (le vocabulaire, etc.).

Voilà quelques problèmes spécifiques de l'emploi de la parole
au théâtre, susceptibles d'éveiller l'intérêt de la recherche sémiologique.

2. LE TON

La parole n'est pas seulement signe linguistique. La façon dont
elle est prononcée lui donne une valeur sémiologique supplémentaire. « C'est le ton qui fait la chanson ». La diction de l'acteur
peut faire sortir d'une parole, soit-elle apparemment neutre et
indifférente, les effets les plus nuancés et les plus inattendus.
Un comédien de la troupe de Stanislavski se fit remarquer par
quarante façons de débiter les mots « ce soir », ses auditeurs étant
capables de deviner, dans la plupart des cas, leur contexte sémantique. Ce que nous appelons ici le ton (la diction de l'acteur en est

le véhicule), comprend des éléments tels que l'intonation, le rythme, la vitesse, l'intensité. C'est surtout l'intonation qui, mettant à profit la hauteur des sons et leur timbre, crée, par toutes sortes de modulations, des signes les plus variés. Prenons les mots « elle est sage ». Sans tenir compte du ton interrogatif ou exclamatif, combien de variantes possibles dans l'affirmation même : « elle est sage », prononcé d'un ton de simple constatation, d'un ton rassurant (« n'ayez pas peur, elle ne fera pas de bêtises »), d'un ton désapprobateur (« elle est assez poltronne pour ne pas courir ce risque »), d'un ton admiratif, ironique, plaintif, suppliant, joyeux, tranchant, goguenard.

C'est dans ce système de signes qu'il faut situer ce qu'on appelle l'accent (accent paysan, aristocratique, provincial, étranger), bien que les signes de l'accent soient partagés entre le ton et la parole proprement dite (au niveau phonologique et syntaxique). Prenons un exemple tout à fait élémentaire. Le « r » roulé est parfois employé sur les scènes françaises pour indiquer un paysan, le « r » grasseyé est employé sur les scènes polonaises exceptionnellement, et c'est pour marquer l'origine ou les prétentions aristocratiques du personnage.

Chaque signe linguistique possède donc une forme normalisée (la parole comme telle), ainsi que des variations (le ton) constituant un « champ de liberté » (A. Moles) que chaque individu parlant, et surtout l'acteur, exploite d'une façon plus ou moins originale. Ces variations peuvent avoir une valeur purement esthétique, elles peuvent aussi, comme dans les exemples cités, avoir une valeur sémiologique. Le pouvoir expressif du ton fait qu'un texte reste riche de significations même quand il est prononcé dans une langue inconnue du spectateur.

Les deux systèmes de signes que nous venons d'évoquer, la parole et le ton, concernent l'expression verbale. Passons maintenant à l'expression corporelle de l'acteur, aux signes spatio-temporels créés par les techniques du corps humain. Nous nous proposons de répartir ces signes, qu'on pourrait appeler kinésiques, kinesthésiques ou cinétiques, en trois systèmes : la mimique du visage, le geste, le mouvement scénique de l'acteur.

3. LA MIMIQUE DU VISAGE

Nous commençons par la mimique du visage, parce qu'elle est le système de signes kinésiques les plus rapprochés de l'expression verbale. Il existe un grand nombre de signes mimiques nécessités par l'articulation ; à ce niveau, il est très difficile de préciser la frontière entre la mimique spontanée et la mimique volontaire, entre les signes naturels et les signes artificiels. Un exemple frappant en est l'exécution d'un opéra, où la mimique du visage, très développée, est presque entièrement fonction de l'émission de voix et de l'articulation. Par contre, les signes mimiques en fonction du texte prononcé par l'acteur, c'est-à-dire de la parole au niveau sémantique, sont, dans la plupart des cas, des signes artificiels. En accompagnant la parole ils la font plus expressive, plus significative, mais il arrive aussi qu'ils atténuent les signes de la parole ou les contredisent. Les signes musculaires du visage ont une valeur expressive si grande qu'ils remplacent parfois, et avec succès, la parole. Il y a également toutes sortes de signes mimiques liés aux formes de communication non linguisaique, aux émotions (surprise, colère, peur, plaisir), aux sensations torporelles agréables ou désagréables, aux sensations musculaires cpar exemple l'effort), etc. Les sentiments et les pensées se peignent (vec facilité sur le visage humain. Pour les extérioriser, pour les communiquer aux spectateurs, le comédien a donc recours à son visage, il se sert volontiers des signes mimiques qui, avec le geste peut-être, constituent pour lui le mode d'expression le plus individualisé, le plus personnel.

La mimique du visage est un système de signes en principe spatio-temporels, c'est-à-dire créés dans l'espace mais subissant des changements dans le temps. Il existe toutefois des signes mimiques qui ne subissent pas de modifications temporelles, des signes stables, contribuant à former, avec l'aide ou sans aide du maquillage, un masque (par exemple une grimace caractéristique ou l'air hébété d'un débile).

4. LE GESTE

Un prince venu de Pont, après avoir assisté à Rome au spectacle d'un mime célèbre, demanda à l'empereur Néron de lui donner cet acteur, en disant : « J'ai pour voisins des barbares qui parlent une autre langue que la mienne et je trouve difficilement des interprètes pour traiter avec eux. Lorsque j'aurai besoin de leur faire dire quelque chose, celui-ci par ses gestes me servira de truchement » [24]. Rappelons qu'à cette époque les mimes romains, jouant en masque, ne pouvaient pas se servir de la mimique du visage.

C'est un fait évident à travers toutes les civilisations que le geste constitue, après la parole (et sa forme écrite), le moyen le plus riche et le plus souple de communiquer les pensées, c'est-à-dire le système de signes le plus développé. Les théoriciens du geste prétendent qu'il est possible de faire avec la main et le bras jusqu'à 700 000 signes (Sir Richard Paget). Quant à l'art théâtral, il vaut d'être noté que les huit cents signes exécutés avec les deux mains par les acteurs du drame dansé indien correspondent à peu près, au point de vue quantitatif, au vocabulaire du *Basic English* ou du « français fondamental », et qu'ils permettent aux personnages de poursuivre de longs dialogues. Évoquons enfin le langage par gestes des sourds-muets, dont se servent quotidiennement et pour des fins purement pratiques des centaines de milliers de personnes dans le monde entier, ainsi que l'existence des théâtres des sourds-muets, où le même système de signes trouve une application et une dimension supplémentaires — pour apprécier l'importance du geste aussi bien dans la vie que dans l'art du spectacle.

En différenciant le geste des autres systèmes de signes kinésiques, nous le considérons comme mouvement ou attitude de la main, du bras, de la jambe, de la tête, du corps entier, en vue de créer et de communiquer des signes. Les signes gestuels comprennent plusieurs catégories. Il y en a qui accompagnent la parole ou s'y substituent, qui indiquent quelque chose se passant sur la scène

---

[24] LUCIEN DE SAMOSATE, *De saltatione*, 64 (*Œuvres complètes*, tr. par É. Chambry, Paris, Garnier, s.d., t. 2, p. 168).

ou en dehors du champ visuel des spectateurs, des gestes qui remplacent un élément du décor (mouvement du bras pour ouvrir une porte imaginaire), un élément du costume (chapeau imaginaire), un accessoire ou des accessoires (jeu du pêcheur sans ligne, sans vers, sans poissons, sans seau), même le bruitage (hochements de tête en contrôlant le tic tac d'une montre qu'on vient de remonter), des gestes qui expriment un sentiment, une émotion, enfin des gestes qui sont signes de politesse, du confort physique, etc. Un geste peut être le signe au deuxième degré, par exemple signe des convictions politiques (un nazi levant le bras pour saluer) ou religieuses (un personnage se signant avant le repas ou dans une situation dangereuse).

Les tentatives de codification et de notation des gestes ont été faites depuis des siècles. Rappelons que les codes de gestes à l'usage des moines de certains ordres remontent au haut Moyen Age [25] et qu'au XIXᵉ siècle se font voir les systèmes de notation des gestes à l'usage des acteurs, notamment celui de Georges Polti [26]. Tous les gestes étant plus ou moins conventionnels (cf. les signes de politesse ou du confort physique à travers les différentes aires de civilisation), il convient de souligner que dans l'art théâtral de certains pays, comme ceux de l'Asie, les gestes sont des signes superconventionnels : soigneusement codifiés et transmis de génération en génération, ils ne sont accessibles qu'à un public initié.

5. LE MOUVEMENT SCÉNIQUE DE L'ACTEUR

Le troisième système de signes kinésiques comprend les déplacements de l'acteur et ses positions dans l'espace du jeu (qui, bien souvent, dépasse la scène). Il s'agit principalement des :

— places successives occupées par rapport aux autres acteurs, aux accessoires, aux éléments du décor, aux spectateurs ;

— différentes façons de se déplacer (démarche lente, précipitée,

[25] Cf. G. VAN RIJNBERK, *Le Langage par signes chez les moines*, Amsterdam, North-Holland Publishing Company, 1953.
[26] *Notation des gestes*, Paris, A. Savine [1892]. Publié antérieurement dans *La Revue Indépendante*.

Les tentatives de codification des gestes ont été faites depuis des siècles. Une page de l'œuvre de John Bulwer *Chirologia or the Natural Language of the Hand* (1644).

vacillante, majestueuse, déplacement à pied, sur un char, en voiture, sur un brancard) ;

— entrées et sorties ;

— mouvements collectifs.

Ces principales catégories du mouvement scénique de l'acteur, considérées du point de vue sémiologique, sont susceptibles de nous fournir les informations les plus variées. Un personnage sort d'un restaurant (signe de ses rapports avec le restaurant : il est lui-même restaurateur ou garçon, il est client ou il y était entré pour voir quelqu'un). En apercevant un autre personnage au milieu de la scène, il s'arrête brusquement (désir de ne pas entrer en communication avec ce personnage), ou bien se dirige vers lui (désir de se mettre en communication). Une troisième personne apparaît, les deux interlocuteurs se séparent précipitamment (signe de leur complicité).

La démarche titubante indique l'ivresse ou l'extrême fatigue. La marche à reculons peut être le signe de révérence exigé par le protocole, de la timidité, de la méfiance à l'égard de celui qu'on quitte, ou de l'affection (la valeur réelle de ce signe dépend du contexte sémiologique). La position du corps d'un personnage sur les épaules de ses compagnons (le signe est partagé entre celui-là et ceux-ci) peut signifier son retour triomphal ou sa mort. L'entrée de l'acteur (ainsi que sa sortie) côté cour ou côté jardin, par la porte ou par la fenêtre, de dessous le plateau ou par-dessus la rampe, sont autant de signes utilisés par l'auteur dramatique ou par le metteur en scène. Enfin, les mouvements des groupes et des foules sont capables de créer des signes spécifiques, dont la valeur est différente de celle des signes fournis par les mouvements individuels. Par exemple la marche lente et apathique devient signe d'une puissance menaçante, dès qu'elle est exécutée par quelques dizaines de figurants, en groupe ou venant de toutes les directions (le même signe, multiplié par un certain nombre de cas individuels, change de signifié, il obtient une nouvelle valeur sémantique).

Il convient d'ajouter que plusieurs systèmes de notation du mouvement scénique, élaborés en vue de la danse, sont applicables à l'art dramatique en général ; signalons le système du choré-

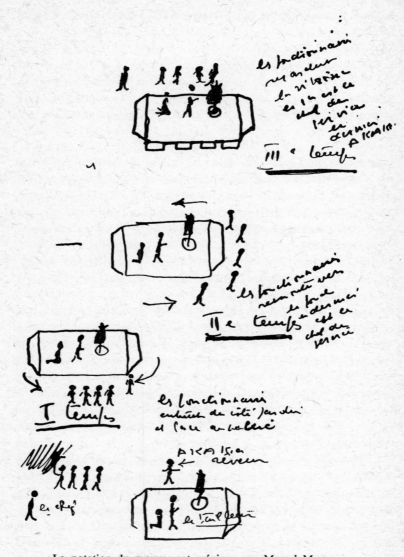

La notation du mouvement scénique par Marcel Marceau.

H. Ihering, M. Marceau, *Die Weltkunst der Pantomime*, Berlin, 1956.

graphe et théoricien allemand Rudolf von Laban, la kinétographie, et les travaux de ses continuateurs (A. Knust, Ph. Pollenz), ainsi que, en France, le système de Pierre Conté. Enfin, il se forme une nouvelle branche de la sémiologie, la proxémique, qui étudie la distance (au sens spatial) entre les hommes dans leurs rapports personnels et sociaux. Un prolongement de cette recherche dans le domaine du spectacle pourrait donner des résultats intéressants.

6. LE MAQUILLAGE

Le maquillage de théâtre (grimage) est destiné à mettre en valeur le visage de l'acteur paraissant en scène dans certaines conditions de lumière. Il contribue, avec la mimique, à constituer la physionomie du personnage. Tandis que la mimique, grâce aux mouvements des muscles de la face, crée surtout des signes mobiles, le maquillage forme des signes qui ont un caractère plus durable. Parfois, il est appliqué aux autres surfaces découvertes du corps, aux mains ou aux épaules. Utilisant des techniques et des matériaux variés (fards, crayons, poudres, mastics, vernis, postiches), le maquillage peut créer des signes relatifs à la race, à l'âge, à l'état de santé, au tempérament. Ils sont fondés généralement sur des signes naturels (couleur de la peau, blancheur ou rougeur du visage, ligne des lèvres et des sourcils). On arrive, au moyen du maquillage, à dresser un ensemble de signes constituant un personnage type, par exemple une vamp, une sorcière, un ivrogne. Les signes du maquillage (le plus souvent combinés avec ceux de la coiffure et du costume) permettent aussi de représenter une personnalité historique ou contemporaine.

Le maquillage comme système de signes est en interdépendance directe avec la mimique du visage. Les signes de ces deux systèmes se renforcent mutuellement ou se complètent, mais il arrive aussi que le maquillage entrave l'expression mimique de l'acteur. Les hommes de métier connaissent bien le maquillage dit « au masque » qui immobilise partiellement le visage ; la technique du maquillage a également recours aux masques en caoutchouc. Cela nous amène à signaler le rôle du masque proprement dit dans la sémiologie du spectacle. A notre avis, le masque se rattache

au système de signes du maquillage, bien qu'au point de vue matériel il puisse faire partie du costume, et au point de vue fonction-

Le signe de « la mort par trahison », peint sur le front d'un personnage
du théâtre classique chinois
The Journal of Aesthetics and Art Criticism, Fall 1971.

nel, de la mimique. L'emploi du masque et du demi-masque est
très répandu dans l'art théâtral, depuis l'Antiquité grecque jusqu'aux stylisations contemporaines, depuis l'Europe (*commedia
dell'arte*) jusqu'au Japon (théâtre du *nô*). Tandis que le demi-
masque italien sert à constituer un type tout en laissant découverte

une partie de la face pour l'émission de signes mimiques individuels, le masque grec ou japonais prend à sa charge les fonctions
sémiologiques du maquillage aussi bien que de la mimique, il en
donne un substrat fixe et inchangeable. En entravant le libre jeu
de la mimique, le masque possède, du point de vue sémiologique,
un certain avantage : celui de cacher les signes mimiques naturels,
non intentionnels, qui sont inséparables de la parole. C'est une
raison de plus pour placer le masque dans le système de signes
du maquillage et non de la mimique.

7. LA COIFFURE

Comme produit artisanal, la coiffure de théâtre est traitée le
plus souvent dans le cadre du maquillage. Comme phénomène
artistique, elle appartient au domaine du créateur des costumes.
Néanmoins, du point de vue sémiologique, la coiffure joue souvent
un rôle qui est indépendant du maquillage et du costume, un rôle
qui s'avère dans certains cas décisif. C'est pourquoi nous nous sommes décidé à la considérer comme un système autonome de signes.
Par exemple dans *Les Physiciens* de Dürrenmatt, le spectateur,
averti que parmi les personnages il y a un pseudo-Newton, le
reconnaît dès le premier moment grâce à la perruque typique
du XVIIe siècle anglais ; dans cette situation, le maquillage joue
un rôle tout à fait secondaire.

La coiffure est capable d'indiquer l'appartenance à une aire
géographique ou culturelle, à une époque, à une classe sociale
(gens de la cour, bourgeois, serviteurs et paysans dans une comédie
de Molière), à une génération qui s'oppose aux habitudes de ses
pères (jeune décadent fin de siècle, hippie dans une pièce contemporaine). La valeur sémiologique de la coiffure réside non seulement dans son style et dans ses variantes historiques et sociales,
mais aussi dans l'état plus ou moins soigné où elle se trouve ;
par exemple les cheveux négligés signifient le désordre, et ce désordre peut avoir des valeurs significatives différentes, en fonction
du contexte sémiologique (signe d'être sorti du lit, du bain, d'une
bagarre, des bras d'un amant, etc.). Parmi les signes capillaires
il y en a qui sont des signes naturels dans la vie et ne deviennent

artificiels que dans le théâtre, il y en a aussi qui sont des signes
artificiels dans la vie (par exemple les perruques) et deviennent
signes au deuxième ou au troisième degré dès qu'ils sont employés
dans le spectacle.

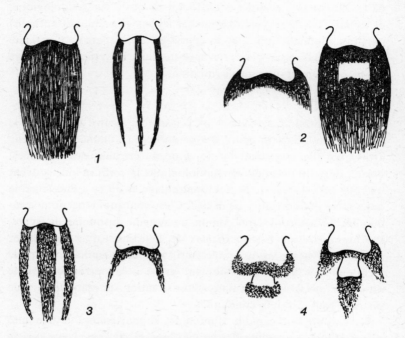

La forme de la barbe est strictement codifiée dans certains genres du théâtre
chinois : (*1*) le général et le personnage comique ; (*2*) le goujat et le noceur ;
(*3*) le savant et le personnage caractéristique ; (*4*) le libertin et l'intrigant.

Kalvodová–Sis–Vaniš, *Schüler des Birngartens*, Prag, 1956.

En parlant de la coiffure, il ne faut pas oublier le rôle sémiologique que peuvent jouer la barbe et la moustache (naturelles, au
crépé, implantées, maquillées), comme compléments indispensables
de la coiffure (signes d'une époque ou d'un personnage historique),
ou bien comme éléments autonomes (signes de l'âge, d'une mode,
d'un goût individuel).

8. LE COSTUME

Au théâtre, « l'habit fait le moine ». Le costume transforme M. Dupont-acteur, ou M. Dubois-figurant, en maharadjah indien ou en clochard parisien, en patricien de la Rome antique ou en capitaine de vaisseau, en curé ou en cuisinier. Dans la vie même, l'habillement est porteur de signes artificiels d'une grande variété. Au théâtre, il est le moyen le plus extérieur, le plus conventionnel de définir l'individu humain. Vériste ou allusif, le costume peut signifier le sexe, l'âge, l'appartenance à une classe sociale, la profession, une position sociale ou hiérarchique particulière (roi, pape), la nationalité, la religion, il détermine parfois une personnalité historique. Dans les limites de chacune de ces catégories, et aussi en dehors d'elles, le costume est capable d'exprimer toutes sortes de nuances, comme la situation matérielle du personnage, ses goûts, certains traits de son caractère. Le pouvoir sémiologique du costume ne se limite pas à définir celui qui le porte. Le vêtement est aussi le signe du climat (casque colonial) ou de l'époque historique, de la saison (panama) ou du temps qu'il fait (imperméable), du lieu (maillot de bain, costume d'alpiniste) ou de l'heure du jour. Bien entendu, un costume correspond d'habitude à plusieurs circonstances à la fois, et le plus souvent il est associé aux signes appartenant à d'autres systèmes. Parfois on se contente d'un détail de costume, et dans ce cas son rôle sémiologique est encore plus conventionnel (par exemple trois messieurs en couvre-chefs typiques : casquette à larges carreaux = l'Anglais, béret = le Français, casquette à oreillons en fourrure = le Russe). Dans certaines traditions théâtrales (Extrême-Orient, Inde, *commedia dell'arte*), le costume, sclérosé dans des conventions rigoureuses, devient, comme le masque, le signe d'un des types immuables qui se répètent de pièce en pièce pendant des siècles.

Il est à souligner que les signes du costume, comme d'ailleurs ceux de la mimique, du maquillage ou de la coiffure, peuvent fonctionner à rebours : il arrive que l'habillement sert à cacher le vrai sexe du personnage, sa véritable position sociale, sa vraie profession. Toute la question du travestissement y réside. Comme

signe (ou plutôt contre-signe) du sexe dans le travesti, le costume
est à examiner en fonction de deux aspects : 1° quand il dissimule
le sexe du personnage, 2° quand il dissimule le sexe de l'acteur
(dans le cas où les rôles de deux sexes sont joués par les hommes
ou par les femmes exclusivement).

9. L'ACCESSOIRE

« Les accessoires sont des personnages passionnants et en même
temps des instruments de l'action », déclara Paul Claudel à Jean-
Louis Barrault [27]. Il suffit de rappeler le rôle du mouchoir dans
Othello de Shakespeare ou celui du bracelet dans *Le Bal masqué*
de Lermontov, pour se rendre compte du bien-fondé de cette
opinion. Les accessoires constituent, pour plusieurs raisons, un
système autonome de signes. Dans notre classification, c'est
entre le costume et le décor qu'il se situe le mieux, parce que de
nombreux cas limitrophes le rapprochent de l'un ou de l'autre.
Tout élément de costume peut devenir accessoire, dès qu'il joue
un rôle particulier, indépendant des fonctions sémiologiques de
l'habillement. Par exemple la canne est un élément indispensable du costume d'un dandy dans une comédie de Musset. Mais,
oubliée dans le boudoir de la femme courtisée, elle devient un
accessoire, lourd de conséquences. Dans *Un chapeau de paille
d'Italie*, le fameux chapeau, dont on parle d'ailleurs plus qu'on
ne le voit, est tour à tour élément de costume, accessoire, et en
plus, ressort de la comédie (signe au deuxième ou au troisième
degré). D'autre part, la frontière entre l'accessoire et le décor
est parfois difficile à définir. Un élément de décor peu important,
par exemple un croissant de lune ou un petit tapis, qui entre en
jeu pour disparaître quelques instants après, devrait être considéré
comme accessoire. Pourtant s'il est, pendant ces quelques instants, le seul élément significatif, à côté de l'acteur, sur le plateau,

[27] Lettre inédite citée par Jacques ROBICHEZ, *L'Esthétique du désordre dans
le théâtre de Claudel*, dans l'ouvr. coll. *Le Théâtre moderne*, II. *Depuis la
deuxième guerre mondiale*, Paris, Éd. du C.N.R.S., 1967, p. 24.

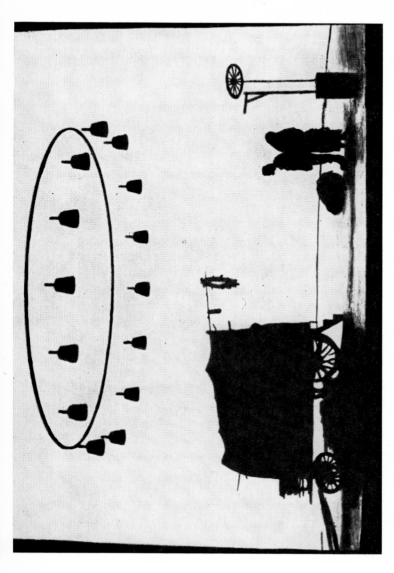

La carriole de la Mère Courage, dans la pièce de Brecht, est-elle accessoire ou élément du décor ? (Théâtre de Stockholm).

Theater Heute, juin 1965.

nous sommes disposés à le considérer comme décor. Une auto-
mobile est plutôt accessoire dans la troisième scène de *Maître
Puntila et son valet Matti,* elle est élément essentiel du décor
dans le premier acte de *Knock.* Et la carriole de la Mère Courage,
est-elle l'un ou l'autre dans la pièce de Brecht ?

Une multitude pratiquement illimitée d'objets existant dans la
nature et dans la vie sociale peuvent se transformer en accessoires
de théâtre. Ces accessoires, s'ils ne sont que des objets rencon-
trés dans la vie, restent objets-signes dont la signification se
situe au premier degré. Mais, en plus de cette fonction élémentaire, ils sont capables de désigner le lieu, le moment, une circonstance quelconque se rapportant aux personnages qui s'en
servent (profession, goûts, intention), et c'est leur signification
au deuxième degré. La lanterne allumée dans la main d'un valet
veut dire qu'il fait nuit, la scie et la hache sont les signes du bû-
cheron, la raquette d'un promeneur signifie qu'il vient de jouer
ou qu'il a l'intention de jouer au tennis, un revolver braqué sur
quelqu'un est le signe (avec le geste) de menace ou de l'intention
de tuer. Dans les genres de spectacle où la convention tient beaucoup de place et où les signes sont strictement codifiés, le décalage
entre le premier et le deuxième degré de signification d'un accessoire
peut s'avérer très grand ; dans certaines représentations du théâtre
chinois un drapeau signifie tout un régiment et une cravache dans
la main de l'acteur est le signe d'un cheval (la cravache levée = le
personnage est à cheval).

Il est des situations où l'accessoire obtient une valeur sémiologique à un degré plus élevé. La mouette empaillée, accessoire dans
la pièce de Tchékhov, est le signe, au premier degré, d'une mouette
récemment tuée ; celle-ci est le signe, au deuxième degré, (ou
symbole, dans le langage courant) d'une idée abstraite (aspiration déchue à la liberté) qui est à son tour le signe de l'état d'âme
des héros de la pièce. Pour être plus exacts nous dirons que le
signifié du signe au premier degré s'enchaîne au signifiant du
signe au deuxième degré, que le signifié de ce dernier s'enchaîne
au signifiant du signe au troisième degré, et ainsi de suite (phénomène de connotation). Un simple accessoire, passant par les

stades intermédiaires, devient le signe de l'idée maîtresse de la pièce.

10. LE DÉCOR

La tâche primordiale du décor, système de signes qu'on appelle également dispositif scénique, décoration ou scénographie, est de représenter le lieu : lieu géographique (paysage aux pagodes, mer, montagne, savane), lieu social (place publique, palais, laboratoire, cuisine, café, gare) ou les deux à la fois (rue dominée par des gratte-ciel, salon avec vue sur la tour Eiffel). Le décor ou un de ses éléments est aussi capable de signifier le temps : époque historique (temple grec), saison (toits couverts de neige), partie du jour (soleil couchant, lune). A côté de sa fonction sémiologique de déterminer l'action dans l'espace et dans le temps, le décor communique des signes ayant rapport aux circonstances les plus différentes. Nous nous bornerons à constater que le champ sémiologique du décor théâtral est presque aussi vaste que celui de tous les arts plastiques : peinture, sculpture, architecture, art décoratif.

Les moyens dont se sert le scénographe sont d'une grande diversité. Leur choix dépend de la tradition théâtrale, de l'époque, des courants artistiques, des goûts personnels, des conditions matérielles du spectacle. Il y a le décor peint et le décor construit (celui-là est plus ornemental, celui-ci plus fonctionnel), ou plutôt plusieurs genres de décor peint (paysage romantique sur toile de fond, intérieur avec meubles et accessoires peints en trompe-l'œil, rideaux, panneaux, etc.) et plusieurs genres de décor construit (imitation architecturale, intérieur avec meubles massifs, décor à étages, praticables, plateformes, passerelles, escaliers), ainsi que des formes mixtes. Il y a le décor riche en détails et le décor allusif se bornant à quelques éléments essentiels, même à un seul élément. Dans un intérieur bourgeois surchargé, chaque meuble et chaque objet (massif, peint ou en carton) est un objet-signe ou un signe au premier degré, mais la plupart

d'entre eux n'ont pas de signification individuelle au deuxième degré ; ce sont les combinaisons de plusieurs signes au
premier degré, et parfois leur totalité, qui constituent le signe au
deuxième degré, signe d'un intérieur bourgeois. Dans le cas où
le décor théâtral se limite à un seul élément, à un seul signe,
celui-ci devient automatiquement le signe au deuxième et même
au troisième degré : le poteau avec des bouts de fil planté sur la
scène est le signe d'un poteau télégraphique, le poteau télégraphique est le signe d'une route, cette route présumée signifie à son
tour que le personnage s'y trouvant avait quitté la ville ou sa
maison. Dans ce dernier cas, le poteau devient le signe au troisième
degré de la décision prise par le héros. Ces exemples prouvent
que la valeur sémiologique d'un décor ne dépend pas directement
de la quantité de signes au premier degré. Un signe isolé peut
avoir un contenu sémantique plus riche et plus dense que tout
un ensemble de signes.

La fonction sémiologique du décor ne se borne pas aux signes
impliqués dans ses éléments. Le mouvement des décors, la façon
de les planter ou de les changer peuvent apporter des valeurs
complémentaires ou autonomes : l'emploi de la scène tournante
ou coulissante enrichit les possibilités sémiologiques du décor,
le déroulement d'une bande qu'on voit à travers la portière d'un
wagon ou d'une diligence imite le mouvement de cette voiture,
le changement à vue, effectué par les acteurs ou par les machinistes,
signifie une certaine distance à l'égard des événements représentés sur la scène et constitue un facteur de ce qu'on appelle
« théâtre dans le théâtre ».

Tout ce qui est écriture, c'est-à-dire image graphique de la parole,
appartient, par définition, au système du décor. L'écriture remplit
au théâtre plusieurs fonctions sémiologiques ; elle fournit toutes
sortes d'informations qui complètent le texte parlé (titre ou
morale d'une scène, journal « roulant »), elle est simple élément
de décor (enseigne d'un magasin, affiche, calendrier mural), ou
bien elle remplace le dispositif scénique (écriteau, comme dans
le théâtre élisabéthain, qui indique le lieu de l'action). Un spectacle
peut se passer entièrement de décor. Son rôle sémiologique est

repris alors par le geste et le mouvement (expédient auquel re-
court volontiers la pantomime), par la parole, le bruitage, le
costume, l'accessoire, et aussi par l'éclairage. Il reste encore le
problème du décor projeté, c'est-à-dire imité au moyen de mécanismes de projection. C'est le cas limitrophe du décor et de l'éclairage, et il en sera question dans le paragraphe suivant.

11. L'ÉCLAIRAGE

L'éclairage théâtral étant un procédé récent (en Europe, il ne
fut introduit pour les représentations publiques qu'au XVIe
siècle) et exploité principalement pour mettre en valeur les autres
moyens d'expression, on peut se demander s'il constitue un système
autonome de signes et non une technique au service des autres
systèmes. Mais les exemples d'une pièce où la lumière baisse
systématiquement au cours d'un dialogue qui finit dans la pé-
nombre, ou d'une représentation où le projecteur repère tour à tour
chacun des accusés tandis que le procureur poursuit son ré-
quisitoire, nous persuadent que le jeu d'éclairage peut avoir une
fonction sémiologique indépendante. Nous employons pour ce
système de signes le mot « éclairage » et non le terme plus général
de « lumière », parce que la lumière naturelle du jour, qui se
manifeste dans les spectacles de plein air et dans les théâtres à scène
ouverte, ne joue que rarement un rôle sémiologique, et encore
très limité. Il est d'ailleurs nécessaire de faire la distinction entre
l'éclairage comme condition primordiale de la perception visuelle
et l'éclairage produisant des signes artificiels. En voie de progrès
rapide depuis l'application de l'électricité, c'est-à-dire depuis plus
d'un siècle, l'éclairage théâtral, avec ses mécanismes perfection-
nés de distribution et de commande, trouve un emploi de plus en
plus large et riche au point de vue sémiologique, sur la scène
à l'italienne aussi bien que dans les spectacles de plein air.

La fonction de l'éclairage consiste d'abord à délimiter le lieu
théâtral. Cet effet est obtenu dans une certaine mesure (et dans
certaines traditions, comme celle du XXe siècle européen) par le
contraste de la scène illuminée avec la salle obscure, mais il s'agit

surtout de la scène elle-même : dans un décor simultané, les feux concentrés sur telle partie du plateau indiquent l'endroit momentané de l'action. Un carré lumineux peut signifier, même sans décors ni accessoires, un espace clos, pièce ou cellule. La lumière du projecteur permet aussi l'isolement d'un acteur ou d'un accessoire. Elle le fait non seulement dans le but de délimiter le lieu matériel, mais aussi pour mettre en relief tel acteur ou tel objet par rapport à son entourage ; elle devient alors le signe de l'importance, momentanée ou absolue, du personnage ou de l'objet illuminé. Une fonction importante de l'éclairage consiste à pouvoir amplifier ou modifier la valeur du geste, du mouvement, du décor, et même leur ajouter une valeur sémiologique nouvelle. Les spécialistes qui savent obtenir des effets les plus ingénieux au moyen de la rampe, des herses, des portants, des projecteurs et des spots, disent dans les cas pareils que le visage, le corps du comédien ou le fragment de décor sont « modelés » par la lumière.

Une place particulière est à réserver aux projections. Par leur fonctionnement, elles se rattachent au système de l'éclairage, mais leur rôle sémiologique dépasse largement le système en question. Il faut d'abord distinguer la projection immobile de la projection mobile. Celle-là complète ou remplace le décor (image ou photographie projetées), celle-ci y ajoute des effets dynamiques (marche des nuages, mouvement de vagues, imitation de la pluie ou de la neige). L'emploi de la projection dans le théâtre contemporain prend des formes très variées ; elle est devenue le moyen technique de communiquer des signes appartenant aux différents systèmes, elle est aussi capable de créer des signes spécifiques. Par exemple la projection cinématographique au cours d'un spectacle théâtral doit être analysée d'abord dans le cadre de la sémiologie du cinéma ; le fait que cette projection a lieu devient pour nous un signe au degré composé : ceci se passe simultanément dans un autre endroit, ou bien ce sont les rêves du personnage.

12. LA MUSIQUE

La musique, un des grands domaines de l'art, exige des études spécialisées afin de dégager ses aspects sémantiques ou sémiologiques. De tout temps la valeur significative de la musique descriptive, « à programme », ou de la musique « imitative » reproduisant, comme l'onomatopée, des sons naturels (chant des oiseaux ou bruits de l'orage dans la *Sixième Symphonie* de Beethoven), a été évidente. Mais une méthode d'analyse valable n'est possible qu'à partir de la recherche sémiologique au niveau des structures fondamentales de la musique — rythme, mélodie, harmonie — basées sur les rapports d'intensité, de durée, de hauteur et de timbre des sons. Ces recherches commencent à s'intensifier ces dernières années.

Ce qui nous intéresse directement, c'est la musique appliquée au spectacle ; dans cet emploi sa fonction sémiologique est presque toujours indubitable. En exprimant ou en suggérant une émotion, une humeur, un état d'âme, la phrase musicale devient signe de l'inquiétude, de la quiétude, de la hâte, de l'ironie, de l'allégresse ou de la tendresse. Des problèmes spécifiques et assez difficiles se posent dans le cas où la musique est le point de départ d'un spectacle (opéra, ballet). Quand elle est ajoutée au spectacle, son rôle est de souligner, d'amplifier, de développer, parfois de démentir les signes des autres systèmes, ou de les remplacer. La musique est capable de jouer ce rôle aussi bien quand elle accompagne l'action dramatique qu'en dehors de l'action (précédant ou coupant le spectacle, dans les entractes, comme interlude). Les associations rythmiques ou mélodiques liées à certains genres de musique (menuet, marche militaire, valse viennoise, cake-walk, musique de cirque) peuvent servir à évoquer l'atmosphère, le lieu ou l'époque de l'action. Le choix de l'instrument (harpe ou saxophone, orgue ou orgue de Barbarie, accordéon ou cornemuse) a aussi une valeur sémiologique pouvant suggérer le lieu, le milieu social, l'ambiance, sans parler de sonnerie de clairon, de trompette ou du cor de chasse, qui ont leurs codes nettement déterminés. Parmi les nombreux emplois que les metteurs en scène font de la

musique, évoquons celui du thème musical qui accompagne les
entrées de chaque personnage et devient le signe (au deuxième degré) de chacun d'eux, ou celui du motif musical qui, ajouté aux
scènes rétrospectives, signifie le contraste présent-passé.

Dans les analyses sémiologiques concernant la musique de
spectacle une place particulière est à réserver à la musique vocale.
Les signes de la musique vocale sont si étroitement liés à ceux
de la parole et de la diction (comme la parole et le ton sont liés
dans le langage parlé) qu'on ne peut les séparer que par considération d'ordre théorique. Et pourtant il arrive que la musique
exprime autre chose que le texte (une musique tendre et un texte
cru). Dans un spectacle d'opéra la tâche du sémiologue est d'autant plus compliquée que les signes de la musique sont communiqués simultanément à deux niveaux : au niveau instrumental et
au niveau vocal. C'est aussi, dans une certaine mesure, le cas de
l'opérette et de la chanson. Il faut ajouter que le fait de l'exécution
d'une chanson dans un spectacle dramatique constitue d'habitude
un signe au deuxième ou au troisième degré ; un jeune qui chante
la sérénade sous une fenêtre est porteur non seulement de signes
que contiennent les paroles et la mélodie de la sérénade : le fait
même de la chanter signifie sa volonté d'attirer l'attention de sa
bien-aimée.

Depuis quelque temps, la musique concrète et électro-acous-
tique s'est montrée capable de servir efficacement l'art du spectacle.
Elle est particulièrement riche en possibilités sémiologiques, mais
dans l'exploitation de ses effets elle s'approche souvent du bruitage.

13. LE BRUITAGE

Nous arrivons à la catégorie d'effets sonores du spectacle qui
n'appartiennent ni à la parole ni à la musique : les bruits. Il y a
d'abord tout un domaine de signes naturels (bruits de pas, grince-
ments de portes, bruissements des accessoires et des costumes)
qui restent signes naturels dans le spectacle. Ils sont le résultat
involontaire et secondaire de la communication faite au moyen

d'autres systèmes de signes, résultat qu'on ne peut ou ne veut pas éviter. Seuls nous intéressent les bruits qui, étant signes naturels ou artificiels dans la vie, sont reconstitués artificiellement pour les buts du spectacle ; ils forment le domaine du bruitage.

Les signes du bruitage peuvent être classés de plusieurs façons. Il y a des signes jouant un rôle sémiologique autonome, indépendant des signes des autres systèmes, il y en a qui répètent ou renforcent les autres signes, visuels ou sonores (bruits de pas d'une sentinelle sur les remparts, amplifiés par des chaussures spéciales ou par un praticable en tôle). Il y a des signes du bruitage créés directement sur la scène, et des signes enregistrés mécaniquement. Il y en a qui se rattachent aux événements représentés sur le plateau, et ceux qui révèlent ce qui se passe en dehors de la scène (sifflement d'une locomotive, coup de feu dans les coulisses). Le champ sémiologique du bruitage est aussi vaste, et peut-être plus vaste encore, que l'univers des bruits dans la vie. Les bruits produits au théâtre sont capables d'indiquer l'heure (coups de l'horloge), le temps qu'il fait (pluie), le lieu (bruits de grande ville, cris des oiseaux, voix des animaux domestiques), le déplacement (voiture qui s'approche ou s'éloigne), un événement solennel ou néfaste (son de cloche, sirène), ils peuvent être les signes de phénomènes et de circonstances les plus divers (coups de canon, vitres cassées, sonnerie de téléphone, etc.). Il est même possible de représenter, au moyen du bruitage, les signes de la parole : par les sons courts et longs de l'alphabet Morse, ou par les frappements au mur, système de communication entre prisonniers. Notons cependant que pour le spectateur ignorant le code, ces signaux acoustiques ne sont pas porteurs de signes de la parole ; ils signifient seulement que quelque chose est communiqué par les personnages du drame.

Les moyens employés pour obtenir des effets de bruitage sont d'une grande variété : depuis la voix humaine qui, dans les coulisses, imite le chant du coq, à travers toutes sortes de procédés mécaniques (la tôle traditionnelle pour le tonnerre aussi bien que les appareillages les plus compliqués), jusqu'à la bande magnétique qui a produit une véritable révolution dans ce domaine. Elle

permet, d'une part, l'enregistrement et la reconstitution des bruits
naturels les plus rares, et, d'autre part, le vrai travail créateur et
les expériences les plus audacieuses en vue de fabriquer des signes
qui sont souvent à la limite, nous l'avons déjà dit, de la musique
et aussi de la parole. Un texte parlé, enregistré sur bande magnétique et reproduit à reculons, n'est-il pas un spécimen du balbutie-
ment à l'état de bruitage ?

*

Quand on embrasse d'un seul regard les treize systèmes de
signes que nous venons de survoler, il en résulte des observations qui mènent à un classement plus synthétisant. Les systèmes
1 et 2 se rapportent au texte prononcé ; 3, 4 et 5, à l'expression
corporelle ; 6, 7 et 8, aux apparences extérieures de l'acteur ;
9, 10 et 11, à l'aspect du lieu scénique ; 12 et 13, aux effets sonores
non articulés. Cela donne cinq grands groupes de signes. Remar-
quons que les huit premiers systèmes (trois grands groupes) concernent directement l'acteur.

Un autre classement permet de faire la distinction entre signes
auditifs et signes visuels. Les deux premiers et les deux derniers
systèmes de notre classification — parole, ton, musique, bruitage —
englobent des signes auditifs (ou sonores, ou acoustiques), tandis
que tous les autres réunissent des signes visuels (ou optiques).
A ce dernier classement, fondé sur la perception des signes, se
rattache celui qui les situe par rapport au temps et à l'espace.
Les signes auditifs sont communiqués dans le temps. La situation
des signes visuels est plus compliquée : les uns (maquillage,
coiffure, costume, accessoire) sont en principe spatiaux, ceux de
l'expression corporelle (mimique, geste, mouvement) fonction-
nent généralement dans l'espace et dans le temps à la fois, tandis
que les signes du décor et de l'éclairage, selon les cas, se contentent
de l'espace ou sont communiqués aussi dans le temps.

En appliquant la distinction qui concerne la perception sensorielle des signes (auditifs–visuels) à celle qui les divise d'après
leur porteur, nous obtiendrons quatre grandes catégories : signes
auditifs émis par l'acteur (systèmes 1 et 2), signes visuels localisés

1 parole	texte prononcé	acteur	signes auditifs	temps	signes auditifs (acteur)
2 ton					
3 mimique	expression corporelle		signes visuels	espace et temps	signes visuels (acteur)
4 geste					
5 mouvement					
6 maquillage	apparences extérieures de l'acteur			espace	
7 coiffure					
8 costume					
9 accessoire	aspect du lieu scénique	hors de l'acteur	signes visuels	espace et temps	signes visuels (hors de l'acteur)
10 décor					
11 éclairage					
12 musique	effets sonores non articulés		signes auditifs	temps	signes auditifs (hors de l'acteur)
13 bruitage					

dans l'acteur (3, 4, 5, 6, 7 et 8), signes visuels débordant l'acteur (9, 10 et 11), signes auditifs en dehors de l'acteur (12 et 13).

Le tableau ci-contre, tout en schématisant les phénomènes qui sont en réalité beaucoup moins simples, aidera à suivre les classements évoqués.

On peut également classer les signes et leurs systèmes d'après les sujets de la volition, c'est-à-dire les personnes qui les créent par leur volonté (puisque tout signe artificiel implique une création volontaire). Il y a d'abord l'auteur dramatique ; il est principalement créateur des signes de la parole, mais il est en mesure d'inspirer, par le texte même ou en participant aux répétitions, des signes appartenant à tous les autres systèmes. Le metteur en scène est, de nos jours, le maître tout-puissant du spectacle, libre de créer ou de supprimer des signes de n'importe quel système (y compris ceux de la parole, en faisant des coupures, des changements, ou en ajoutant au texte). L'acteur crée, de façon plus ou moins indépendante, les signes du ton, de la mimique et du geste, partiellement ceux du mouvement scénique, parfois ceux du maquillage, de la coiffure ou du costume. La fonction du décorateur (appelé aussi auteur du dispositif scénique ou scénographe) est de déterminer les signes du décor, des accessoires, parfois de l'éclairage ; lui-même ou des collaborateurs spécialisés déterminent ceux du costume, de la coiffure, du maquillage. Par telle ou telle disposition de l'espace théâtral, le décorateur peut suggérer les signes du mouvement. Enfin le compositeur, pour ne parler que des principaux coauteurs du spectacle théâtral, crée les signes de la musique et, éventuellement, du bruitage ; dans le cas de la musique de ballet ou de pantomime, le compositeur inspire les signes du mouvement de l'acteur (comme l'auteur du texte dramatique le fait par rapport aux différents systèmes de signes). Dans le ballet et les interludes dansés, c'est le chorégraphe qui est créateur principal des signes du geste et du mouvement.

Nous n'avons pas traité en tant que système distinct de signes certains éléments riches de signification, notamment la couleur. Celle-ci fonctionne dans le cadre des systèmes qui ont été délimités (maquillage, coiffure, costume, accessoire, décor, éclairage), elle y trouve sa base matérielle. L'importance sémiologique de la couleur est considérable. Il existe des cas où les signes de la couleur sont strictement codifiés, par exemple dans le costume et dans le maquillage du théâtre chinois, japonais ou indien. Pour les metteurs en scène contemporains, la couleur constitue parfois l'élément déterminant du spectacle. Dans sa réalisation de la pièce d'Aimé Césaire *Une saison au Congo*, en 1967, « Jean-Marie Serreau entendit réduire les éléments décoratifs signifiants au profit de tâches de couleurs, auxquelles il eut constamment recours du début à la fin du spectacle. La fonction des couleurs fut prédominante. Le choix de celles-ci et leur combinaison avait pour but de révéler au spectateur l'ambiance et la tonalité des scènes, le rythme de l'action dramatique. Elles étaient accordées avec la signification des motifs de l'accompagnement musical » [28]. Il est à remarquer le rôle sémiologique de la couleur dans certains films contemporains, comme *Le Désert rouge* d'Antonioni, *La Motocyclette* de Jack Cardiff, ainsi que dans les films où alternent des séquences en noir et blanc et en couleur, ou même des séquences en différentes couleurs, à tour de rôle. La fonction de la couleur dépasse quelquefois les limites des systèmes particuliers de signes, ce qui mène à créer des significations au degré composé. Un autre élément lourd de conséquences sémiologiques est le volume, la grandeur, la dimension de certains objets. Par ses dimensions exceptionnelles, tel accessoire ou tel fragment de décor acquiert une valeur significative supplémentaire ou change de signification.

Il convient d'insister sur le fait de l'interchangeabilité des signes entre différents systèmes. Ce problème nous est déjà apparu au cours de la présentation de tel ou tel système. La parole, en premier lieu, a le pouvoir de remplacer la plupart des signes des autres systèmes. Le geste vient en second lieu. Mais il arrive que les signes les plus matériels, ceux par exemple du décor ou du costume, se substituent les uns aux autres. « Un homme ou un autre devra représenter le mur : il faudra qu'il ait sur lui du plâtre,

[28] Pierre LAVILLE, dans l'ouvr. coll. *Les Voies de la création théâtrale*, Paris, Éd. du C.N.R.S., 1970, t. 2, p. 276.

ou de l'argile, ou de la chaux pour figurer le mur ; et puis, qu'il
tienne ses doigts comme ça, et Pyrame et Thisbé chuchoteront
à travers l'ouverture », dit Bottom dans *Le Songe d'une nuit d'été*
(acte III, sc. 1), et, effectivement, le costume de Groin sera un
élément du décor : « Cette chaux, ce plâtras et ce moellon vous
montrent que je suis bien un mur. C'est la vérité », affirme-t-il
(acte V, sc. 1) [29]. Dans telle autre représentation, les acteurs
viennent débiter des couplets en mettant leurs visages dans les
trous d'un panneau sur lequel leurs silhouettes sont ingénieuse-
ment dessinées. Cette fois, un élément du décor remplace le
costume.

Notons en passant qu'il y a au théâtre des signes équivoques,
à double sens, consciemment embrouillés ou hermétiques, aussi
bien au niveau de la parole que des autres systèmes, des signes
susceptibles d'être interprétés de façons diverses. Un décor peut
suggérer à la fois les voûtes d'une cathédrale et la forêt (par
goût artistique de simplification, pour des raisons pratiques,
pour créer une signification au degré composé). Un costume
est capable de contenir des éléments mélangés de deux sexes ou
de différentes époques. Un bruitage peut signifier en même temps
le battement du cœur d'un personnage et le son des tambours d'une
armée, il peut passer d'une signification à l'autre.

Le problème de la perception et de l'interprétation des signes
mérite d'être analysé avec les méthodes de la théorie de l'information. Là où il y a un système de signes, il doit exister un code.
Les codes des signes employés au théâtre nous sont fournis par
l'expérience individuelle ou sociale, par l'instruction, par la culture
littéraire et artistique. Il y a des genres de spectacle où la connaissance d'un code spécial (ou de codes spéciaux) est nécessaire.
Pour nous mettre au cœur du problème, prenons l'exemple radical d'un sourd ou d'un aveugle assistant à une représentation
dramatique ; celui-ci percevra exclusivement les signes auditifs,
celui-là les signes visuels. L'exemple d'un spectacle en langue
étrangère est beaucoup plus nuancé (degré de la connaissance de

[29] Tr. par François-Victor Hugo.

cette langue, degré de la connaissance de la pièce représentée). Dans tous les cas, le nombre et la valeur des signes perçus, par rapport au nombre et à la valeur des signes émis, varient selon la culture générale du spectateur, sa connaissance des milieux et des mœurs représentés, le degré de sa fatigue, le degré de son engagement dans ce qui se passe sur la scène, ses capacités de concentration, la quantité de signes émis simultanément (problème de l'économie des signes, auquel nous reviendrons), les conditions de transmission des signes (par exemple mauvaise diction d'un acteur ou lumière insuffisante), enfin, la place occupée par les spectateurs, depuis les premiers rangs d'orchestre jusqu'au paradis, ce qui différencie leurs possibilités de voir et d'entendre, différenciées déjà *a priori* par leurs propres capacités auditives et visuelles. Mais ces considérations risquent de nous éloigner trop du sujet principal de notre recherche, puisqu'elles se rattachent aussi bien à la théorie de l'information qu'à la psychologie, voire la physiologie du spectateur.

Ce qui est d'une importance essentielle au point de vue de la sémiologie théâtrale, c'est le problème de l'ÉCONOMIE des signes communiqués au cours du spectacle. La prodigalité et la parcimonie sémiologiques en constituent deux pôles.

Avant que la représentation commence, le spectateur contemple le rideau peint qui le renseigne sans équivoque sur le lieu et l'époque de la pièce. Un morceau de musique confirme que nous sommes transportés dans le temps d'Offenbach. Le rideau levé, un énorme calendrier sur le mur nous communique la date exacte, et l'une des premières répliques du personnage de la comédie contient l'information, combien précieuse : « Nous sommes en mille huit cent... ». Dans une autre représentation, pendant que les acteurs parlent et se déplacent, un « journal lumineux » court au-dessus de leurs têtes, et en même temps des images projetées se succèdent sur un écran, de façon qu'il est presque impossible de suivre simultanément les trois plans. Dans tel excellent spectacle, le metteur en scène ne s'est pas borné à représenter le lieu et l'atmosphère de l'action dramatique (asile d'aliénés) en faisant se promener quelques malades ; il en installe des dizaines, dans tous les coins du décor construit à plusieurs niveaux, et leur fait produire les bruits et les gestes les plus élaborés pendant toute la durée de la représentation. La prodigalité des signes est énorme, mais elle est ici au service d'un but artistique indubitable. Le gaspillage sémiologique peut donc se présenter sous plusieurs formes : redoublement ou multiplication du même signe, juxtaposition des signes dont les signifiés sont identiques ou très proches, reprise réitérée des mêmes signes, émission simultanée d'un grand nombre de signes, semblables ou dissemblables, dont une partie seulement est perceptible à l'œil et à l'oreille du spectateur. Il est facile de constater que la notion de redondance, employée par la théorie de l'information, n'explique pas tous les problèmes relatifs à ce que nous appelons la prodigalité des signes du spectacle.

Une scène presque vide, des rideaux noirs et un praticable. La troupe entre en file indienne, comme une équipe homogène en bleus de travail. Un acteur s'en détache, prend un chapeau, une canne, et parle ; le personnage est formé. La lumière du projecteur anime un autre comédien qui s'avance et donne la réplique. Peu à peu, avec quelques accessoires et quelques éléments de costume, avec la parole et le mouvement, tout un microcosme commence à vivre, à se débattre, à souffrir, à se réjouir. Voilà la mise en scène « dépouillée », où la parcimonie sémiologique permet de mettre en relief chaque signe, de lui imposer une tâche qui est d'habitude répartie entre plusieurs signes de plusieurs systèmes.

Entre ces deux extrêmes, prodigalité et parcimonie, se situe le problème de l'économie des signes. Elle exige non seulement qu'on ne les multiplie et ne les répète pas sans nécessité sémantique ou esthétique, mais aussi que, parmi une grande quantité de signes communiqués simultanément (exigence de l'ouvrage dramatique ou du style de la mise en scène), le spectateur puisse dégager facilement les plus importants, ceux qui sont indispensables pour la compréhension de l'œuvre représentée. Ajoutons, par parenthèse, que l'absence de signe peut aussi jouer un rôle sémiologique (« signe zéro ») ; par exemple l'extinction de l'éclai-

rage n'est pas nécessairement le signe de la fin de l'action dramatique ou d'un acte, elle indique parfois le changement du lieu de
l'action ou le temps écoulé. Le rôle du silence dans le dialogue
est un problème qui s'y rattache directement.

On ne saurait oublier que les signes dont se sert l'art du spectacle,
comme d'ailleurs ceux qui se manifestent dans tous les autres domaines artistiques, sont loin de se contenter de leur fonction informationnelle. Les signes ou leurs combinaisons possèdent le plus
souvent une valeur ESTHÉTIQUE et une valeur ÉMOTIVE (ou AFFEC-
TIVE), leur rôle est donc non seulement de communiquer des
informations, mais de transmettre au public ces valeurs supplémentaires. On peut y voir aussi l'ASPECT sémantique et l'ASPECT
esthétique (ou émotif) des signes utilisés au théâtre. Sans pré-
juger de la question s'il y a lieu de parler, dans le cadre de la sémiologie, des signes esthétiques ou émotifs autonomes, il faut dire
que la fonction esthétique ou émotive peut constituer la principale,
sinon la seule, raison d'être de certains signes émis au cours d'un
spectacle.

Nourris de quelques analyses et de plusieurs exemples puisés
dans différents systèmes de signes, il faut que nous reconsidérions
le problème du signe théâtral en général et surtout celui des rapports
entre le signifié et le signifiant. Nous avons accepté au départ le
schème saussurien signifié–signifiant, deux composants du signe.
Comment ce schème, élaboré pour les besoins de la linguistique,
supporte-t-il l'épreuve du signe théâtral, signe qui s'étend sur des
champs sémiologiques extrêmement vastes ?

Un certain bruitage est le signe de la pluie. Le son émis par la
tôle du bruiteur est dans ce cas LE SIGNIFIANT, l'idée qu'il pleut
est LE SIGNIFIÉ. Mais la pluie peut être représentée (signifiée) au
théâtre de plusieurs façons, au moyen de différents systèmes de
signes : par l'éclairage (projection), le costume (imperméable et
capuchon), l'accessoire (parapluie), le geste (acteur qui se secoue
en entrant), la coiffure (cheveux mouillés), la musique, et surtout
la parole. Il y a donc différents signes (simultanés ou successifs),
différents signifiants, mais le signifié est toujours le même : « il
pleut ». (Sans oublier que chacun de ces signes peut avoir des

Antigone de Sophocle dans une mise en scène « modernisée » de Jerzy Grzegorzewski (Théâtre de Łódź, Pologne, 1972).

Photo A. Brustman

valeurs sémiologiques supplémentaires, par exemple le ton particulier pour prononcer les mots « il pleut », le geste qui dénonce
un rustre ou un homme distingué.) Prenons un autre exemple.
La notion de l'homme sans culture est représentée dans un personnage théâtral par plusieurs signes : parole, ton, mimique, geste,
mouvement, coiffure, costume, accessoire. Leur signifié est
« l'homme sans culture ». Au cinquième acte de *Pygmalion* de
G. B. Shaw, Monsieur Doolittle arrive chez Madame Higgins.
Le boueur est habillé, cette fois, en riche bourgeois : redingote,
gilet blanc, haut-de-forme. L'acteur jouant ce rôle s'installe dans
un fauteuil, pose son haut-de-forme sur le parquet à côté de lui,
allume un cigare. Au cours du dialogue, il veut secouer la cendre
de son cigare ; il hésite un instant, puis, à défaut de cendrier,
se sert de son haut-de-forme. Son geste signifie : 1° qu'il dépose
la cendre de son cigare, 2° qu'il n'a pas de manières, 3° qu'il
veut être considéré comme un gentleman. Voilà un signe, un
signifiant, et trois signifiés superposés, ou, comme nous avons
dit souvent pour simplifier, le signe au premier degré, au deuxième
degré et au troisième degré.

Nous venons d'évoquer le cas où plusieurs signes ont le même
signifié et le cas où un seul signe a plusieurs signifiés superposés.
Il importe d'ajouter un cas plus compliqué, celui où le spectateur
est obligé d'associer deux ou plusieurs signes appartenant aux
différents systèmes, pour découvrir le signifié composé (ou, dans
une autre nomenclature, le signe au degré composé). Un groupe
de manifestants traverse la scène, les mains vides, tandis que des
slogans sont projetés sur l'écran. Il y a donc plusieurs signes de
deux systèmes (mouvement et décor projeté), différents signifiants
et différents signifiés ; c'est en associant ces signes au niveau
de leur signifiés que l'on saisit le signifié composé (le signe au degré x) : les gens manifestent avec des pancartes, ils réclament la
réalisation de leurs postulats. Et voici une autre combinaison.
L'acteur reste immobile sur la scène, tandis que ses paroles sont
diffusées par haut-parleur et que son visage mimant est projeté
comme un film. En plus des signes émis dans le cadre de chaque
système, le signe au degré x, ou le signifié composé, résultat de

l'association de ces trois éléments, est : « c'est un monologue
intérieur ». Les exemples cités prouvent suffisamment la complexité du signe théâtral. La notion de connotation (L. Hjelmslev,
R. Barthes) peut aider à résoudre certains problèmes, mais se
montre inefficace dans les cas plus compliqués.

L'aspect théorique du signe de spectacle s'éclaircira et se
précisera au fur et à mesure des recherches sur les systèmes
particuliers de signes et sur les différents genres de spectacle.
Ce n'est pas dans un avenir très proche que pourra se former une synthèse, c'est-à-dire la sémiologie de l'art du spectacle.
Si nous avons eu la hardiesse d'esquisser un aperçu général (bien
que limité à certains genres spectaculaires), c'est dans l'espoir
qu'il pourrait encourager des recherches pratiques, sans lesquelles
une synthèse valable n'est pas réalisable. Les remarques qu'on
vient de présenter rendront peut-être service à l'analyse scientifique de la représentation théâtrale. Une analyse vraiment scientifique et comparative s'impose de nos jours. Les gens qui s'intéressent sérieusement au problème — chercheurs, universitaires,
metteurs en scène, critiques — ont besoin d'une méthode qui leur
permettrait un effort collectif et efficace. Il semble que la méthode
sémiologique conviendrait parfaitement, comme point de départ,
à ce genre de recherche, d'autant plus que les techniques existantes,
cinéma, magnétophone et surtout magnétoscope, fournissent les
moyens d'examiner et de réexaminer à volonté, au niveau des
signes visuels et des signes auditifs, chaque fragment d'une représentation choisie à cet effet.

L'application de la science des signes à l'analyse du spectacle
nécessite l'élaboration de quelques principes méthodologiques,
en premier lieu la détermination de l'unité significative (ou sémiologique) du spectacle. Si l'on considère que les linguistes ne sont
pas d'accord sur l'unité sémantique de la langue (monème ?
mot ? phrase ? énoncé ?), on se rend compte de la difficulté que
présente cette tâche. Il faut déterminer l'unité significative pour
chaque système de signes, et ensuite trouver le dénominateur
commun à tous les signes émis en même temps. On peut postuler
provisoirement la définition suivante, en partant de la notion de

temps : l'unité sémiologique du spectacle est une tranche contenant tous les signes émis simultanément, tranche dont la durée est égale au signe qui dure le moins. En pratique, cela pourrait mener à une atomisation excessive des unités du spectacle et nécessiterait peut-être d'introduire une distinction entre les petites unités et les grandes unités (surtout au niveau de la parole et des signes kinésiques).

Les schémas que nous avons proposés et les observations que nous avons formulées se rapportent au spectacle théâtral et particulièrement au théâtre dramatique. Avec quelques modifications, ils sont applicables aux autres formes de spectacle, comme la pantomime et le ballet (en supprimant les deux premiers systèmes de signes qui concernent le texte prononcé) ou l'opéra (en insistant sur les corrélations spécifiques entre la parole et la musique). Le cirque et le music-hall, spectacles composés de numéros autonomes et hétérogènes, nécessiteraient un remaniement assez radical du classement de signes et de la méthode, ainsi que l'introduction des systèmes supplémentaires de signes. Le jeu de figurines se contenterait d'un modèle sémiologique assez simple, tandis qu'un genre de spectacle aussi complexe que « laterna magica » exigerait une méthode mixte, empruntée aux genres respectifs : théâtre, music-hall, cinéma. Enfin le cinéma lui-même, art spectaculaire dont la spécificité a été soulignée dans la première partie de notre étude, doit être analysé avec des méthodes propres à sa technique et à son esthétique, ce qui fut démontré par les travaux des sémiologues du septième art. Nous nous permettrons cependant d'exprimer l'opinion que la sémiologie du cinéma est plus proche de la sémiologie du théâtre que de celle des arts plastiques. Ce qui y joue un rôle déterminant, c'est qu'au cinéma, comme au théâtre, les signes sont communiqués dans l'espace et dans le temps à la fois. Si riche de significations soit-il, un tableau ne communique qu'une situation existante à un moment donné. Dans une œuvre cinématographique les signes coexistent dans l'espace, mais ils se suivent également dans le temps, et c'est de ce fait qu'il faut tenir compte quand on analyse un film du point de vue sémiologique.

D'ailleurs, la sémiologie du spectacle devrait tirer profit non seulement de la sémiologie linguistique et littéraire, de la sémiologie des arts plastiques et de la musique, mais aussi de la sémiologie des phénomènes psychosociaux (comportement humain) et socio-culturels (mœurs, rituel de politesse, mode, etc.). En dehors de ses fonctions utilitaires, en dehors des services qu'elle est capable de rendre aux études de différents genres, la recherche sémiologique dans le domaine du spectacle ouvre de vastes horizons théoriques. La confrontation des signes les plus hétérogènes au sein d'une entité artistique, dans un temps et un espace relativement restreints, des signes dont les interdépendances sont nombreuses et diverses, oblige à chercher des solutions théoriques et à tirer des conclusions qui seraient valables pour le signe dans une acception aussi large que possible. L'étude sémiologique du spectacle peut devenir le terrain de manœuvres privilégié pour l'élaboration d'une sémiologie générale. Grâce à la nécessité de mettre face à face des systèmes de signes très variés, la sémiologie de l'art du spectacle peut se montrer la pierre de touche d'une science générale des signes.

Il est temps de se demander, si, et dans quelle mesure, la méthode sémiologique est en état d'éclaircir les problèmes qui ont été examinés dans la présente étude : relations littérature–spectacle et dérivation thématique.

Quant aux rapports entre les ouvrages non dramatiques et les ouvrages dramatiques dérivés, ils se manifestent dans le même matériau qui est la parole, ils ont lieu dans le cadre d'un même système de signes. L'étude de cette question est donc du domaine de la discipline sémiologique la plus avancée, à savoir la sémiologie linguistique et littéraire qui se rattache à la stylistique (ou poétique) sémantique. Le Cercle Linguistique de Prague, particulièrement actif dans les années trente, en est un des précurseurs. Parmi les auteurs de travaux récents où les méthodes sémiologiques ou sémantiques sont appliquées à l'étude des phénomènes littéraires, souvent au niveau des unités thématiques, il convient de citer Roland Barthes, Claude Bremond, A.-J. Greimas, Julia Kristeva et Tzvetan Todorov en France, M. M. Bakhtin, I. M. Lotman et I. O. Revzin en Union Soviétique, Teun A. van Dijk, Trevor Eaton, G. Scalia et beaucoup d'autres. L'utilité de la méthode sémiologique dans l'étude des emprunts thématiques d'un ouvrage littéraire à un autre est évidente, l'affabulation étant un ensemble de grandes unités significatives. Mais ce problème demeure en marge de nos préoccupations principales, puisqu'il ne concerne pas l'autre élément de notre dichotomie, à savoir le spectacle.

Afin d'appliquer la terminologie et la méthode sémiologiques aux rapports entre la littérature et le spectacle, rapports qui constituent le pivot de cette étude, nous reviendrons encore à notre schéma de la page 76. Supposons qu'une certaine fable se répète dans chacun des cinq secteurs du schéma (1-5) circonscrits par le pointillé (c'est-à-dire dans le champ qui englobe les phénomènes littéraires et spectaculaires dotés d'affabulation). En passant du secteur 1 au secteur 2, par exemple d'un récit ou d'un dialogue livresque à son adaptation dramatique, on retrouve à peu près les mêmes signes, dont les signifiants aussi bien que les signifiés sont presque identiques. En passant des secteurs 1 et 2 aux secteurs 3 et 4, par exemple d'un ouvrage littéraire à sa réalisation théâtrale, toujours avec la même fable, on retrouve en partie les mêmes signes (linguistiques), tandis qu'une grande partie des signes sont différents (puisqu'ils appartiennent aux autres systèmes), mais leurs signifiés sont pareils à ceux des signes originaires. Enfin, en passant du secteur 1 ou 2 au secteur 5, par exemple d'un ouvrage littéraire à une pantomime, tous les signes changent, toutefois leurs signifiés restent pareils, toujours à condition que la fable soit transposée fidèlement, c'est-à-dire que les signes linguistiques trouvent leurs équivalents dans les signes mimiques, gestuels, etc.

Pour illustrer le processus du passage d'une forme à l'autre, nous nous servirons d'un exemple aussi rudimentaire que possible. Voici quatre versions de l'histoire, très simplifiée, de Pyrame et Thisbé.

Récit (secteur 1)

Pyrame arrive sous le mûrier et, au lieu de rencontrer Thisbé, y découvre son voile ensanglanté. Persuadé que sa bien-aimée a été déchirée par un lion, il se perce avec son épée. Thisbé survient et, voyant le cadavre de son amant, se décide à le suivre dans l'éternité. Elle saisit l'épée de Pyrame et se donne la mort.

Drame (secteur 2)

PYRAME, *s'approche du mûrier et aperçoit un voile ensanglanté.* — C'est le voile de Thisbé, teint de sang. O, malheureuse, elle aura été déchirée par un lion. (*Il se perce avec son épée.*)
THISBÉ, *entre et voit son amant étendu et sans vie.* — Il est mort ! Je le suivrai dans l'éternité. (*Elle saisit l'épée de Pyrame et se tue.*)

Spectacle dramatique (secteur 3 ou 4)

Pyrame entre en scène (mouvement corporel) et s'approche du mûrier (décor). Un voile ensanglanté se trouve au milieu du plateau (accessoire). Pyrame est épouvanté (geste + mimique).

— C'est le voile de Thisbé, teint de sang. O, malheureuse, elle aura été déchirée par un lion (paroles + ton).

Pyrame se perce avec son épée (geste + accessoire + mouvement).

Thisbé entre en scène (mouvement). Elle s'approche de Pyrame étendu (changement de position par rapport au partenaire). Elle est affolée (geste + mimique).

— Il est mort ! Je le suivrai dans l'éternité (paroles + ton).

Elle saisit l'épée de Pyrame (geste + accessoire) et se tue (geste + accessoire + mimique + mouvement).

Pantomime (secteur 5)

Le schéma est pareil à celui du spectacle dramatique, excepté les deux répliques verbales qui sont remplacées par les gestes, la mimique et les mouvements des acteurs.

Cet échantillon comparatif a été proposé pour soutenir notre développement qui risquait de devenir trop abstrait. Des résultats intéressants pourraient être obtenus, nous semble-t-il, si l'on appliquait cette méthode d'analyse aux œuvres littéraires et spectaculaires authentiques.

Tout en poursuivant notre raisonnement sémiologique nous dirons que dans le cas d'un ouvrage littéraire et d'un spectacle

qui n'ont rien de commun dans l'affabulation, il y a divergence
totale des signes, de leurs signifiants et de leurs signifiés. Dans le
cas d'un ouvrage littéraire et d'un spectacle dont l'affabulation
en est dérivée, il y a divergence partielle ou totale des signes et
de leurs signifiants, pendant que leurs signifiés sont en grande partie
les mêmes. Pour tirer de nos applications sémiologiques une conclusion encore plus générale on dira que la divergence littérature–
spectacle, soit le problème des rapports entre ces deux formes
différentes au point de vue de la communication et de la perception
sensorielle, s'explique au niveau des signifiants, tandis que le
problème de la dérivation thématique, c'est-à-dire de la conver-
gence conceptuelle de différents ouvrages, se place, lui, au niveau
des signifiés. Cette constatation, bien qu'elle simplifie inévitablement les choses, aura peut-être le mérite de mettre en lumière
le fait que le caractère AUTONOME de l'art du spectacle par rapport
à la littérature et son caractère DÉRIVÉ par rapport au domaine
littéraire ne sont contradictoires qu'en apparence.

Avant de terminer nous voudrions revenir, dans une perspective
sémiologique, au problème du caractère social de l'art du spectacle,
de son haut degré de « sociabilité » par comparaison aux autres
domaines artistiques, notamment à l'art littéraire. Les remarques
à ce sujet dans la première partie de notre étude nous ont amené
à constater que la sociabilité de l'art spectaculaire n'en est pas
le caractère distinctif ni spécifique d'une façon absolue. C'est
dans l'optique de la transmutation d'une œuvre littéraire en spectacle, processus dont nous venons de suggérer quelques aspects,
que le problème de la sociabilité des arts spectaculaires mérite
d'être reconsidéré. Une fable littéraire, fixée ou non par l'écriture,
est exprimée au moyen de signes linguistiques. Sa transformation
en spectacle équivaut au changement des systèmes de signes ou,
tout au moins, à leur extension au-delà de la parole. La rencontre
et l'orchestration des signes de nature différente communiqués
au cours d'un spectacle nous paraissent être une preuve plus
incontestable et plus absolue du caractère social de l'art spectaculaire que, par exemple, la création ou l'exécution collectives,
parce que cette rencontre est inévitable même dans un spectacle

créé et exécuté entièrement par un seul artiste. Un créateur-
exécutant solitaire doit se servir, pour qu'il y ait spectacle, de
plusieurs systèmes de signes. Il incarne, par le fait même, la multiplicité des moyens sensoriels, il est porteur de signes dûs à l'expérience de différents arts, c'est-à-dire de plusieurs créateurs. C'est
donc la pluralité des systèmes de signes mis en œuvre dans un
spectacle qui détermine la sociabilité de l'art spectaculaire et
permet de le considérer comme l'expression sociale de la littérature.

D'ailleurs, il ne faut pas oublier que la sémiologie, vu sa fidélité
aprioriste aux valeurs significatives des phénomènes d'art, n'est
qu'une des méthodes à appliquer à l'étude de la littérature et du
spectacle. On ne saurait délaisser les méthodes historiques et
descriptives, capables de donner un relief diachronique et synchronique à l'étude de tout phénomène social, notamment de
la littérature et de l'art du spectacle. On ne devrait négliger non
plus la réflexion philosophique qui peut servir à situer tel phénomène littéraire ou artistique par rapport aux autres. C'est conjointement avec d'autres méthodes que la sémiologie peut s'avérer
pleinement efficace.

*

Concluons. Dans la première partie de ce livre nous avons
insisté sur la spécificité, sur le caractère autonome de l'art du
spectacle et de ses produits (notamment de la représentation
théâtrale) par rapport à la littérature, art de la parole. Il s'agit
d'une différence fondamentale au point de vue de la création,
de la perception et de la communication. Dans la deuxième partie,
l'accumulation des faits connus, mais rarement rapprochés et
confrontés hors d'un seul auteur ou d'une époque déterminée,
nous a permis de démontrer que la majeure partie des manifestations spectaculaires de tous les temps a le caractère dérivé, c'est-à-
dire plus ou moins parasitaire par rapport à la littérature non
dramatique, littérature au sens large du mot. L'art du spectacle
n'est pas un simple « prolongement », il n'est pas un « complé-

ment » de la littérature, et pourtant il se nourrit essentiellement de matière littéraire qui lui sert de support thématique. Autonomie et dépendance, voilà la thèse et l'antithèse. Où est la synthèse ? Nous avons essayé de la trouver dans l'approche sémiologique. C'est bien l'application de la notion de signe, avec toutes ses conséquences, qui permet d'éclaircir les rapports multiples et compliqués entre les phénomènes de l'art littéraire et ceux de l'art du spectacle.

BIBLIOGRAPHIE

Une bibliographie exhaustive sur un sujet aussi large étant pratiquement impossible, nous nous bornons à indiquer les ouvrages qui ont servi à notre travail. Quant aux titres mentionnés dans le texte ou dans les notes, on n'en reprend ici que les plus importants. La bibliographie est divisée, pour en faciliter la consultation, suivant les trois parties du livre, mais il est évident que certains ouvrages se rapportent à deux ou à trois parties à la fois.

I

Henri Agel, *Le Cinéma*, Paris, Casterman, 1954 ; 5ᵉ éd. revue, 1963.

Alain, *Système des beaux-arts*, Paris, Gallimard, 1926.

Alain, *Vingt Leçons sur les beaux-arts*, Paris, Gallimard, 1931.

Blanch M. Baker, *Dramatic Bibliography. An Annotated List of Books on the History and Criticism of the Drama and Stage and on the Allied Arts of the Theatre*, New York, H. W. Wilson, 1933.

Raymond Bayer, *L'Esthétique de la grâce*, t. 1-2, Paris, F. Alcan, 1933.

R[aymond] Bayer, *Traité d'esthétique*, Paris, A. Colin, 1956.

Jean Berthelemy, *Traité d'esthétique*, Paris, Éd. de l'École, 1964.

Roger Caillois, *Les Jeux et les hommes. Le masque et le vertige*, Paris, Gallimard, 1958.

Marie-Françoise Christout, *Le Merveilleux et le « théâtre du silence » en France à partir du XVIIᵉ siècle*, La Haye–Paris, Mouton, 1965.

Gilbert Cohen-Séat, *Essai sur les principes d'une philosophie du cinéma*, Paris, P.U.F., 1946 ; nouv. éd., 1958.

Colloque sur les problèmes de la communication, Royaumont, 17-22 décembre 1960, édition polycopiée, 1961.

Maurice Descotes, *Le Public de théâtre et son histoire*, Paris, P.U.F., 1964.

Mikel Dufrenne, *Phénoménologie de l'expérience esthétique*, Paris, P.U.F., 1953 ; t. 1, *L'objet esthétique* ; t. 2, *La perception esthétique*.

Jean DUVIGNAUD, *L'Acteur. Esquisse d'une sociologie du comédien*, Paris, Gallimard, 1965.

Jean DUVIGNAUD, *Sociologie du théâtre. Essai sur les ombres collectives*, Paris, P.U.F., 1965.

Les Fêtes de la Renaissance, études réunies et présentées par Jean Jacquot, Paris, Éd. du C.N.R.S., 1956.

Fêtes et cérémonies au temps de Charles Quint, études réunies et présentées par Jean Jacquot, Paris, Éd. du C.N.R.S., 1960.

Pierre FRANCASTEL, « Imagination plastique, vision théâtrale et signification humaine », *Journal de Psychologie Normale et Pathologique*, avril-juin 1953, pp. 157-187.

Étienne GILSON, *Matières et formes. Poétiques particulières des arts majeurs*, Paris, J. Vrin, 1964.

Jan GROSSMAN, *De la combinaison du théâtre et du film et de la lanterne magique de Radok*, édition polycopiée [Prague, 1960].

Georges GURVITCH, « Sociologie du théâtre », *Les Lettres Nouvelles*, février 1956, pp. 196-210.

Jean HANKISS, *Défense et illustration de la littérature*, Paris, Éd. du Sagittaire, 1936.

Jane Ellen HARRISON, *Ancient Art and Ritual*, London, Williams and Norgate [1913].

Histoire des spectacles (« Encyclopédie de la Pléiade »), vol. publié sous la dir. de Guy Dumur, Paris, Gallimard, 1965.

J[ohan] HUIZINGA, *Homo ludens. Essai sur la fonction sociale du jeu*, tr. par C. Seresia, Paris, Gallimard, 1951.

Roman INGARDEN, *Das literarische Kunstwerk. Eine Untersuchung aus dem Grenzgebiet der Ontologie, Logik und Literaturwissenschaft*, Halle a. S., M. Niemeyer, 1931 ; 2e éd., Tübingen, M. Niemeyer, 1960.

Albert LAFFAY, *Logique du cinéma. Création et spectacle*, Paris, Masson, 1964.

Charles LALO, « Esquisse d'une classification structurale des beaux-arts », *Journal de Psychologie Normale et Pathologique*, janvier-juin 1951, pp. 9-37.

Pierre LARTHOMAS, *Le Langage dramatique. Sa nature, ses procédés*, Paris, A. Colin, 1972.

Le Lieu théâtral dans la société moderne, textes réunis et présentés par Denis Bablet et Jean Jacquot, Paris, Éd. du C.N.R.S., 1963 ; 2e éd., 1966.

Lore LUCAS, *Dialogstrukturen und ihre szenischen Elemente im deutschsprachigen Drama des 20. Jahrhunderts*, Bonn, H. Bouvier, 1969.

Guy MICHAUD, *Introduction à une science de la littérature*, Istanbul, Pulhan Matbaasi, 1950.

Guy MICHAUD, *Connaissance de la littérature. L'œuvre et ses techniques*, Paris, Nizet, 1957.

George A. MILLER, *Language and Communication*, New York, MacGraw-Hill, 1951.

Jean MITRY, *Esthétique et psychologie du cinéma*, Paris, Éd. Universitaires ; t. 1, *Les structures*, 1963 ; t. 2, *Les formes*, 1965.

Thomas MUNRO, *Les Arts et leurs relations mutuelles*, tr. par J.-M. Dufrenne, Paris, P.U.F., 1954.

Rudolf MÜNZ, *Vom Wesen des Dramas. Umrisse einer Theater- und Dramentheorie*, Halle a. S., VEB Verlag Sprache und Literatur, 1963.

Maurice NÉDONCELLE, *Introduction à l'esthétique*, Paris, P.U.F., 1953.

Allardyce NICOLL, *The Theatre and Dramatic Theory*, London, G. G. Harrap, 1962.

Gaëtan PICON, *L'Écrivain et son ombre. Introduction à une esthétique de la littérature*, Paris, Gallimard, 1953.

Marie-Thérèse PONCET, *L'Esthétique du dessin animé*, Paris, Nizet, 1952.

Marie-Thérèse PONCET, *Étude comparative des illustrations du Moyen Âge et des dessins animés*, Paris, Nizet, 1952.

Marie-Thérèse PONCET, *Dessin animé, art mondial*, Paris, Le Cercle du Livre, 1956.

Frank POPPER, *Naissance de l'art cinétique*, Paris, Gauthier-Villars, 1967 ; 2e éd. revue et augmentée *L'Art cinétique*, 1970.

Jean-Paul SARTRE, *Qu'est-ce que la littérature ?*, Paris, Gallimard, 1964 (Coll. Idées).

René SCHÉRER, *Structure et fondement de la communication humaine. Essai critique sur les théories contemporaines de la communication*, Paris, S.E.D.E.S., 1965.

Wilhelm VON SCHOLZ, *Das Drama. Wesen, Werden, Darstellung der dramatischen Kunst*, Tübingen, M. Niemeyer, 1956.

Stefania SKWARCZYŃSKA, « Un problème fondamental méconnu de la génologie », *Zagadnienia Rodzajów Literackich* (Łódź), t. 8, 1966, n° 2(15), pp. 17-33.

Stefania SKWARCZYŃSKA, *Littérature écrite et littérature orale (leurs différences comme prémisses pour une théorie postulée de l'adaptation filmique d'œuvres littéraires)*, dans *Actes du Ve Congrès de l'Association Internationale de Littérature Comparée, Belgrade, 1967*, Belgrade–Amsterdam, Swets et Zeitlinger, 1969, pp. 443-449.

Étienne SOURIAU, *La Correspondance des arts. Éléments d'esthétique comparée*, Paris, Flammarion, 1947.

Paul SOURIAU, *L'Esthétique du mouvement*, Paris, F. Alcan, 1889.

Peter SZONDI, *Theorie des modernen Dramas*, Frankfurt a. M., Suhrkamp, 1959.

Théâtre et collectivité, communications présentées par André Villiers, Paris, Flammarion, 1953.

André VEINSTEIN, *La Mise en scène théâtrale et sa condition esthétique*, Paris, Flammarion, 1955.

J. WARSHAW, « The Epic-Drama Conception of the Novel », *Modern Language Notes* (Baltimore), May 1920, pp. 269-279.

Marian Hannah WINTER, *Le Théâtre du merveilleux*, Paris, O. Perrin, 1962.

II

Silvio D'AMICO, *Storia del teatro drammatico*, nuova ed., t. 1-4, Milano, Garzanti, 1953.

Peter D. ARNOTT, *An Introduction to the Greek Theatre*, London, Macmillan, 1959.

Fernand BALDENSPERGER, Werner P. FRIEDERICH, *Bibliography of Comparative Literature*, Chapel Hill, University of North Carolina, 1950 ; réédition, New York, Russell and Russell, 1960.

Charles BAUDOUIN, *Le Triomphe du héros. Étude psychanalytique sur le mythe du héros et les grandes épopées*, Paris, Plon, 1952.

Louis-P. BETZ, *La Littérature comparée. Essai bibliographique*, Strasbourg, K. J. Trübner, 1900.

Elisabeth FRENZEL, *Stoffe der Weltliteratur. Ein Lexikon dichtungsgeschichtlicher Längsschnitte*, 2e éd., Stuttgart, A. Kröner, 1963.

Étienne FUZELLIER, *Cinéma et littérature*, Paris, Éd. du Cerf, 1964.

Helmut A. HATZFELD, *A Critical Bibliography of the New Stylistics Applied to the Romance Literatures 1900-1952*, Chapel Hill, University of North Carolina, 1953.

Jean KIEHL, *Les Ennemis du théâtre. Essai sur les rapports du théâtre avec le cinéma et la littérature 1914-1939*, Neuchâtel, A. La Baconnière, 1951.

Heinz KINDERMANN, *Theatergeschichte Europas*, t. 1-9, Salzburg, Otto Müller, 1957-1970.

Siegfried MELCHINGER, *Erfundene oder beglaubigte Fabel*, dans *Theater 1966. Chronik und Bilanz des Bühnenjahres*, Velber bei Hannover, Friedrich Verlag, pp. 80-82.

Revue des Sciences Humaines, no 104, octobre-décembre 1961, fascicule spécial « Adaptation théâtrale des œuvres romanesques ».

William RIDGEWAY, *The Origin of Tragedy with Special Reference to the Greek Tragedians*, Cambridge, University Press, 1910.

Jean ROUSSET, *Forme et signification. Essais sur les structures littéraires de Corneille à Claudel*, Paris, J. Corti, 1962.

Raymond TROUSSON, *Un problème de littérature comparée : Les études de thèmes. Essai de méthodologie*, Paris, Lettres Modernes, 1965.

Jean-Paul WEBER, *Genèse de l'œuvre poétique*, Paris, Gallimard, 1960.

Jean-Paul WEBER, *Domaines thématiques*, Paris, Gallimard, 1963.

Max WEHRLI, *Allgemeine Literaturwissenschaft*, Bern, A. Francke, 1951.

III

Enrico Arcaini, *Principes de linguistique appliquée*, tr. de l'italien par E. Pedri et Cl. Darmouni, Paris, Payot, 1972.

P[aul] Arnold, « Éléments de l'art dramatique », *Journal de Psychologie Normale et Pathologique*, janvier-juin 1951, pp. 371-387.

Guy Baisse, Jean Robin, *Maquillages et perruques au théâtre*, Paris, Librairie Théâtrale, 1954.

Edward Balcerzan, Zbigniew Osiński, « Die theatralische Schaustellung im Lichte der Informationstheorie », *Zagadnienia Rodzajów Literackich* (Łódź), t. 8, 1966, no 2 (15), pp. 65-88.

Charles Bally, « Qu'est-ce qu'un signe ? », *Journal de Psychologie Normale et Pathologique*, avril-juin 1939, pp. 161-174.

Roland Barthes, *Mythologies*, Paris, Éd. du Seuil, 1957.

Roland Barthes, *Essais critiques*, Paris, Éd. du Seuil, 1964.

Roland Barthes, *Le Degré zéro de l'écriture*, suivi de *Éléments de sémiologie*, Paris, Gonthier, 1965.

Roland Barthes, *Système de la Mode*, Paris, Éd. du Seuil, 1967.

L. Becq de Fouquières, *L'Art de la mise en scène. Essai d'esthétique théâtrale*, Paris, G. Charpentier, 1884.

Eric Buyssens, *Les Langages et le discours. Essai de linguistique fonctionnelle dans le cadre de la sémiologie*, Bruxelles, Office de Publicité, 1943.

Eric Buyssens, *La Communication et l'articulation linguistique*, Bruxelles–Paris, Presses Universitaires de Bruxelles–P.U.F., 1967.

Colloque sur le signe et les systèmes de signes, Royaumont, 12-15 avril 1962, édition polycopiée.

Communications, no 4 (1964) consacré aux « Recherches sémiologiques » (avec « Bibliographie critique », pp. 136-144).

Communications, no 8 (1966) consacré aux « Recherches sémiologiques. L'analyse structurale du récit » (avec « Choix bibliographique », pp. 164-168).

Communications et langages, ouvr. coll. rédigé par Abraham A. Moles et Bernard Vallancien, Paris, Gauthier-Villars, 1963.

Pierre Conté, *Écriture de la danse théâtrale et de la danse en général*, Niort, Impr. du Progrès, 1931.

Pierre Conté, *Expression par gestes et locomotion. Écriture*, Paris, Arts et Mouvement, 1955.

Michel Corvin, « Approche sémiologique d'un texte dramatique. *La Parodie* d'Arthur Adamov », *Littérature*, no 9, février 1973, pp. 86-100.

MacDonald Critchley, *The Language of Gesture*, London, E. Arnold, 1939.

Dina Dreyfus, « Cinéma et langage », *Diogène*, no 35, juillet-septembre 1961, pp. 26-36.

Mikel DUFRENNE, « L'art est-il langage ? », *Revue d'Esthétique*, janvier-mars 1966, pp. 1-42.

Trevor EATON, *The Semantics of Literature*, The Hague–Paris, Mouton, 1966.

Umberto ECO, *La Structure absente. Introduction à la recherche sémiotique*, Paris, Mercure de France, 1972.

A[lgirdas] J[ulien] GREIMAS, *Sémantique structurale. Recherche de méthode*, Paris, Larousse, 1966.

Algirdas Julien GREIMAS, *Du sens. Essais sémiotiques*, Paris, Éd. du Seuil, 1970.

Dr Jean GUILHOT, *La Dynamique de l'expression et de la communication. La voix, la parole, les mimiques et gestes auxiliaires*, Paris–La Haye, Mouton, 1962.

P[ierre] GUIRAUD, « Langage, connaissance et information », *Journal de Psychologie Normale et Pathologique*, juillet-septembre 1958, pp. 302-318.

Pierre GUIRAUD, *La Sémantique*, Paris, P.U.F., 1955 ; 6e éd., 1969.

Pierre GUIRAUD, *La Sémiologie*, Paris, P.U.F., 1971.

Milka IVIĆ, *Trends in Linguistics*, tr. par M. Heppell, London–The Hague–Paris, Mouton, 1965.

Roman JAKOBSON, *Essais de linguistique générale*, tr. par N. Ruwet, Paris, Éd. de Minuit, 1963.

Rudolf KLEINPAUL, *Sprache ohne Worte. Idee einer allgemeinen Wissenschaft der Sprache*, Leipzig, W. Friedrich, 1888.

Julia KRISTEVA, Σημειωτική. *Recherches pour une sémanalyse*, Paris, Éd. du Seuil, 1969.

J[erzy] KURYŁOWICZ, « Linguistique et théorie du signe », *Journal de Psychologie Normale et Pathologique*, avril-juin 1949, pp. 170-180.

Le Langage (« Encyclopédie de la Pléiade »), vol. publié sous la dir. d'André Martinet, Paris, Gallimard, 1968.

Langages, no 10, juin 1968, consacré aux « Pratiques et langages gestuels » (avec « Bibliographie », pp. 132-149).

André LEROI-GOURHAN, *Le Geste et la parole*, Paris, A. Michel ; t. 1, *Techniques et langage*, 1964 ; t. 2, *La mémoire et les rythmes*, 1965.

Bertil MALMBERG, *Les Nouvelles Tendances de la linguistique*, tr. du suédois par J. Gengoux, Paris, P.U.F., 1966.

Maurice MERLEAU-PONTY, *Signes*, Paris, Gallimard, 1960.

Christian METZ, *Essais sur la signification au cinéma*, Paris, Klincksieck, 1968.

Christian METZ, *Langage et cinéma*, Paris, Larousse, 1971.

La Mise en scène des œuvres du passé, études réunies et présentées par Jean Jacquot et André Veinstein, Paris, Éd. du C.N.R.S., 1957.

Abraham MOLES, *Théorie de l'information et perception esthétique*, Paris, Flammarion, 1958 ; nouv. éd., Paris, Denoël-Gonthier, 1972.

Charles MORRIS, *Signs, Language and Behaviour*, New York, Prentice-Hall, 1946.

Charles W. MORRIS, *Foundations of the Theory of Signs*, dans *International Encyclopedia of Unified Science*, 8e éd., t. 1, no 2, Chicago, University of Chicago Press, 1953, pp. 1-59.

Georges MOUNIN, « Les systèmes de communication non-linguistiques et leur place dans la vie du XXe siècle », *Bulletin de la Société de Linguistique de Paris*, 1959, pp. 176-200.

Georges MOUNIN, *Introduction à la sémiologie*, Paris, Éd. de Minuit, 1970.

Léon MOUSSINAC, *Traité de la mise en scène*, Paris, Ch. Massin, 1948.

Jan MUKAŘOVSKÝ, *L'Art comme fait sémiologique*, dans *Actes du Huitième Congrès International de Philosophie à Prague*, Prague, Comité d'Organisation du Congrès, 1936, pp. 1065-1072.

Brice PARAIN, *Recherches sur la nature et les fonctions du langage*, Paris, Gallimard [1942].

Charles Sanders PEIRCE, *Logic as Semiotic : The Theory of Signs*, dans *The Philosophy of Peirce*, selected writings ed. by Justus Buchler, London, Kegan–Trench–Trubner, 1940, pp. 98-119.

Jacques POLIERI, *Scénographie, sémiographie*, Paris, Denoël–Gonthier, 1971.

Luis J. PRIETO, *Messages et signaux*, Paris, P.U.F., 1966.

Nicolas RUWET, *Langage, musique, poésie*, Paris, Éd. du Seuil, 1972.

Ferdinand DE SAUSSURE, *Cours de linguistique générale*, Lausanne–Paris, Payot, 1916 ; plusieurs rééditions.

Adam SCHAFF, *Introduction à la sémantique*, tr. du polonais par G. Lisowski, Paris, Éd. Anthropos, 1968.

Boris DE SCHLOEZER, « Quelques considérations sur le langage musical », *Journal de Psychologie Normale et Pathologique*, janvier-juin 1951, pp. 225-236.

Ch[arles] SERRUS, *Le Parallélisme logico-grammatical*, Paris, F. Alcan, 1933.

Charles SERRUS, *La Langue, le sens, la pensée*, Paris, P.U.F., 1941.

Simpozium po strukturnomu izutcheniju znakovykh sistem, Moskva, 1962.

Pierre SONREL, *Traité de scénographie*, Paris, O. Lieutier, 1943.

Paul SOURIAU, *L'Esthétique de la lumière*, Paris, Hachette, 1913.

Jean STOETZEL, *La Psychologie sociale*, Paris, Flammarion, 1963.

Ivo SUPIČIĆ, *La Musique expressive*, Paris, P.U.F., 1957.

Tzvetan TODOROV, « Perspectives sémiologiques », *Communications*, no 7 (1966), pp. 139-145.

Tzvetan TODOROV, *Littérature et signification*, Paris, Larousse, 1967.

Trudy po znakovym sistemam, Tartu, 1965.

J[oseph] VENDRYES, « Langage oral et langage par gestes », *Journal de Psychologie Normale et Pathologique*, janvier-mars 1950, pp. 7-33.

Georges VITALY, *Maquillage de théâtre*, Paris, Bordas, 1947.

Les Voies de la création théâtrale, Paris, Éd. du C.N.R.S., études réunies et présentées par Jean Jacquot (t. 1, 1970), par Denis Bablet (t. 2, 1970), par D. Bablet et J. Jacquot (t. 3, 1972).

Mieczysław WALLIS-WALFISZ, *L'Art au point de vue sémantique. Une méthode récente de l'esthétique*, dans *Deuxième Congrès International d'Esthétique et de Science de l'Art, Paris 1937*, Paris, F. Alcan, 1937, t. 1, pp. 17-21.

Mieczysław WALLIS, *The World of Arts and the World of Signs*, dans *Actes du IV Congrès International d'Esthétique, Athènes 1960*, Éd. du Comité Hellénique d'Organisation [Athènes, 1962], pp. 397-400.

Mieczysław WALLIS, « La Notion de champ sémantique et son application à la théorie de l'art », *Sciences de l'Art*, t. 3, numéro spécial 1966, pp. 3-8.

Hans-Ulrich WESPI, *Die Geste als Ausdrucksform und ihre Beziehungen zur Rede. Darstellung anhand von Beispielen aus der französischen Literatur zwischen 1900 und 1945*, Bern, A. Francke, 1949.

Olgierd WOJTASIEWICZ, « Towards a General Theory of Sign Systems », *Studia Logica* (Warszawa–Poznań) ; t. 13, 1962, pp. 81-101 ; t. 21, 1967, pp. 81-89.

INDEX DES NOMS

Les pages en italiques renvoient à la Bibliographie.